KB051933

사무라이 이야기(하)

문고간행회 편집부 엮음
박현석 편역

玄 人

사무라이 이야기(하)

侍 物 語(下)

목 차

사무라이 이야기(상) 목차

제14장 호조 우지야스

1. 전국시대(센고쿠지다이)

오닌의 난[1]은 끝났다. 끝났다고는 하지만 그것은 단지 병사들이 쿄토(京都)에서 물러난 것일 뿐이었다. 각 지방으로 돌아간 무사들이 이번에는 그 지방에서 전쟁을 시작했다. 세력을 얻고 싶어서 싸운 오닌의 난이 11년이나 이어지는 동안 모두가 권리를 잃었다는 사실을 보았으면서도, 다이묘[2]들이 각자의 지역에서 다시 세력을 얻기 위해 싸움을 시작한 것이었다. 쿄토에서 일어난 오닌의 난조차 수습하지 못했던 아시카가(足利) 막부[3]에게, 지방에서 일어난 전쟁을 억누르거나 가라앉힐 힘은 조금도 없었다. 이제 세상은 강한 자만이 살아남는 시대가 되었다. 이러한 상태가 고쓰치미카도(後土御門) 천황(1464~1500)에서부터 오오기마치(正親町) 천황(1557~1586)까지, 4대에 걸친

---

1) 応仁の乱(1467~1477). 호소카와 카쓰모토와 야마나 소젠의 대립과 쇼군 집안의 후계자 문제가 뒤얽혀 쿄토를 중심으로 일어났던 내란. 무로마치(室町) 막부의 약화와 군웅할거의 원인이 되었다.
2) 大名. 넓은 영지를 가진 무사.
3) 무로마치 막부. 아시카가는 무로마치 막부의 쇼군 집안.

약 100년 동안 계속되었다. 이를 전국시대[戦国時代센고쿠지다이]라고 부른다.

전국시대에는 영웅들이 사방에서 일어났다. 칸토4)의 호조(北条) 씨, 중부지방의 타케다(武田) 씨 및 우에스기(上杉) 씨, 토카이도5)의 이마가와(今川) 씨, 추고쿠6)의 모리(毛利) 씨 등이 그 주요한 인물들이었다.

---

4) 関東. 지금의 토쿄 및 그 일대 지방을 일컫는 말로, 당시에는 사가미·무사시·아와·카즈사·시모우사·히타치·코즈케·시모쓰케 8개 쿠니(주)를 일컬었다. 칸핫슈(関八州), 토고쿠(東国), 반도(板東)라고도 불렸다.

5) 東海道. 일본의 옛 행정구역 단위인 5기 7도 가운데 하나로 혼슈 중부의 태평양 연안 지방.

6) 中国. 혼슈의 서쪽 지방으로 오카야마·히로시마·야마구치·톳토리·시마네 현.

2. 호조 소운

　전국시대에 이세노쿠니[7]에는 이세 신쿠로(伊勢 新九郎), 아라키 효고(荒木 兵庫), 타메 곤헤이(多目 權平), 야마나카 사이시로(山中 才四郎), 아라키 마타시로(荒木 又四郎), 다이도지 타로(大道寺 太郎), 아리타케 효에(有竹 兵衛)라는 7명의 기운 넘치는 사무라이(侍)가 있었다. 어느 날, 이 7명의 사무라이들이 한 자리에 모여서,

　"이처럼 세상이 어지러워서는 누가 대장인지도 알 수 없는 일일세. 사내로 태어난 이상, 한번쯤은 세상에 이름을 날리는 것이 어떻겠나? 특히 칸토는 땅이 넓으며 예로부터 영웅이 자주 출현한 곳일세. 그곳으로 가서 성 하나의 주인이라도 되어보기로 하세."라고 상의 했다. 이에,

　"그렇다면 7명이서 함께 가기로 하세. 우리 7명은 언제까지고 사이좋게 지내며 누구라도 좋으니 어느 한 사람이 성의 주인이 되면 나머지 6명은 그의 가신이 되기로 하세."라고 약속했다. 이렇게 해서 그 7명은 이세에서 동쪽으로 내려갔다. 그것은 분메이(文明) 8년

---

7) 伊勢国. 지금의 미에·아이치·기후 현에 걸친 지역. 세이슈(勢州)라고도 불렀다. 당시에는 쿠니의 힘(国力)에 따라서 각 지방을 대국, 상국, 중국, 소국으로 나누었는데 이세는 대국으로 분류되었다. 또한 당시 수도권에서의 거리에 따라서 근국, 중국, 원국으로 나누기도 했는데 이세는 근국으로 분류되었다. 이하, 각 쿠니에 대해서 같은 순서로 분류를 표기하겠다. 각 쿠니의 자세한 위치는 책 뒤의 지도 참조.

(1476)의 일이었다. 이때 스루가노쿠니(駿河国시즈오카 현 중부 및 북동부.슨슈, 상국,중국)에는 이마가와 요시타다(今川 義忠)라는 무사가 있었다. 이 요시타다는 신쿠로와 친척관계에 있었기에 7명은 우선 이마가와 씨의 집에서 잠시 머물렀다.

그런데 얼마 지나지 않아서 요시타다가 숨을 거두고 말았다. 요시타다의 아들인 우지치카(氏親)는 아직 나이가 어렸기에 가신들 사이에서 세력다툼이 벌어져 싸움이 일어났다. 그 일 때문에 우지치카의 어머니는 우지치카를 안고 산속으로 몸을 피했다.

이때 카마쿠라쿠보[8])는 아시카가 요시마사(足利 義政8대 쇼군)의 이복형인 마사토모(政知)였는데, 스루가노쿠니가 시끄럽다는 소식을 듣고는 가신인 우에스기 마사노리(上杉 政憲)와 우에스기 토모사다(上杉 朝定) 두 사람을 보내 그 소동을 가라앉히게 했다. 그러자 신쿠로가 이 두 사람을 만나서,

"가신들은 모반을 일으키기 위해서 싸우고 있는 것이 아닙니다. 이번 일은 잠시 제게 맡겨주시기 바랍니다. 반드시 싸움을 가라앉히겠습니다. 만약 가라앉히지 못한다면 그때 정벌하도록 하십시오."라고 청했다. 두 사람이 그것을 허락하자 신쿠로는 바로 싸우고 있던 자들을 불러,

"서로 싸우고 있을 때가 아닙니다. 언제까지고 이렇게 싸움만 해서는 이마가와 가가 쇠하고 말 것입니다. 모두 마음을 합쳐서 이마가와

---

8) 鎌倉公方. 토고쿠를 지배하기 위해 무로마치 막부에서 카마쿠라에 설치한 카마쿠라후의 장관. 단, 이때에는 칸토 지방의 혼란으로 인해서 카마쿠라가 아닌 호리코시(호리고에)에 머물렀기에 호리코시쿠보라고 불렸다.

와 가를 위해 진력을 다해야 하지 않겠습니까."라고 말했다.

말을 듣고보니 자신이 위에 서야 한다, 조금이라도 더 많은 이득을 보아야 한다며 싸우고 있는 동안 정작 중요한 이마가와 가가 무너져버리면 그보다 더 큰일도 없었기에 가신들은 신쿠로의 말을 받아들여 마침내 싸움을 그쳤다. 이에 신쿠로는 서둘러 우지치카 모자를 산에서 내려오게 했다. 이것으로 소동은 가라앉았다. 소동이 가라앉자 카마쿠라에서 온 두 우에스기도 병사를 거두어 돌아갔다. 이때의 공로를 인정받아 신쿠로는 야하타야마(八幡山) 성의 성주가 되었다.

신쿠로가 드디어 한 성의 성주가 되었기에 나머지 6명은 약속대로 그의 가신이 되었다. 그러나 신쿠로의 야망은 이마가와로부터 조그만 성 하나를 받은 것으로 만족할 수 있을 만한 것이 아니었다. 그 성을 발판으로 삼아 널따란 칸토 지방으로 나서겠다는 것이 그의 꿈이었다.

얼마 지나지 않아서 신쿠로는 야하타야마에서 코코쿠지(興国寺)로 성을 옮겼다. 이 성은 이즈(伊豆이즈 반도 및 이즈 제도.즈슈.하국.중국)와의 경계선 부근에 있었기에 신쿠로는 그곳에서 이즈의 상황을 엿보았다.

이즈의 호리코시(堀越)라는 곳은 카마쿠라후(鎌倉府)가 있는 곳으로, 신쿠로는 그 카마쿠라후를 노리고 있었던 것이다. 이때 호리코시에 있던 카마쿠라쿠보는 쇼군[9] 요시마사의 형인 마사토모였는데, 마사토모의 아들인 차차마루(茶々丸)는 계모의 모함으로 오랜 세월 방 한 칸에 갇혀 지내고 있었다. 어느 날 밤, 차차마루가 감시의

---

9) 将軍. 세이이타이쇼군(征夷大将軍)의 줄임말로 막부의 최고 지위자.

눈길을 피해 방에서 빠져나와 그 계모를 죽이고 아버지인 마사토모까지 죽인 뒤 스스로 독립했다. 이를 안 신쿠로는,

'마침내 때가 왔다.'라며 슬슬 활동을 시작했다. 우선 이즈의 슈젠지(修善寺) 온천으로 가서 가만히 상황을 엿보았다. 카마쿠라쿠보의 보좌역인 시쓰지10)라는 직에는 우에스기 씨가 있었는데, 그 우에스기가 역시 두 집안으로 나뉘어 권력다툼을 하고 있었기에 차차마루가 그런 소동을 일으켰음에도 불구하고 누구 하나 사태를 진정시키러 오는 자가 없었다. 따라서 이즈에는 아주 소수의 병력밖에 남아 있지 않았다. 이 사실을 안 신쿠로는,

"지금이야말로 이즈를 취할 때다."라며 서둘러 코코쿠지 성으로 돌아가서는 나머지 6명과도 상의한 뒤 500명 정도의 병사들을 이끌고 호리코시를 향해 진격했다. 차차마루에게는 아무런 준비도 없었다. 눈 깜빡할 사이에 성을 빼앗겼으며 차차마루는 자결하고 말았다. 이렇게 해서 신쿠로는 이즈를 완전히 자신의 손에 넣었다. 이즈를 손에 넣은 신쿠로는 자신의 성을 니라야마(韮山)라는 곳에 쌓고 그곳으로 옮겼다. 거기서 호조11)라고 성을 바꾸었다. 그리고 얼마 지나지 않아서 머리를 깎고 소운(早雲)이라는 이름을 쓰기 시작했다.

1개 쿠니12)의 영주가 되었으나 소운은 거기에 만족하지 않았다. 칸토를 영유하고 있는 두 우에스기를 멸망시켜 칸토를 자신의 것으로

---

10) 執事. 카마쿠라쿠보를 보좌하는 직. 이후 칸토칸레이라 불렸으며 우에스기 씨가 세습했다.

11) 北条. 카마쿠라 막부의 싯켄이었던 호조 씨와 구별하기 위해서 고호조(後北条) 씨, 오다와라 호조(小田原北条) 씨, 사가미 호조(相模北条) 씨라고도 부른다.

12) 国. 옛 일본의 행정구역 단위.

삼고 싶었다. 그러나 그 우에스기 씨는 세력이 매우 강했기에 쉽게 무너뜨릴 수 있을 것 같지 않았을 뿐만 아니라, 사가미(相模가나가와현소슈,상국,원국)의 오다와라(小田原) 성에 오오모리 사네요리(大森 實賴)라는 자가 있었기에 칸토로는 한 걸음도 발을 내딛을 수가 없었다. 이에 소운은 어떻게 해서든 이 오다와라 성을 취해야겠다고 생각했다. 우선은 사네요리를 방심케 하기 위해 진귀한 물건이나 맛있는 음식 등을 보내며 친해지고 싶다고 청했으나, 사네요리는 상당히 야무지고 지혜로운 사람이었기에,

"아무런 이유도 없이 남에게 선물을 보내는 자는 쉽게 믿을 수 없다."며 적당히 인사만 하고 결코 빈틈을 보이지 않았다. 따라서 소운도 함부로 손을 쓸 수가 없었다. 그런데 얼마 지나지 않아서 사네요리가 죽고 그의 아들인 후지요리(藤賴)가 그 뒤를 이었다. 후지요리는 아직 어렸기에 소운에게 깊은 계략이 있으리라고는 조금도 생각지 못했다. 소운 쪽에서 진귀한 물건들을 보내며 친하게 지내고 싶다고 하자 그것을 완전히 믿어버리고 말았다. 그 사실을 깨달은 소운은,

"마침내 때가 왔다."라며 기뻐했다.

메이오(明応) 4년(1495) 9월에 소운은 오다와라로 사람을 보내서,

"얼마 전부터 산에서 사냥을 했는데 사슴과 멧돼지 여러 마리가 하코네(箱根) 쪽의 산으로 달아났습니다. 그 놈들을 잡고 싶습니다만, 얼마간의 몰이꾼들을 데리고 하코네의 산으로 들어가도 되겠습니까?"라고 묻게 했다. 평소부터 친절을 베풀어준 소운이었기에 후지요리는 조금도 의심하지 않고,

호조 소운

"아무런 걱정 마시고 뜻대로 하시기 바랍니다."라고 대답했다.
이에 소운은 바로 용감한 무사 5, 6백 명을 몰이꾼처럼 꾸미게 하여
한 부대는 아타미(熱海) 쪽에서, 한 부대는 유모토(湯本) 쪽에서
오다와라를 향해 나아가게 했다. 해가 저물기를 기다렸다가 이 2개
부대가 한꺼번에 오다와라 성을 공격했다. 평소 같았으면 오다와라에
수많은 병사들이 있었을 테지만, 이때는 우에스기 가의 전쟁에 나가
있었기에 성에 남아 있는 병사는 얼마 되지 않았다. 게다가 불의의
습격이었기에 후지요리는 곧 성문을 열어 넘겨주고 자신은 미우라(三
浦) 쪽으로 달아났다. 소운은 이렇게 해서 단번에 오다와라 성을

취했다. 그런 다음 사가미 지방의 각 성들을 함락시켜, 에이쇼(永正) 15년(1518)에는 사가미노쿠니가 전부 소운의 것이 되어버리고 말았다. 이에 자신의 아들인 우지쓰나(氏綱)를 오다와라 성에 남겨두고 자신은 니라야마 성에 머물렀다. 소운은 그 이듬해에 88세의 나이로 세상을 떠났다. 죽음에 앞서 우지쓰나 등을 머리맡으로 불러,

"우에스기의 두 집안을 멸망시켜 칸토 8개 주를 손에 넣으려 했으나 그 뜻을 이루기도 전에 세상을 떠나야 하다니 참으로 안타까운 일이다. 너희 후손들이 잘 대처해서 그 뜻을 반드시 이루어주기 바란다."라고 말했다.

우지쓰나도 아버지 못지않은 무용을 지닌 사람이었기에 아버지의 뜻을 이어받아 부지런히 병사를 내어 사가미노쿠니를 평정하고, 더욱 전진하여 우에스기 토모오키(上杉 朝興)와 무사시노쿠니(武蔵国토쿄·사이타마·카나가와 현.부슈,대국,원국)를 놓고 다투었다. 타이에이(大永) 4년(1524)에 우지쓰나가 무사시의 에도(江戶) 성을 취했기에 토모오키는 카와고에(河越) 성으로 달아났다. 텐분(天文) 6년(1537) 4월에 토모오키가 세상을 떠나고 토모사다(朝定)가 그 뒤를 이었는데, 우지쓰나가 그해 7월에 가와고에 성을 공격하여 토모사다를 쫓아냈다.

이후부터 우지쓰나의 세력은 더욱 강성해져서 무사시와 시모우사(下総지바 현 북부 및 야바라키 현 일부.소슈,대국,원국)의 각 성들 모두가 우지쓰나에게 항복해버리고 말았다. 단 한 사람, 아시카가 요시아키(足利 義明)라는 자가 시모우사의 오유미(御弓)라는 곳에 머물며 우지쓰나에게 복종하지 않았다. 이에 우지쓰나는 텐분 7년(1538)에 오유미를 공격하기 시작했다. 그러자 아와(安房치바 현 남부.보슈,중국,원국)의 사토미 요시히

로(里見 義弘)라는 자가 아와와 카즈사(上総치바 현 중부.소슈.대국.원국)의 병사들을 데리고 요시아키를 도우러 왔다. 우지쓰나는 요시히로 등과 코노다이(鴻台)에서 싸워 크게 이겼다. 우지쓰나는 텐분 10년(1541)에 55세의 나이로 세상을 떠났다.

우지쓰나의 아들인 우지야스(氏康)가 그 뒤를 이었다. 그 무렵 우에스기 토모사다의 세력은 약해져 있었으나, 우에스기 노리마사(上杉 憲政)의 세력은 매우 강성했으며, 카이(甲斐야마나시 현코슈.상국.중국)의 타케다 노부토라(武田 信虎신겐의 아버지)와 스루가의 이마가와 요시모토(今川 義元우지치카의 아들)도 모두 노리마사 편에 서 있었다. 그러나 노리마사는 게으르고 사치를 좋아하는 사람이어서 전쟁에는 전혀 신경을 쓰지 않았다. 호조 씨에 대해서도,

"그런 녀석이 무엇을 할 수 있단 말이냐. 두려워할 것 없다."라며 오만하게 굴었다. 그러나 나가오 이겐(長尾 意玄)이라는 가신 한 사람만은 호조야말로 방심할 수 없는 자라며 내심 걱정하고 있었다. 그랬기에 두 사무라이를 첩자로 뽑아 오다와라 성으로 은밀히 들여보내 호조 씨의 상황을 살피게 했다. 2년쯤 뒤에 돌아온 두 사람이 이겐에게,

"우지야스라는 자는 평범한 사람이 아닙니다. 매우 침착하고 학문도 깊습니다. 군에 관한 일에도 크게 마음을 쓰고 있습니다. 게다가 예의를 중히 여기고 가신들을 아끼며 백성을 사랑하기에 수많은 가신들과 백성들 모두가 우지야스를 위해 목숨을 바칠 각오로 일하고 있습니다. 그리고 소운이 세상을 떠날 때, 우에스기를 물리치는 것은 3대 뒤라고 말했다고 합니다. 그 3대째에 해당하는 것이 바로 우지야스

입니다. 결코 방심해서는 안 됩니다."라고 그 사정을 자세히 들려주었다. 이겐도 이 보고를 묵과할 수 없는 것이라고 보았다. 그랬기에 그 사실을 노리마사에게 들려준 뒤,

"지금은 친척관계에 있는 두 우에스기 집안이 서로 다툴 때가 아닙니다. 힘을 합쳐 호조에 대비하지 않으면 안 됩니다."라고 말했다. 이에 노리마사도 우선은 토모사다와 화목했다. 사치도 금했다. 그런 다음 전쟁을 준비했다. 그런데 이겐과 사이가 좋지 않은 가신들이,

"무슨 소리를 하는 거야. 소운은 이세의 동냥아치에 지나지 않아. 그랬던 그가 이마가와 씨 덕분에 성 하나를 얻어서는 이즈를 훔치고, 오다와라를 빼앗은 도둑놈 같은 자야. 우지야스는 그런 자의 손자 아닌가. 동냥아치의 손자 따위 두려워할 필요 없어. 이겐 등이 왜 겁을 먹은 건지 참으로 이해가 되지 않아. 천하의 호걸을 논하자면 서쪽에는 오오우치(大內)가 있고 동쪽에는 우리 우에스기가 있을 뿐이야. 뭐가 두렵단 말이야."라고 말하기 시작했다. 이를 들은 노리마사는 그도 옳은 말이라 생각하여 기껏 시작했던 전쟁 준비도 멈춘 채 다시 사치스러운 생활에 들어갔다.

텐분 14년(1545)에 두 우에스기가 대군을 이끌고 가서 카와고에 성을 포위했다. 카와고에 성은 우지야스의 가신인 호조 쓰나시게(北条綱成)라는 자가 지키고 있었다. 적이 카와고에 성을 포위했다는 소식을 들은 우지야스는 곧 원조를 위해 출발했으나 자신이 도착하기 전에 성이 떨어지면 안 되었기에 쓰나시게의 동생인 벤치요(弁千代)라는 자를 먼저 보내서 성으로 들어가게 하여,

"아무리 힘들어도 내가 도착할 때까지 항복해서는 안 된다."라는

말을 전하게 했다. 그러나 이 무렵 우지야스는 곳곳으로 병사들을 보내두었기에 직접 거느리고 갈 수 있는 병사는 겨우 8천 명 정도밖에 되지 않았다. 그에 비해서 카와고에 성을 감싸고 있는 우에스기의 병사는 8만 명이나 되었기에 평범하게 싸워서는 도저히 승산이 없었다. 이에 우지야스는 일부러 화해를 청했다. 그러나 노리마사는 이를 받아들이지 않았다. 우지야스는 우선 이루마가와(入間川강) 남쪽까지 진군했다. 그러자 우에스기의 병사들이 공격을 시작했다. 우지야스는 화살 한 발 쏘지 않고 달아나버리고 말았다. 그리고 세작을 우에스기 쪽으로 들여보내 우에스기가 무슨 말을 하는지 듣게 했다.

세작이 돌아와서,

"우에스기 쪽에서는 '호조의 겁쟁이들이 꽁무니를 빼고 달아났다.' 라고 말하고 있습니다."라고 보고했다. 그로부터 오륙일쯤 지나서, 우지야스는 강의 남쪽까지 다시 진군했다. 그러자 이번에도 우에스기 의 병사들이 공격했다. 우지야스는 전과 마찬가지로 싸우지도 않고 달아났다. 우지야스가 다시 세작을 불러,

"적이 뭐라 하고 있느냐?"라고 묻자 세작은,

"그 겁쟁이들은 두 번 다시 오지 않을 것이다, 와봤자 '쉿' 하고 내쫓으면 달아날 것이 뻔하다, 라고 말하고 있습니다."라고 고했다. 이에 우지야스는 병사들에게,

"숫자가 많다고 해서 싸움에서 반드시 이기는 것은 아니다. 숫자가 적어도 싸움에서 이긴 예는 얼마든지 있다. 지금의 상황에서는 우리 병사 1명이 적병 10명을 쓰러뜨려야 한다. 그럴 각오로 나서지 않으면 안 된다. 오늘 밤에는 내가 선두에 설 테니 모두 나의 뒤를 따르도록

카와고에 성

하라."라고 말했다. 그런 다음 하얀 천을 각자의 투구 위에 달아 표식으로 삼게 했다. 그리고 다시 말했다.

"하얀 천이 달려 있지 않은 자를 보면 누구든 상관없으니 베어버리도록 하라. 그 목은 취할 필요가 없다."

이렇게 명령하고 밤이 깊자 이루마가와를 건너 우에스기 진영을 향해 똑바로 나아갔다. 호조 군은 겁쟁이들이라며 방심하고 있었기에 야습을 감행하자 우에스기 군은 단번에 진이 어지러워지고 말았다. 그 틈을 파고든 우지야스의 병사들이 종횡무진으로 적을 베며 돌아다녔다. 이때 우에스기 군의 사상자는 2만이었으며, 대장 가운데 한 명인 토모사다가 생포되었고, 노리마사는 간신히 목숨만 건져 달아나버리고 말았다. 이 싸움으로 칸토 8개 쿠니의 무사들이 호조 씨 편에 서게 되었다. 이는 텐분 15년(1546) 4월 20일의 일이었다.

카와고에에서 달아난 노리마사는 코즈케노쿠니(上野国군마 현,조슈,상국,원국)로 돌아갔는데, 우지야스가 텐분 20년(1551)에 그곳을 공격하여 성을 함락시켰기에 노리마사는 에치고(越後니가타 현,엣슈,상국,원국)로 달아나 나가오 테루토라(長尾 輝虎우에스기 켄신)에게 의지했다.

이렇게 해서 두 우에스기 집안은 멸망해버리고 말았다. 얼마 지나지 않아서 코가쿠보(古河公方)인 아시카가 하루우지(足利 晴氏)도 멸망하고 말았다. 이에 칸토의 8개 쿠니는 마침내 호조의 것이 되어버리고 말았다. 그 후, 호조 씨는 우지마사(氏政), 우지나오(氏直)가 집안을 이었으며 칸토에서 막강한 세력을 구축했다.

(1) 오닌의 난 이후 다이묘들은 각자 자신의 쿠니로 돌아가 서로 전쟁을 벌였다. 이를 전국시대(센고쿠지다이)라고 한다.

(2) 호조 소운은 이세 사람으로 처음에는 이마가와 씨에게 의지했으나, 이후 이즈를 장악하고 오다와라 성까지 취해 토고쿠에서 세력을 떨쳤다.

(3) 소운의 아들인 우지쓰나는 무사시로 병사를 이끌고 가서 우에스기 씨를 격파하고 에도와 카와고에 성을 자신의 것으로 만들었다.

(4) 소운의 손자인 우지야스가 우에스기 씨를 멸망시키고 이즈, 사가미, 무사시, 코즈케를 자신의 것으로 삼았으며 백성을 잘 다스렸기에 호조 씨는 오래도록 번성했다.

제15장 우에스기 켄신과 타케다 신겐

1. 우에스기 켄신

노리마사가 의지하기 위해 찾아간 에치고의 나가오 씨는 원래 우에스기 가의 카로[13]였는데, 대대로 에치고에 자리 잡고 있었다. 그런데 테루토라(우에스기 켄신)의 아버지인 타메카게(為景) 때부터 독립하여 에치고의 영주가 되었다. 테루토라는 타메카게의 차남으로 7세 때 절로 보내서 스님으로 만들려 했으나 경문보다 싸움을 더 좋아해서 스승의 말도 잘 듣지 않았기에 어쩔 수 없이 9세가 되었을 때 집으로 돌려보냈다. 아버지 타메카게는 이거 참 애물단지로구나 싶어 걱정을 했는데, 그 아버지는 텐분 11년(1542)에 엣추(越中토야마 현엣슈,상국,중국)에서 전사하고 말았으며, 형인 하루카게(晴景)가 그 뒤를 이었다. 그런데 이 형은 그렇게 뛰어난 인물이 아니었기에 에치고의 무사 가운데서 그의 명령을 듣지 않는 자들이 속속 나오기 시작했다. 그러나 하루카게에게는 이들을 제압할 만한 힘이 없었다. 전쟁에 있어서는 동생인 테루토라가 훨씬 더 뛰어났다. 이에 하루카게는 집안을 테루토

---

13) 家老. 다이묘 집안의 집무를 총할하던 가신 중의 우두머리.

우에스기 켄신

라에게 잇게 했다. 이렇게 해서 스님이 되지 못한 테루토라가 아버지와 형의 뒤를 이어서 카스가야마(春日山) 성의 주인이 되었다.

　테루토라의 사촌 형 가운데 나가오 마사카게(長尾 政景)라는 용사가 있었다. 이 마사카게는 전쟁에도 능했으며, 따라서 세력도 강했기에 나이 어린 테루토라를 우습게 보고 그의 명령을 따르지 않았다. 심지어는 카스가야마 성을 빼앗아 자신이 에치고의 영주가 되겠다며 테루토라를 공격했다. 이때 테루토라 곁에는 노련하고 전술에 뛰어난 우사미 사다유키(宇佐美 定行)라는 가신이 있었다. 마사카게가 공격해 들어온다는 소식을 들은 사다유키가,

　"성 밖으로 나가서 싸워야 합니다. 그렇게 하지 않으면 이길 수

없을 것입니다."라고 말했으나 적의 모습을 살펴본 테루토라는,

"아니, 아닐세. 나가서 싸울 때가 아니네. 적의 후방에 식량을 실은 수레가 없는 것을 보니 언제까지고 성을 포위할 생각은 아닌 듯하네. 적이 포위를 풀고 돌아갈 때 공격하면 반드시 이길 수 있을 것이네."라고 말한 뒤, 성 문을 굳게 걸어잠그고 싸우려 하지 않았다. 사다유키는 마음속으로,

'아직 어려서 병법을 잘 모르는구나. 내 말대로 하면 될 텐데.'라고 생각했으나 주인의 명령이기에 하는 수 없이 성 안에 머물렀다. 그런데 그날 밤이 되자 적은 과연 퇴각하기 시작했다. 이를 안 테루토라는,

"모두 지금이다. 당장 공격하라."라며 성 문을 열고 추격에 나섰다. 마사카게는,

'테루토라는 내가 두려워 성 안에서 나오지 못할 것이 뻔하다.'라고 생각하고 있었기에 얼마간은 방심도 하고 있었다. 그러한 때에 공격을 받았기에 버티지 못하고 이번에는 정말로 달아나버리고 말았다. 달아나면 달아날수록 테루토라의 추격은 더욱 거세졌다. 마사카게는 곧 산길로 접어들었다. 그 산 아래까지 추격해온 테루토라가 갑자기,

"아아, 졸립구나. 이쯤에서 한숨 자고 가기로 하자."라며 길 옆에 있는 농가로 들어가더니 벌렁 드러누웠다. 우사미 사다유키는 이번에도 깜짝 놀랐다.

'적이 오르막을 오르느라 애를 먹을 때 공격하면 반드시 이길 수 있을 텐데, 기껏 여기까지 와서 이 중요한 순간에 잠을 자려 하다니. 역시 전법을 모르는 게야.'라며 화가 날 정도로 조바심을 쳤으나, 대장 테루토라는 커다랗게 코를 골며 잠을 자고 있었다.

그러다 잠시 후, 벌떡 일어나더니,

"적은 지금쯤 정상을 넘으려 하고 있을 것이다. 얼른 따라붙어라."라며 병사들을 휘몰아쳐 막 고개 너머를 내려가려 하고 있는 마사카게군을 향해 산사태처럼 밀고 내려가 공격을 퍼부었다. 전략에 능하다고 자만하고 있던 마사카게도 그 기세에는 당해낼 수가 없어서 결국은 투구를 벗고 항복하고 말았다. 그때 테루토라는 겨우 18세의 대장이었다. 우사미 사다유키는 이때 58세로 뛰어난 군사[軍師]였으나 그의 군략도 테루토라에는 미치지 못했던 것이다. 이러한 테루토라였기에 아버지가 돌아가신 후 어지러워지기 시작한 에치고사람들도 그를 두려워하여 모두 그를 따랐다.

우에스기 노리마사가 이러한 테루토라를 의지하여 찾아간 것은 테루토라가 22세 때의 일이었다. 원래부터 활동적이고 의협심 강한 테루토라였기에 노리마사를 기꺼이 맞아들였다.

"부족하나마 힘이 되어 드리겠습니다."라고 흔쾌히 받아들인 모습은, 아직 나이는 젊으나 믿음직한 것이었다. 이에 노리마사는 테루토라와 부자의 관계를 맺고 우에스기라는 성을 쓰게 했다. 그로부터 우에스기 테루토라라는 이름을 썼는데 그 이듬해에 테루토라는 머리를 깎고 이름을 켄신(謙信)으로 바꾸었다.

켄신은 노리마사의 청에 따라서 몇 번이고 칸토로 병사를 내어 호조 씨와 싸웠다. 켄신과 우지야스 두 사람 모두 강한 대장이었다. 그런 만큼 싸움의 양상도 매우 치열했으리라. 한번은 켄신이 대군을 이끌고 가서 오다와라를 공격한 적이 있었다. 그때 우지야스는 켄신의 모습을 보고,

"저러한 기세로 밀고 들어오니 맞붙었다가는 병사를 얼마나 잃을지 알 수 없는 일이다. 맞서 싸우지 말고 성 안에서 지키기만 하여라."라며 칸토의 무사들을 전부 성 안으로 들인 뒤 조금도 싸우려 하지 않았다. 켄신이 칸토의 평야를 커다란 바람이 몰아치듯 휩쓸며 오다와라까지 공격해 들어갔으나 오다와라 성에서는 누구 하나 나오려하지 않았다. 안 그래도 견고한데 그처럼 지키기만 하는 오다와라 성을 떨어뜨리려면 오랜 시간과 그에 대한 준비가 필요했다. 켄신은 어쩔 수 없이 발걸음을 돌려 에치고로 돌아갈 수밖에 없었다. 우지야스는 안도의 한숨을 내쉬고,

"아아, 돌아가주었구나. 참으로 날카로운 기세였다."라며 참으로 감탄한 듯한 모습이었다.

2. 타케다 신겐

전국시대에 켄신과 함께 싸움에 능하여 세력이 강성했던 자는 카이의 타케다 신겐(武田 信玄)이었다.

타케다 씨는 미나모토노 요시이에(源 義家)의 동생인 신라 사부로 요시미쓰(新羅 三郎 義光)의 자손으로 오랜 세월 대를 이어 카이노쿠니에서 살아왔다. 그 오랜 세월 동안 타케다 씨에서는 특별히 강한 무사라고 할 정도의 인물은 나오지 않았으나, 신겐 때가 되어 단번에 그 이름이 세상에 알려지게 되었다.

신겐의 아버지는 노부토라라는 사람으로, 신겐은 그의 장남이었다. 처음에는 하루노부라는 이름을 썼으나 31세 때 머리를 깎고 신겐이라고 이름을 바꾸었다.

한번은 시나노(信濃나가노 현 신슈, 상국, 중국)로 공격해 들어가기 위해 가신들과 상의한 적이 있었다. 그때 마침 비둘기 한 마리가 날아와 정원의 나무 위에 앉았다. 그것을 본 가신들이,

"진귀한 비둘기가 이런 곳까지 날아왔다. 이는 틀림없이 하치만14) 신께서 보내주신 것이다. 이번 싸움은 대승리다."라며 기뻐했다. 그 말을 들은 신겐은,

"쓸데없는 소리들 말거라. 지금이야 비둘기가 왔으니 상관없다만,

---

14) 八幡. 궁시[弓矢]의 신으로 미나모토 가의 수호신.

타케다 신겐

만약 이곳으로 나비가 오면 어찌 하겠느냐. 그러면 너희는, 나비는 헤이케[15]의 문양인데 그것이 이곳으로 날아왔으니 이번 싸움에서는 질 것이라며 겁을 먹고 떠들어댈 것이냐? 그런 마음가짐으로 싸움을 할 수 있겠느냐?"라며 그 자리에서 화승총으로 비둘기를 쏘아버렸다.

이러한 성격을 가진 사람이었기에 평생 하나의 성도 쌓지 않았다. 지금 코후(甲府) 북부의 산기슭에 신겐의 성터라는 것이 남아 있으나, 그것은 단지 저택의 자리였을 뿐 성터는 아니다.

---

15) 平家. 타이라 집안.

〈사람은 성, 사람은 울타리, 사람은 해자, 정[情]은 아군, 원한은 적〉

이라며,

　"돌담이 제아무리 높아도, 해자가 제아무리 깊어도, 대장과 가신의 마음이 하나가 되지 않는다면 아무런 도움도 되지 않는다."

　"나의 성은 병사들이다. 나의 해자도 병사들이다."라고 말할 뿐, 성을 쌓는 일에 대해서는 조금도 마음에 두지 않았다.

3. 카와나카지마 전투

이 전투는 매우 유명하고 시원시원하고 또 재미있는 전투인데, 우선은 타케다 신겐과 우에스기 켄신이 왜 카와나카지마에서 전투를 벌였는지 그 이유를 알아보기로 하겠다.

당시 시나노노쿠니의 카쓰라오(葛尾)라는 성에 무라카미 요시키요(村上 義淸)라는 무사가 있었다. 그는 오래도록 타케다 신겐과 다투었는데, 우에다(上田) 부근에서의 전투를 마지막으로 요시키요는 마침내 에치고로 달아나 우에스기 켄신에게 의지하여 도움을 청했다. 그때 켄신은 아직 18세였다.

켄신의 원래 이름은 카게토라(景虎)였는데 에이로쿠(永祿) 4년 (1561) 5월에 쿄토로 들어가 쇼군 요시테루(義輝)를 보았으며, 쇼군의 이름 가운데 한 글자를 받아 테루토라라는 이름을 쓰게 된 것이었다.

요시키요가,

"성을 빼앗기고 쿠니에서 쫓겨났기에 부끄러움을 무릅쓰고 도움을 청하러 온 것입니다. 모쪼록 카쓰라오 성으로 다시 돌아갈 수 있게 해주시기를 간곡히 부탁드리겠습니다."라고 눈물을 흘리며 청했기에 의협심 강한 켄신은,

"나이 어린 저를 눈여겨보시고 이렇게 청하러 오셨으니 싫다고는 할 수 없습니다. 저는 아직 아버지의 원수도 갚지 못했으며, 전부터

소망하던 상경도 아직 이루지 못했으나 진력을 다하도록 하겠습니다."
라며 흔쾌히 받아들였다. 그런 다음,

"그런데 하루노부(신겐)라는 자는 어떤 식으로 싸웁니까?"라고 물었
다. 요시키요가,

"상당한 지혜와 계략을 갖춘 자입니다. 소수의 적을 얕보지 않으며,
커다란 적을 두려워하지 않고, 이겨도 자만하지 않으며, 져도 마음이
꺾이지 않는 자입니다."라고 말하자 켄신은,

"그렇다면 군략으로 싸우는 자로군. 그래, 그렇다면 이쪽에도 생각
이 있다."라며 전투의 방법을 강구했다.

텐분 16년(1547) 10월, 켄신은 8천의 병사들을 이끌고 시나노로
들어갔다. 이 소식을 들은 신겐도 병사들을 이끌고 우에다 부근까지
갔다. 그러자 켄신이 신겐에게로 사람을 보내서,

"저는 당신께 아무런 원한도 없습니다. 단지 요시키요의 청으로
병사들을 여기까지 끌고 온 것일 뿐입니다. 그러나 싸움을 하여 병사를
죽게 하고 싶지는 않습니다. 만약 카쓰라오 성을 요시키요에게 돌려주
신다면 저는 이대로 병사를 물리겠습니다."라고 말하게 했다. 그러자
신겐은,

"무슨 말씀이신지는 잘 알겠습니다만, 싸워서 빼앗은 성을 그냥
돌려줄 수는 없습니다. 싸우실 생각이시라면 싸우시기 바랍니다.
저희 쪽에서 먼저 싸움을 걸지는 않겠습니다."라고 대답했다. 이렇게
해서 싸움이 시작되었다. 양쪽 군이 격렬하게 싸웠다. 그러나 승패는
갈리지 않았다. 마침내 켄신이 병사들을 거두어 쿠니로 돌아가기
시작했다. 카이의 병사들이,

"적들이 달아나기 시작했다. 얼른 뒤를 쫓아라."라고 말하자 신겐은,

"아니, 아니. 달아나는 것이 아니다. 뒤쫓아서는 우리가 위험해진다."라며 그도 병사들을 거두어 쿠니로 돌아갔다.

나중에 신겐은,

"나이는 어리지만 카게토라는 방심할 수 없는 대장이다. 승산이 없다고 여겨지자 바로 병사들을 거두어 돌아갔다. 그는 나의 호적수인 듯하다."라며 감탄했다. 이것이 타케다와 우에스기의 첫 번째 싸움이었다.

텐분 17년(1548), 켄신이 다시 병사들을 이끌고 시나노로 들어왔다. 신겐도 그에 맞서서 출동했다. 이번에도 우에다 부근에서 대치했다. 켄신이 싸우려 했으나 신겐은 싸우려 들지 않았다. 신겐이 켄신에게 빈틈이 없을까 엿보았으나 켄신에게는 조금의 빈틈도 없었다. 이처럼 열흘쯤 대치를 하다가 켄신이 갑자기 대오를 흩트리며 쿠니로 돌아가기 시작했다. 카이의 병사들이,

"지금 공격을 해야 한다. 병사들에게서 조금의 규율도 보이지 않는다."라며 그 뒤를 쫓으려 하자 신겐은,

"무슨 소리를 하는 게냐. 저건 적의 전략이다. 섣불리 접근했다가는 무슨 일을 당하게 될지 알 수 없다."라며 뒤를 쫓지 못하게 했다. 켄신이 병사들을 물리며 생각했다.

'과연 영리한 신겐이로구나. 유인을 해볼까 싶었는데 걸려들지 않는구나.'라며 그 걸음에 쿠니로 돌아갔다. 이것이 두 번째 싸움이었다.

그 이듬해 4월에 켄신은 8천의 대병을 이끌고 시나노로 들어가

카이(타케다) 편에 가담한 성들을 공격했다. 그러자 신겐이 1만 명의 병사들을 이끌고 이번에도 우에다 부근까지 나왔다. 신겐이 켄신의 진을 살펴보니 언제든 싸울 준비를 하고 있었다. 그래서는 쉽게 싸움을 걸 수도 없는 일이었다. 이번에도 열흘쯤이나 대치하다 켄신이 신겐에게 사람을 보내서,

"싸움도 하지 않은 채 이렇게 머문다는 것은 따분한 일입니다. 저는 지금부터 노토(能登이시카와 현 북부.노슈,중국,중국), 옛추로 가서 일전을 치를 생각입니다."라고 전하게 한 뒤, 참으로 차분하게 물러나버리고 말았다. 신겐도 역시 쿠니로 되돌아갔다. 이것이 세 번째 싸움이었다.

1550년 4월, 켄신이 사쿠히라(佐久平)라는 곳에 다시 모습을 드러냈다. 신겐이 1만 명의 병사들을 이끌고 가서 맞섰다. 신겐에게는 야마모토 칸스케(山本 勘助)라는 뛰어난 군사가 있었다. 칸스케는,

'이번에야말로 켄신을 물리치겠다.' 며 팔진[八陣]이라는 진형을 갖추고 켄신에 맞섰다. 그러자 켄신은,

'이건 절름발이 칸스케 놈이 생각해낸 일이로구나. 나를 한가운데에 놓고 포위하여 공격할 심산이로군. 그래, 그렇다면 내 직접 그 한가운데로 들어가주겠다.' 라고 함성과 함께 연달아 화승총을 쏘며 돌진해 들어갔다. 신겐 쪽에서는 가장 나중에 적을 포위할 생각이었는데, 적이 가장 먼저 한가운데로 뛰어들었기에 커다란 혼란이 빚어졌다. 그렇게 해서 양쪽 모두가 한 치의 물러섬도 없이 싸웠다. 그런데 싸움 중에 갑자기 돌이 날아다니고 나무가 뿌리째 뽑힐 정도의 커다란 바람이 불기 시작했다. 켄신은,

'이래서는 이길 수 없겠다.' 며 다시 쿠니로 돌아가버렸다. 신겐도

역시 쿠니로 돌아가버렸다. 이것이 네 번째 싸움이었다.

그해 9월에 켄신이 다시 우에다 쪽으로 출격했다. 신겐도 역시 출격했다. 이때도 역시 승부를 가리지 못했다.

1552년 3월에 켄신이 은밀하게 시나노로 들어갔으나 신겐도 그 사실을 알고 바로 출격했다. 이때의 싸움에서는 양군이 치열하게 맞붙어 수많은 사상자들이 나왔으나 역시 승부는 가리지 못하고 양군 모두 물러나버리고 말았다. 이것으로 우에다 부근에서 싸운 것은 총 6번이었다.

1554년 6월에도 켄신은 시나노로 들어갔는데 이번에는 우에다 쪽이 아니라 나가노(長野) 쪽이었다. 그것이 카와나카지마에서의 첫 번째 싸움이었다. 그러나 이때도 승패를 가리지 못하고 서로가 물러났다.

코지(弘治) 2년(1556)에 카와나카지마에서 두 번째 싸움이 시작되었다. 이때 한 번은 신겐이, 한 번은 켄신이 승리를 거두어 무승부로 양 군이 서로 갈라섰다.

코지 3년에 세 번째 카와나카지마 전투가 시작되었는데, 하루는 신겐이 풀어놓은 첩자가 돌아와 신겐에게,

"켄신의 병사들이 매일 풀을 베고 있습니다. 그 모습으로 봐서는 이 부근에서 오래 머물 생각인 듯합니다."라고 말하자 신겐은 머리를 흔들며,

"아니, 그렇지 않다. 곧 켄신의 진영에서 커다란 불이 치솟을 것이다. 그래도 가까이 다가가서는 안 된다."라고 말한 뒤 그 사실을 곧 아군 병사들에게도 알렸다. 그날 저물녘이 되자 첩자가 다시 와서,

"적이 물자를 쿠니 쪽으로 보내기 시작했습니다. 아무래도 쿠니로 돌아갈 생각인 듯합니다."라고 보고했다. 모두가,

"그렇다면 뒤를 쫓아야 한다."고 말했으나 신겐은 이번에도 머리를 흔들고,

"켄신이 어찌 한밤중에 쿠니로 돌아가겠느냐. 뒤를 쫓았다가는 호되게 당할 것이다."라며 뒤를 쫓지 못하게 했다. 그 이튿날 새벽에 켄신의 진영에서 활활 불길이 솟아올랐다. 카이 쪽에서는 신겐의 명령이 있었기에 그 누구도 나서려 하지 않았다. 날이 밝고 보니 진에 불을 지르고 돌아가는 듯한 모습을 보였던 켄신은, 견고한 진을 구축한 채 카이의 병사들이 오기를 기다리고 있었다. 그것을 본 카이의 병사들은,

"무시무시한 놈이다. 어젯밤에 섣불리 뒤를 쫓았다면 모두가 목숨을 잃을 뻔했다. 놈도 놈이지만, 우리 대장도 참으로 모르는 게 없는 분이시다."라며 진심으로 감탄했다. 이렇게 해서 이번에도 역시 전투는 벌어지지 않았다. 이번에는 신겐이 먼저 병사들을 거두어 쿠니로 돌아갔다. 그러자 켄신 역시 쿠니로 돌아갔다.

이때까지 타케다와 우에스기는 10여 년 동안 신슈(信州)에서 싸워 왔다. 그런데도 승부가 나지 않았기에 양쪽 모두 초조함을 느끼고 있었다. 켄신은 한시라도 빨리 이 싸움을 끝내고 쿄토로 들어가 자신의 세력을 전 일본에 마음껏 떨치고 싶어서 견딜 수가 없었다. 이에 켄신은 에이로쿠 2년(1559)에 신겐에게로 사람을 보내서,

"귀하와 싸우고 있으나 저는 단지 무라카미 요시키요의 청으로 싸우고 있는 것일 뿐, 귀하에게는 아무런 원한도 없습니다. 이쯤에서

화목을 하는 것이 어떻겠습니까? 저는 엣추와 노토, 카가(加賀이시카와 현 남부·카슈·상국·중국)를 치다 세상을 떠나신 아버지의 영을 위로해드리고 싶습니다. 귀하께도 역시 이루고 싶으신 일이 있으실 테니 그 일을 하시는 것이 어떻겠습니까?"라고 말하게 했다.

마침내 그 일을 위한 담판이 치쿠마가와(千曲川) 강변에서 벌어졌다. 그러나 신겐이 이때 일부러 켄신을 화나게 했기에 화해는 성립되지 않았다. 신겐이 왜 그런 행동을 했는가 하면, 신겐에게는 예전부터 코즈케노쿠니를 자신의 손에 넣고 싶다는 마음이 있었을 뿐만 아니라, 얼른 쿄토로 들어가서 천하를 호령하고 싶다는 커다란 뜻이 있었는데 우에스기와 화목을 하면 그 2가지 일 모두가 뜻대로 풀리지 않을 것이기 때문이었다.

마침내 네 번째 카와나카지마 전투가 시작되었으나 그때도 역시 승부를 가리지 못한 채 두 사람은 각자 자신의 쿠니로 돌아갔다.

켄신이 쿄토로 들어가 쇼군 요시테루를 만난 것은, 이 싸움 뒤의 일이었다.

에이로쿠 4년(1561) 8월, 쿄토에서 돌아온 켄신은 신겐과 최후의 승부를 가리겠다는 듯 1만 3천의 병력을 이끌고 카스가야마 성을 출발했다. 이 소식을 들은 신겐 역시 2만의 대군을 이끌고 코후를 출발했다. 이때 켄신은 사이조산(妻女山)이라는 곳에 진을 쳤다. 신겐은 차우스야마(茶臼山)라는 곳에 진을 쳤다. 신겐이 차우스야마에 진을 치면 켄신은 돌아갈 길이 막히고 말기에 에치고(우에스기)의 병사들은,

"이거 참으로 막막하게 되었구나."라며 걱정을 했으나, 대장인

카와나카지마 전투

켄신은 조금도 신경 쓰지 않고 곁의 사람들과 함께 시를 읊기도 하고 장구를 두드리기도 하며 즐거워하는 듯했다. 신겐 역시,

'켄신 놈, 틀림없이 당황했을 것이다.'라고 생각했는데, 첩자가 와서,

"켄신은 즐거운 듯합니다."라고 보고했기에 어찌 된 일일까 싶어 고개를 갸웃거리며 잠시 생각에 잠겨 있다가 무릎을 탁 치더니,

"이렇게 넋을 놓고 있을 때가 아니다."라며 갑자가 차우스야마에서 내려와 카이즈(海津) 성으로 들어갔다. 에치고의 병사들은 그 모습을 보고,

"아아, 신겐이 길을 터주었다."라며 기뻐했으나 켄신은,

"아뿔싸."하고 난처해했다. 아사히야마(旭山)라는 곳의 성주를 자신의 편으로 끌어들여 그로 하여금 차우스야마의 후방을 공격케 하고, 자신은 정면으로 파고들어 신겐을 협공할 생각이었는데 그 계획이 틀어져버리고 말았기 때문이었다. 에치고의 병사들조차도

이러한 계획을 알지 못했기에 대장과는 달리 걱정을 하고 있었던 것이다.

카이즈 성으로 들어간 신겐 쪽에서 어떤 식으로 켄신을 공격해야 할지 상의를 시작했다. 결국은 병사를 둘로 나눈 뒤, 한쪽으로 하여금 켄신의 진을 공격케 하여 켄신을 카와나카지마로 내몰면 신겐이 그 길목을 지키고 있다가 내몰린 켄신의 군을 공격하기로 했다.

이에 9월 9일 밤 12시 무렵부터 1만 2천의 타케다 병사들이 사이조산을 향해서 이동하기 시작했다. 그리고 신겐은 8천의 병사들을 이끌고 그날 밤 2시 무렵부터 카와나카지마를 향해 출발했다. 카이(타케다)의 병사들은 한껏 기세가 올라서,

"오늘 밤에야말로 켄신의 목을 베어주겠다."며 기뻐했다.

그날 저녁, 켄신이 산 위에 올라 카이즈 성을 바라보니 밥 짓는 연기가 활발하게 피어오르고 있었다.

'저녁을 준비하고 있구나.'라고 생각했는데 그 연기는 곧 사라졌다. 그런데 그로부터 얼마 지나지 않아서 다시 밥 짓는 연기가 활발히 피어올랐다. 이를 본 켄신이 서둘러 각 대장들을 불러서,

"15년 동안이나 싸웠으나 신겐의 목은 아직 얻지 못했네. 이번에야말로 신겐의 민머리를 얻을 수 있을 듯하네. 내일이면 틀림없이 타케다 쪽에서 먼저 싸움을 걸어올 걸세. 내 생각에 신겐은 병사를 둘로 나누어 한쪽은 오늘 밤에 이쪽으로 공격해 들어오고 다른 한쪽은 카와나카지마로 미리 가서 우리들이 그곳으로 오기를 기다리고 있을 것이라 여겨지네. 신겐 자신은 카와나카지마로 향할 것이네. 카이즈 성에서 밥 짓는 연기가 2번 올랐기에 병사를 둘로 나눴다는 사실을

알 수 있었고, 그에 따라서 이렇게 생각한 것일세. 우리는 적의 계략을 역이용하여 우선 신겐이 카와나카지마에 도착하기 전에 우리가 먼저 카와나카지마로 가서 그들이 오기를 기다렸으면 하네. 아직 싸울 시간이 되지 않았다며 방심한 채 온 신겐의 병사들을 급히 들이치면 단번에 승부를 결정지을 수 있으리라 여겨지는데, 어떤가?"라고 묻자 모두가 그 작전에 찬성했다. 그런 다음 자신의 진 곳곳에 모닥불을 피워 적을 기다리고 있는 것처럼 보인 뒤, 밤 10시 무렵에 산을 내려가 은밀하게 카와나카지마로 이동했다. 다행히도 비가 내려 주위는 칠흑처럼 어두웠다. 사람과 말 모두 숨을 죽인 채 치쿠마가와(강)를 건넜다. 질서정연하게 카와나카지마로 간 켄신은 그곳에 진을 치고 신겐이 오기를 기다렸다.

그런데 이 중요한 사실을 신겐은 전혀 모르고 있었다. 신겐도 역시 카와나카지마까지 갔으나 그날 아침은 안개가 짙어서 어디가 산이고 어디가 강인지조차 분간할 수 없었다. 잠시 후 날이 밝음과 동시에 안개가 걷히기 시작했다. 신겐이 문득 앞을 보니 2, 3정(218~327m)쯤 떨어진 곳에 켄신의 대군이 당당하게 진을 치고 있었다. 천하의 신겐도 놀라지 않을 수 없었다. 그러나 과연 신겐은 신겐이어서, 병사들을 얼른 12개의 부대로 나누어 싸울 준비를 시작했다. 하지만 싸움을 서둘러서는 신겐이 불리했다. 사이조산으로 갔던 아군이 이곳으로 올 때까지 기다리려 했으나, 켄신은 사이조산에서 신겐의 병사들이 오기 전에 신겐을 물리쳐야 한다고 생각했다. 이에 켄신 쪽에서 맹렬하게 공격해 들어갔다. 카이(타케다)의 병사들도 있는 힘을 다해서 싸웠으나 12개의 부대 가운데 9개 부대가 전부 켄신 쪽에 패해서 겨우 3개 부대만이 필사적으로 버티고 있었다. 야마모토 칸스케도 결국은 이때 전사하고 말았다.

켄신이 지금이 기회라며 3자(90㎝)쯤의 대나무 봉을 들고,

"모두 진격하라."라고 호령하자 에치고(우에스기)의 병사들이 일제히 화승총을 쏘며 앞으로 나아갔다.

이때 신겐은 우박처럼 쏟아지는 총알 속에 미동도 하지 않고 서 있었다.

"모두 쏘아라."라고 호령하자 카이(타케다)의 병사들도 에치고의 병사들에게 지지 않고 화승총을 쏘아댔다.

"모두 진격하라."라고 호령하자 창을 휘두르며 바람처럼 달려나갔다.

그러자 켄신은,

"내 직접 신겐을 찾아내어 일대일로 승부를 겨루겠다."라며 신겐을 찾기 시작했다. 그리고 하치만바라(八幡原)라는 곳에 신겐이 있다는 사실을 알았기에 켄신 혼자서 그곳을 향해 달려갔다. 달려가보니 신겐과 같은 갑옷을 입고 같은 투구를 쓴 자가 7명이나 있었기에 누가 진짜 신겐인지 알 수가 없었다. 마음이 급해진 켄신이,

"누가 신겐이냐. 당장 나와서 승부를 가리자."라고 외쳤다. 그러자 하라 토라마사(原 虎昌)라는 신겐의 가신이,

"신겐 공께서 이런 곳에 계실 줄 아느냐? 허둥대지 말아라."라며 창을 내질러 켄신을 찌르려 했다. 이에 켄신의 가신이 와서 하라 토라마사를 상대했다. 토라마사는 거기에 있는 것이 켄신인 줄 몰랐기에 켄신은 버리고 그 가신과 싸움을 벌였다. 이때 신겐이 켄신을

보고,

"애송이 놈, 드디어 왔구나."라고 호통을 쳤기에 켄신은 그것이 신겐임을 바로 알 수 있었다. 이에 벼락같이,

"비겁한 놈, 거기서 꼼짝 말고 기다려라."라고 외치며 장검을 치켜들고 신겐에게로 달려들었다. 그때 신겐은 걸상에 앉아 있었는데,

"달아날 줄 알았느냐."라며 지휘용 부채로 켄신의 칼을 막아냈다. 켄신이 말 위에서 칼을 3번 휘둘렀고, 신겐은 그 때문에 부채의 손잡이가 부러졌으며 마지막 칼에 어깨를 베이고 말았다. 그랬기에 신겐은 당장에라도 싸움에서 질 듯했다. 이를 보고 놀란 하라 토라마사가 다시 켄신을 향해 창을 내질렀다. 그러나 갑옷이 단단했기에 켄신의 몸까지는 뚫지 못했다. 이에 말을 찔렀다. 말이 놀라 달리기 시작했다. 켄신이 이를 갈며 분해했으나 더는 어떻게 해볼 수가 없었다.

켄신은 몰려드는 적을 닥치는 대로 베며 자신의 진영으로 돌아갔다.

사이조산으로 향한 카이의 병사들이 살금살금 다가가보니 진영은 텅 비어 있었다.

"아아, 빠져나갔구나."라며 서둘러 카와나카지마 쪽으로 나아갔다. 가서 보니 아군은 뿔뿔이 흩어져 있었으며 대장까지 상처를 입은 상태였기에,

"당장 공격하라."라며 달려들어 다시 일대 격전이 펼쳐졌다. 그러나 지금까지 유리한 싸움을 하고 있던 켄신의 군도 상당히 지친 상태에서 새로운 적을 맞았기에 결국은 병사들을 물러나게 할 수밖에 없었다.

이 싸움에서 에치고(우에스기)의 병사는 3,117명이 목숨을 잃었다. 카이의 병사는 3,216명이 전사했다. 그리고 처음에는 켄신이 승기를

카와나카지마 전투

잡는 듯했으나, 후반에는 신겐이 승기를 잡아, 역시 승부를 가리지 못한 채 양쪽 모두 쿠니로 돌아갔다.

타케다와 우에스기는 우에다에서 싸우기를 6차례, 카와나카지마에서 5차례나 싸웠으나 번번이 승부를 가리지 못했기에 에이로쿠 7년(1564) 8월에 전쟁은 그만두고 양쪽에서 용사를 한 명씩 내어 그들의 승부에 따라 이긴 쪽이 카와나카지마를 취하기로 했다.

켄신 쪽에서는 하세가와(長谷川)라고 아이처럼 키가 작은 용사가 나왔다. 신겐 쪽에서는 야스마(安間)라고 금강역사처럼 커다란 용사가 나왔다. 이 두 사람의 싸움은 거의 촌극 같은 것이어서 물론 하세가와가 패할 것이라 여겨졌으며 두 사람이 맞붙어 역시 금강역사가 어린아이를 깔고 앉았으나, 그 어린아이는 몸이 매우 날래서 밑에 깔린 채로 단도를 빼들어 금강역사의 옆구리를 힘껏 찔렀기에 싸움은 결국 신겐의 패배로 끝나고 말았다. 이에 카와나카지마는 켄신의 것이 되었으며 신겐은 겨우 카이즈 성만을 자신의 것으로 삼게 되었다.

두 사람이 싸움을 시작한 이후 18년, 그때에 이르러서야 비로소 싸움이 끝났다.

전국시대에 영웅, 호걸은 헤아릴 수도 없이 많았지만 이 두 사람만큼 훌륭한 생각을 가지고 이처럼 능란하게 싸운 자는 없었다. 이 두 사람이야말로 전국시대의 꽃이라고 해도 좋으리라. 이 두 사람 모두 쿄토로 들어가 천하를 호령하겠다는 생각을 품고 있었으나, 신겐은 텐쇼(天正) 원년(1573) 4월에 53세의 나이로 세상을 떠났으며, 켄신은 텐쇼 6년(1578) 3월에 49세의 나이로 눈을 감았다. 이 두 사람 가운데 누가 됐든 어느 한 사람이 쿄토로 들어갔다면 노부나가(信長)와 치열한 승부를 펼쳤을 텐데 역사는 그러한 장면을 우리에게 제공해주지 않았다.

(1) 우에스기 켄신의 이름은 원래 나가오 카게토라였다. 형의 뒤를 이었으며 에치고를 굴복시켜 세력이 왕성했다.

(2) 우에스기 노리마사가 호조 씨에게 쫓겨나 카게토라를 찾아가자 카게토라는 흔쾌히 그의 청을 받아들여, 그 이후부터 호조 씨와 싸웠다. 그때부터 우에스기라는 성을 썼다.

(3) 타케다 신겐은 카이 사람으로 지모가 뛰어나고 전쟁에 능한 사람이었다.

(4) 신겐에게 쫓겨난 시나노의 무라카미 요시키요가 에치고로 들어가 켄신에게 도움을 청했다.

(5) 켄신은 요시키요의 청을 받아들여 신슈에서 신겐과 싸웠다. 그 싸움 가운데서도 카와나카지마 전투가 유명하다.

(6) 이 두 사람 모두 쿄토로 들어가 천하를 호령하겠다는 마음을 품고 있었으나 누구도 뜻을 이루지 못한 채 차례로 세상을 떠났다.

* 카와나카지마 전투는 총 5차례에 걸쳐서 벌어졌는데,

제1차; 1553년의 후세(布施) 전투.

제2차; 1555년의 사이가와(犀川) 전투.

제3차; 1557년의 우에노하라(上野原) 전투.

제4차; 1561년의 하치만바라(八幡原) 전투.

제5차; 1564년의 시오자키(塩崎)의 대치.

로 보는 것이 일반적이다. 이 가운데서 가장 치열한 전투를 벌인 것은 제4차인 1561년의 하치만바라 전투(본서에서는 제5차)로, 카와나카지마 전투라고 하면 일반적으로는 이 전투를 일컫는다. 한편, 하세가와와 안마의 싸움은 일부 자료에 남아 있기는 하나 그 진위는 알 수가 없다. 이처럼 매우 잘 알려진 전투임에도 불구하고 카와나카지마 전투는 그 실태를 거의 알 수가 없다. 싸움의 결과에 대해서도, 희생자의 숫자로 보면 우에스기 군의 승리라고 할 수 있으나, 우에스기 군은 제4차 전투에서 먼저 철수하여 그 지방을 손에 넣은 것은 결국 타케다 군이기에 타케다의 승리라고 보는 견해도 있다. (역자 주)

제16장 모리 모토나리

1. 왜 일본의 대장이 되게 해달라고 빌지 않았는가

오다와라의 호조, 카이의 타케다, 에치고의 우에스기와 함께 추고쿠에는 모리 모토나리(毛利 元就)라는 자가 있었다.

모리 씨는 대대로 히로시마(広島) 시에서 북쪽으로 6km쯤 떨어진 곳에 위치한 요시다(吉田)에 성을 가지고 있었다. 모토나리의 아버지는 히로모토(広元)라는 사람으로, 역시 이 요시다 성에서 살고 있었다. 히로모토에게는 오키모토(興元)라는 장남이 있었기에 그가 집안을 이어받아 요시다 성에서 살았으며, 모토나리는 그의 동생이었기에 요시다에서 조금 떨어진 곳에 위치한 사루카케(猿掛) 성에서 살았다. 그런데 형 오키모토가 23세로 세상을 떠났으며, 그의 아들이 뒤를 이었으나 그마저도 5세로 세상을 떠났기에 사루카케 성에 있던 모토나리를 요시다 성으로 맞아들여 모리 본가를 잇게 했다.

모토나리는 어렸을 때부터 영리한 아이였으며, 결코 세상물정 모르는 철부지 도련님이 아니었다.

아직 어렸을 때의 일이었다. 그를 돌보고 있던 자가 모토나리를 안은 채 강을 건넌 적이 있었다. 그런데 강을 건너다 미끄러져 물속에 넘어져버리고 말았다. 그 바람에 안고 있던 모토나리를 물에 빠뜨리고 말았다. 아직 어리기는 하지만 귀한 주인을 물 속에 빠뜨렸기에 그가 매우 두려워하며,

"도련님, 부디 용서해주시기 바랍니다."라고 거듭 사과했다. 그러자 모토나리는,

"길을 걷다가도 넘어지는 경우가 있는 걸. 강 속이니 더욱 그렇지. 걱정할 것 없어."라며 조금도 마음에 두지 않는 모습이었다.

또 한 번은 산속에 있는 요시다에서 가신들을 데리고 이쓰쿠시마(厳島)로 참배를 간 적이 있었다. 물에 떠 있는 용궁처럼 아름다운 신사와, 물가까지 오가며 뛰노는 사슴 떼 등, 모토나리의 눈에도 매우 재미있는 풍경이었다. 마침내 신사로 들어가 모토나리도 손모아 기원하고 가신들도 공손하게 기원했다. 그리고 돌아오는 길에 모토나리가 빙그레 웃으며 곁의 가신을 보고,

"이봐, 너는 신에게 무엇을 빌었지?"라고 물었다. 주인을 극진히 생각하는 충의로운 가신이,

"그건 말할 필요도 없습니다. 도련님께서 요시다 부근은 물론 아키(安芸히로시마 현 서부.게이슈.상국.원국) 전체의 영주가 되게 해달라고 빌었습니다."라고 대답하자 모토나리가,

"겨우 아키 전체? 나는 '봉만큼 빌어서 바늘만큼 이룬다.'는 말을 들은 적이 있어. 그러니 일본 전체의 주인이 되게 해달라고 빌어도 대부분은 추고쿠 지방의 주인 정도밖에 되지 못하는 법이야. 경우에 따라서는 그것조차 어려울지도 몰라. 어째서 일본 전체를 다스리게

해달라고 빌지 않고, 이처럼 조그만 아키를 차지하게 해달라고 빈 거지?"라고 말했기에 그 가신은 물론 곁에서 듣고 있던 다른 가신들까지 모토나리의 커다란 포부에 놀라고 말았다. 그것은 모토나리가 12세 때의 일이었다고 한다.

모토나리가 모리 본가의 주인이 되어 요시다 성으로 돌아온 것은 20세 때의 일로 고나라(後奈良) 천황 시절인 타이에이 3년(1523)이었다.

그 무렵까지 모리 씨는 결코 세력이 강한 집안이 아니었다. 서쪽으로는 스오(周防야마구치 현 동남부,보슈,상국,원국)의 야마구치(山口)에 오오우치 씨가 있었고, 북쪽으로는 이즈모(出雲시마네 현 동부,운슈,상국,중국)의 토다(富田) 성에 아마고(尼子) 씨가 있었다. 오오우치 씨는 스오, 나가토(長門야마구치 현 서부,초슈,중국,원국), 부젠(豊前후쿠오카 현 동부·오오이타 현 북서부,호슈,상국,원국), 치쿠젠(筑前후쿠오카 현치쿠슈,상국,원국), 이와미(石見시마네 현 서부,세키슈,중국,원국)와 아키의 일부를 영유하고 있었으며, 아마고 씨는 이즈모, 오키(隱岐시마네 현 오키 군온슈,하국,원국)와 이와미의 일부를 영유하고 있어서 두 사람 모두 모리 씨로서는 넘볼 수 없을 정도로 강한 세력을 가지고 있었다. 그랬기에 이 커다란 두 세력 사이에 끼어 있는 모리 씨는 이쪽으로부터도, 저쪽으로부터도 수시로 공격을 받았다. 그럴 때마다 오오우치 씨에게 도움을 청하기도 하고 아마고 씨에게 도움을 청하기도 하는, 참으로 딱한 처지에 놓여 있었다.

이런 상황이었기에 모토나리는 결단을 내렸다.

'이처럼 이쪽의 강한 자에게 붙었다가, 저쪽의 강한 자에게 붙었다가 해서는 박쥐처럼 끝내 세상에 나갈 수 없을지도 모른다. 마음을 정해서 어느 한쪽에 붙기로 하자.'라며 38세 때 오오우치 씨를 따르기로 했다. 오오우치 씨를 따르기로 하다니 기백이 없는 것처럼 보였을지도 모르겠으나 사실은 2보 전진을 위한 1보 후퇴였던 셈이다.

한편 당시 오오우치 씨의 주인은 오오우치 요시타카(義隆)라는 사람이었다. 요시타카는 넓은 영지를 소유하고 있었을 뿐만 아니라, 중국 등과 활발하게 무역을 했기에 돈도 많이 가지고 있어서 그 성 아래의 마을인 야마구치는 쿄토와 오오사카(大阪)에 버금가는 번화한 도시가 되었으며, 쿄토에서 도망쳐온 공경들도 이 오오우치 씨의 영지에서 여럿이 살고 있었다. 이런 이유에서였는지 고나라 천황(1526~1557)의 즉위식 비용을 이 오오우치 씨가 헌상했다. 그런데 부강하다는 사실에 자만심이 들었기에 요시타카는 군사에 대해서는 조금도 신경 쓰지 않은 채 시를 짓기도 하고, 노래를 짓기도 하고, 또 다도회네, 공놀이네, 공경과 조금도 다를 바 없는 생활을 하게 되었다.

그런 상태였기에 그의 가신 가운데 스에 하루카타(陶 晴賢)라는 자가 걱정이 되어,

"시와 노래도 좋습니다만, 무사인 이상 궁술과 검술, 병법도 익히지 않으면 안 됩니다."라고 간언했으나 요시타카는,

"활을 쏘고 칼을 휘두르는 것은 잡병들이나 할 일일세. 대장에게는 대장으로서 해야 할 일이 있는 법이야."라며 그의 말을 듣지 않았다. 하루카타도 하는 수 없이 일단은 물러났으나, 점점 강한 자만이 살아남는 세상이 되어가고 있었기에 아무래도 그냥 내버려둘 수는 없었다. 다시 요시타카 앞으로 나아가,

"방심하고 있을 때가 아닙니다. 바로 근방에도 아마고라는 커다란 적이 자리하고 있습니다. 군사에 관해서도 조금은 신경을 쓰시기 바랍니다."라고 말하자 요시타카는 얼굴에 핏대를 세워가며,

"시끄럽다. 또 쓸데없는 참견을 하려는 것이냐. 두 번 다시 그런 소리를 하면 그냥두지 않겠다."라고 호통을 쳤다. 여기에는 하루카타도 화가 나서,

'누구를 위해서 말한 것이라 생각하는 건지. 다름 아닌 주인을 마음 깊이 생각하고 있기에 듣기 싫은 소리까지 한 것 아닌가. 주인이 이래서는 틀렸다. 오오우치 집안을 위해서 요시타카를 제거하기로 하자.'라고 마침내는 모반을 계획했다. 하루카타는 틀림없이 마음이 곧은 자이기는 했으나, 또 그런 만큼 화를 잘 내기도 했다.

그날도 요시타카는 칸제다유(観世大夫)를 불러 사루가쿠(猿楽연극)를 즐기고 있었다. 주인과 객 모두가 다유의 손짓, 발짓을 넋 놓고 바라보고 있을 때 갑자기 집 밖에서 공격을 알리는 북소리가 들려오기 시작했다.

"무슨 일이냐?"라며 가신 하나가 벌떡 일어나 상황을 살피기 위해 달려나갔다. 그러더니 바뀐 낯빛으로 다시 달려 돌아왔다.

"나리, 큰일 났습니다. 스에 하루카타가 5천여의 병사들을 이끌고 공격해 들어왔습니다."라고 고했다.

"뭐라, 하루카타가 모반을 일으켰다?"

이제는 사루가쿠고 뭐고 없었다. 다유와 손님 모두 자리를 박차고 일어나 달려나가는 등 당황하기 시작했다. 요시타카는 공격군의 한쪽을 간신히 뚫어 그곳에서 빠져나왔으나 갈 곳이 마땅치 않았다. 하는

모리 모토나리

수 없이 배를 타고 큐슈[16]로 달아나려 했으나 어렵사리 띄운 배가 커다란 바람을 만나 돛은 찢어지고 돛대가 부러져 조금도 움직이지 않았다. 달리 방법이 없었기에 나가토노쿠니 오오쓰군(大津郡) 후카가와무라(深川村)로 되돌아가 타이네이지(大寧寺)라는 절로 들어가서 자결을 하고 말았다. 그 죽음에 앞서 요시타카는 모토나리에게 편지를 보내,

〈나는 두 마음을 품은 가신 때문에 불행히도 죽지 않으면 안 되지만,

---

16) 九州. 혼슈의 남서쪽에 있는 큰 섬. 치쿠젠·치쿠고·히젠·히고·부젠·분고·휴가·오오스미·사쓰마노쿠니로 이루어져 있었다.

이 원수를 갚아줄 수 있는 것은 그대뿐이라 생각하오. 모쪼록 뒷일을 부탁하겠소.〉

라고 말했다.

그 편지를 본 모토나리는 눈물을 줄줄 흘리며,

"이러한 편지가 없었다 할지라도 하루카타를 그냥 두지는 않을 생각이었습니다. 하물며 이러한 부탁을 받았으니 무슨 일이 있어도 그 원한을 갚도록 하겠습니다."라고 그 자리에서 스에 하루카타와 싸울 결심을 했다. 이에 병사들을 모으기 시작했으나, 겉으로는 하루카타를 따르는 듯한 모습을 보였다.

요시타카를 제거한 하루카타는 요시타카의 조카를 큐슈에서 불러들여 오오우치 가를 잇게 하고, 자신이 제멋대로 오오우치 가를 주물러댔다.

한편 모토나리는 스에 하루카타를 어떻게 쳐야 할지 아들인 킷카와(吉川), 코바야카와(小早川) 등과 함께 상의했다. 그 자리에서 코바야카와 타카카게(隆景)가,

"그를 위해서는 천황께 청하여 하루카타를 치라는 칙허를 받는 것이 좋을 듯합니다."라고 말했기에 모토나리도 거기에 찬성하고 칙허를 얻었다. 이 소식을 들은 하루카타는 크게 화를 내며 대군을 이끌고 가서 모토나리를 정벌하려 했다.

그때 하루카타의 병사는 2만 명이나 되었으나, 모토나리의 병사는 4천 명도 되지 않았다. 이에 모토나리는 생각했다.

'이런 숫자로 평지에서 평범하게 싸워서는 승산이 없다. 하루카타의 대군을 일단은 좁은 곳으로 유인해내, 그곳에서 승부를 보아야겠

다.'

　모토나리는 코지 원년(1555) 5월부터 이쓰쿠시마(섬)의 미야오(宮尾)라는 곳에 성을 쌓기 시작하여 6일에 그것을 완성시켰다. 그리고 300명쯤 되는 병사들을 그곳으로 들여보내 성을 지키게 하였다.

2. 이쓰쿠시마 전투

어딘가 미심쩍은 맹인 악사가 모토나리의 집을 드나들었다. 그는 하루카타가 모토나리의 동정을 살피기 위해 들여보낸 간첩이었다. 간첩은 비파를 다루는 맹인 악사로 감쪽같이 분장하여 웅장하고도 슬픈 비파의 선율로 모리 집안 장사들의 마음을 완전히 빼앗았다. 단, 대장인 모토나리 한 사람만은 그 사실을 간파하고 있었다. 그러나 그런 내색은 조금도 하지 않고 완전히 속아버린 사람처럼 행동했다.

그날 밤에도 악사는 눈물을 자아내는 이야기를 비파 연주에 맞추어 들려주었다. 그 자리는 찬물을 끼얹은 것처럼 조용했다. 마침내 비파 소리가 멎었다. 그러자 모토나리가 커다랗게 한숨을 내쉬며,

"돌이킬 수 없는 짓을 해버리고 말았어. 사람들의 간언도 듣지 않고 이쓰쿠시마에 성을 쌓은 것은 역시 쓸데없는 짓이었어. 하루카타 가 그 성을 공격한다면 당장에 떨어져버릴지도 몰라."라고 혼잣말처럼 중얼거렸다. 그리고,

"아아, 이거 쓸데없는 소리를 해버리고 말았군. 지금 들은 말은 누구에게도 해서는 안 되네."라고 좌우를 둘러보며 입단속을 했다. 그 말을 들은 맹인 악사가 귀신의 목이라도 얻은 양 서둘러 하루카타에 게로 달려가 그 사실을 고했다.

간첩의 보고를 받은 하루카타는,

"그래, 그렇다면 이쓰쿠시마를 먼저 공격하기로 하자."라며 그해 9월에 2만의 병사와 1천 척쯤의 배를 이끌고 스오의 이와쿠니(岩国)까지 나아갔다. 그때 하루카타의 가신들이,

"이쓰쿠시마를 치기보다는 아키노쿠니에 있는 성들을 공격하는 편이 좋을 듯합니다. 이쓰쿠시마(섬)로 건너가는 것은 위험합니다."라고 간언했으나 하루카타는 무슨 일이 있어도 이쓰쿠시마를 공격하겠다고 말했다. 바로 그때 모리 편의 대장인 카쓰라 모토즈미(桂 元澄)라는 자에게서 편지가 왔다. 그 편지에는,

〈귀하께서 이쓰쿠시마로 건너가시면 모토나리는 틀림없이 병사들을 데리고 섬의 성을 도우러 갈 것입니다. 그러면 제가 귀하 편으로 돌아서서 모토나리의 본성을 치도록 하겠습니다.〉
라고 적혀 있었다. 이를 본 하루카타는,

"어서 바다를 건너 섬으로 들어가라. 승리는 우리의 것이다."라며 이쓰쿠시마로 들어갔다. 이 소식을 들은 모토나리는 남몰래 빙그레 웃었다. 그도 그럴 것이 맹인 악사 앞에서 무심결에 중얼거린 것도, 카쓰라가 하루카타 편으로 돌아서겠다는 편지를 보낸 것도 전부 하루카타가 얼른 이쓰쿠시마로 건너가도록 하기 위한 계략이었기 때문이었다.

좁은 이쓰쿠시마에는 하루카타의 병사들이 몸을 움직일 수조차 없을 정도로 가득 들어차 있었다. 게다가 미야오 성은 좀처럼 떨어지지 않았다.

하루카타가 이쓰쿠시마로 들어갔다는 소식을 들은 모토나리는 마침내 계략이 성공을 거두었다며 당장 출진 준비를 했다.

코지 원년(1555) 10월 10일, 그날 밤은 비바람이 거셌다. 그 거센 비바람을 뚫고 모토나리는 배에 올라 이쓰쿠시마로 들어갔다. 폭풍우에 방심하고 있던 하루카타 쪽은 이러한 사실을 전혀 깨닫지 못하고 있었다.

날이 밝기를 기다린 모토나리가 군의 가장 선두에 서서,

"모두 공격하라!"라며 높은 지대에서부터 하루카타의 진을 향해서 산사태처럼 쏟아져 들어갔다. 불의의 습격을 당한 하루카타의 병사들은 싸우려 하지도 않고 모두가 본진을 향해 달아났다. 안 그래도 비좁은 본진의 혼잡은 말로 표현할 수 없을 정도였다. 밀치락달치락, 몸을 움직일 수조차 없을 정도였다. 모토나리는 바로 지금이라는 듯,

"모두 진격하라. 한 놈도 남김없이 베어라."라며 조금의 틈도 주지 않았다.

하루카타는 더 이상 막아낼 방법이 없었다. 그저 있는 힘껏 소리 높여,

"적을 내몰아라. 베어버려라."라고 외칠 뿐이었다. 그러나 아군 병사들은 그 호령을 들으려고도 하지 않고 앞 다투어 배로 달려가 각자 달아나버리고 말았다.

하루카타는 평소부터 뚱뚱하게 살이 찐 대장이어서 급히 걸을 수조차 없었다. 그랬기에 이때도 사람들의 도움을 받아 간신히 해안에 도착했으나, 거기에는 이미 작은 배 한 척조차 남아 있지 않았다. 하는 수 없이 그는 자결을 해버리고 말았다.

이 전투에서 전사한 하루카타 쪽의 병사는 4,786명이라 일컬어지고

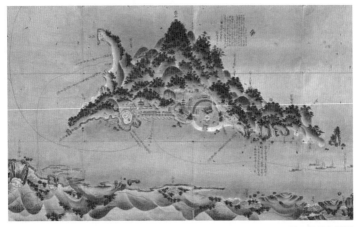

이쓰쿠시마 전투

있다.

하루카타의 목을 손에 넣은 모토나리는,

"주인을 살해하면 어떤 천벌을 받게 되는지 이제는 알겠느냐. 모두 승리의 함성을 질러라."라고 말했다. 모리 군은 섬의 산이 흔들릴 정도로 커다란 함성을 내질렀다. 이삼일쯤 지나서 모토나리는 자신의 성으로 돌아갔다.

이듬해인 코지 2년(1556)에 모토나리는 병사들을 이끌고 가서 야마구치를 공격했다. 오오우치 요시나가(大内 義長)는 야마구치에서 빠져나와 시모노케키(下関) 북쪽에 있는 카쓰야마(勝山) 성으로 들어갔으나 그곳도 모토나리의 공격을 받자 마침내는 자결해버리고 말았다. 오오우치 씨가 멸망해버리자 지금까지 오오우치 씨의 영지였던 곳 모두가 모토나리의 것이 되어버리고 말았다. 그것은 코지 3년(1557)의 일이었다.

같은 해에 고나라 천황이 세상을 떠나고 오오기마치(正親町) 천황이 즉위했다.

오오우치 씨가 멸망하고 난 뒤, 모토나리는 병사를 이즈모로 내어 아마고 씨와 싸웠다.

아마고 씨도 산인[17] 지방의 대영주였기에 그렇게 쉽게 무너지지는 않았으나 언제까지고 끈질기게 공격해 들어오는 모토나리의 공세에 결국은 토다 성을 빼앗겨 에이로쿠 9년(1566)년에 모토나리에게 항복하고 말았다.

한편, 오오기마치 천황이 즉위(1557)하기는 했으나 비용이 부족해서 그때까지도 여전히 즉위식을 치르지 못했다는 소식을 들은 모토나리는 에이로쿠 3년(1560)에,

"그것 참으로 황공한 일이다."라며 수많은 돈을 헌상하여 그 의식을 치를 수 있게 해주었다.

겐키(元亀) 2년(1571)에 모토나리가 75세를 일기로 세상을 떠나자 조정에서는 모토나리의 공을 인정하여 종2위의 관위를 내렸다. 모토나리가 세상을 떠난 후에는 손자인 테루모토(輝元)가 그 집안을 물려받았는데, 모토나리의 아들들인 킷카와 모토하루(吉川 元春)와 코바야카와 타카카게 등이 힘을 합쳐 모리 가를 도왔기에 모리 씨는 오래도록 번영했다.

(1) 모리 모토나리는 아키 사람으로 오오에 쿠니후사(大江 匡房)의 자손이다.

---

17) 山陰. 7도 가운데 하나. 혼슈 동해 쪽의 서부지방.

(2) 어렸을 때부터 영리하여 이쓰쿠시마로 참배를 갔을 때, 어째서 천하를 평정하게 해달라고 빌지 않았느냐고 가신에게 말했을 정도의 인물이었다.

(3) 모토나리는 오오우치 씨를 따랐는데 오오우치 요시타카가 그의 가신인 스에 하루카타에게 멸망당하자, 모토나리는 하루카타를 이쓰쿠시마에서 쳐서 멸망시키고 오오우치 씨의 영지를 자신의 손에 넣었다.

(4) 이후 아마고 씨를 멸망시켜 추고쿠, 큐슈의 10여 개 쿠니를 영유했다.

(5) 오오기마치 천황에게 즉위 비용을 바쳐 충성심을 내보였다.

(6) 모토나리에게는 타카모토(隆元), 킷카와 모토하루, 코바야카와 타카카게 세 아들이 있었다.

(7) 타카모토가 요절했기에 그의 아들인 테루모토가 모토나리의 뒤를 이었는데, 모토하루와 타카카게가 한마음으로 모리 가를 지켰기에 모리 가는 오래도록 번성했다.

제17장 고나라 천황

1. 옷 대신 모기장

오닌의 난 이후부터 막부의 존재는 그저 이름뿐, 칸레이18)인 호소카와(細川) 씨가 쇼군보다 세력이 더 컸다. 그런데 그 호소카와 씨도 세력이 점점 약해지더니 그의 가신인 미요시(三好) 씨의 세력이 더욱 강해져서 미요시 나가요시(長慶)라는 자가 막부의 권리를 제멋대로 휘두른 일조차 있었다. 그러던 나가요시가 죽자, 그의 가신이었던 마쓰나가 히사히데(松永 久秀)의 세력이 커졌는데, 이 히사히데는 쇼군인 요시테루까지 살해했을 정도로 무도한 짓을 일삼았다. 그랬기에 막부는 세력을 완전히 잃었으며, 그 틈을 이용하여 부근의 세력이 큰 다이묘들이 막부의 영지를 취했을 뿐만 아니라, 무력을 갖추고 있지 못한 공경들의 영지까지 자신들의 것으로 삼았다. 그리고 심지어는 황실의 소유지까지 횡령했기에 공경들은 더 이상 도읍에 머물수가 없어서 조정의 일도 돌보지 않고 각자 자신이 알고 있는 다이묘를 의지하여 지방으로 뿔뿔이 흩어져버리고 말았다. 오오우치 요시타카

---

18) 管領 쇼군을 도와 정무를 총괄하던 벼슬.

가 멸망했을 당시, 그의 영지에는 이처럼 쿄토에서 흘러들어온 공경들이 아주 많이 머물고 있었다.

이러한 상황이었기에 조정의 어려움은 말로 다 표현할 수 없을 정도였으며, 고쓰치미카도 천황이 세상을 떠났을 때(1500)는 장례를 치를 비용조차 없어서 장례도 치르지 못한 채 관에 넣은 그대로 40일 동안이나 어소 안에 놓아둘 수밖에 없었다.

그리고 뒤를 이어 고카시와바라(後柏原) 천황이 즉위했을 때도 즉위식조차 치르지 못했으며, 그로부터 21년이나 지난 뒤에야 혼간지(本願寺절)에서 바친 돈으로 그 의식을 치렀다.

고나라 천황이 즉위했을 때도 10년이나 지난 뒤에야 오오우치 요시타카와 혼간지에서 헌상한 돈으로 그 의식을 치를 수 있었다.

앞서도 이야기한 것처럼 오오기마치 천황이 즉위했을 때에도 3년이 지나서야 모리 모토나리가 바친 돈으로 즉위식을 치를 수 있었다.

단지 즉위식이나 장례식 비용이 없었던 것만이 아니었다. 일상적인 일에 필요한 돈이 모자란 경우도 종종 있어서, 천황이 써준 시 등을 받은 자가 감사의 표시로 바친 돈을 그러한 비용으로 쓴 적조차 있었다. 참으로 눈물겹고 한심한 상황이었다.

따라서 어소의 수리 따위는 몇 십 년 동안이나 엄두조차 낼 수가 없었다. 담벼락이 무너지고 어소의 벽이 허물어져 카시코도코로(賢所 궁중의 3전 가운데 하나)의 등불을 멀리 떨어진 산조(三条)의 다리 위에서도 볼 수 있었다고 한다. 담벼락이 무너진 어소로는 동네 아이들이 늘 놀러 왔다. 아이들은 정원에서 놀다 지치면 어전으로 올라가 허물어진 벽의 흙으로 인형을 빚으며 놀곤 했다. 그것뿐만이 아니라 시신덴[19]

앞의 귤나무와 벚나무 아래에서는 나이 든 할머니나 할아버지가 찻집을 내어 나그네들을 쉬어가게 하기도 했다.

조정의 상황이 이랬기에 쿄토에 남아 있는 공경들은 뭔가 다른 일을 하지 않으면 먹고살 수가 없었다. 그러나 공경들이 할 수 있는 일이 그렇게 많을 리 없었다. 먹을 것도, 입을 것도 늘 부족했다.

어느 여름의 일. 볼일이 있어서 토키와이(常磐井)라는 공경의 집을 찾아간 사람이 있었다. 면회를 청하자 하인이 나와서,

"여름옷이 없기에 만나뵙는 것은 실례가 될 것이라 말씀하셨습니다."라고 말했다. 그러자 그 사람이,

"그런 걱정은 조금도 하실 필요가 없습니다. 그저 뵙기만 하면 그것으로 충분합니다."라며 강경하게 면회를 청했다. 그렇게 해서 방으로 들어간 그는 깜짝 놀라고 말았다. 주인이 알몸에 모기장을 두른 채 거기에 앉아 있었기에 주인과 손님이 느낀 멋쩍음은 말로 표현할 수 없는 것이었다고 한다.

---

19) 紫宸殿 조하, 공사를 행하던 궁전. 남전이라고도 불렸다.

2. 천황의 덕

세상은 난마처럼 어지러웠으며 조정은 말로 표현할 수 없을 만큼 궁핍했으나, 그래도 고나라 천황은 오로지 백성들만을 생각했다.

천황은 학문을 좋아했으며, 그 어떤 어려움이 있어도 결코 낙담하지 않았고, 막부가 제아무리 무도한 짓을 하고 백성들이 무사가 있음은 알아도 조정이 있음은 알지 못한다 할지라도 그처럼 무분별한 백성만을 마음에 두었다. 역병이 돌아 백성들이 괴로워하는 모습을 보자, 마치 어머니가 자기 자식이 병에 걸리면 자는 것도 먹는 것도 잊은 채 간병을 하는 것처럼, 신과 부처님께 얼른 역병이 물러나게 해달라고 기도를 올렸다.

이세에 있는 신사는 20년에 한 번씩 손을 보기로 정해져 있었는데, 끊임없는 전쟁으로 자신의 세력만 커지면 다른 일은 돌아보지 않아도 된다고 생각하여 신도 부처님도 돌아보지 않고 그 수리를 하려들지 않는 백성들을 위해, 천황은 그것이 마치 자신의 죄라도 되는 양 이세까지 칙사를 보내어 신께 용서를 빌게 했다.

모리 모토나리가 주인을 위해서 스에 하루카타를 치게 해달라고 청한 것도 이 천황 때의 일이었다. 천황은 모토나리가 충성심에서 싸움을 일으키려 한다는 사실을 알고 그 마음에 감탄하여 바로 칙허를 내렸다.

포르투갈의 배

천황 시절에 포르투갈 사람이 오오스미(大隅가고시마 현 동부·구슈,중국,원국)의 타네가시마(種子ヶ島)에 표류했다. 그때 그 배에 타고 있던 자 가운데 화승총을 가진 자가 있었다. 섬의 주인인 타네가시마 토키타카(時尭)가 키요사다(清定)라는 자에게 명하여 그 총포 만드는 법을 배우게 했다. 일본에 총포가 전해진 것은 이때가 처음이었다.

이처럼 천황 시절에 서양 사람들이 동양 방면으로 활발하게 들어왔기에 일본에도 자연스럽게 외국인이 오게 되었다. 국내가 어지러워질 대로 어지러워졌을 때, 외국인이 일본 근방을 엿보기 시작한 것이었다.

(1) 전국시대에는 조정의 위엄이 나날이 떨어져 심지어는 일상에 필요한 돈마저도 부족한 상황이 되어버리고 말았다.

(2) 그 때문에 공경들은 지방의 다이묘를 의지하여 쿄토를 떠났으며, 쿄토에 남아 있는 사람들은 입을 옷조차도 없는 지경에 이르렀다.

(3) 어떤 사람이 한 공경을 찾아갔더니, 그 공경이 모기장을 걸치고 자리에 나왔다고 한다.

(4) 이러한 때에도 고나라 천황은 조정의 의식을 일으키고 늘 백성을

긍휼히 여겼다.

(5) 천황 시절에 총포가 전해지는 등 서양 사람들이 일본 근방을 엿보기 시작했다.

제18장 오다 노부나가

1. 오케하자마

전국시대에 토카이도 제일의 무사라며 사람들도 두려워하고 스스로도 자부심을 갖고 있던 자는 이마가와 요시모토였다. 그 무렵, 쇼군이란 그저 이름뿐인 존재로 위세는 서쪽으로 저물어가는 달빛보다 더 희미해서 참으로 딱한 처지에 놓여 있었다.

"아시카가 씨가 쇠하고 나면 과연 누가 천하의 쇼군이 될까? 미카와(三河아이치 현 중부와 동부.산슈,상국,근국)의 키라(吉良)나, 스루가의 이마가와 쯤이겠지."

이것이 당시 사람들의 평이었다. 이마가와 요시모토는 겨우 스루가와 토오토우미(遠江시즈오카 현 서부.엔슈,상국,중국)를 자신의 영토로 삼고 있는 것만으로는 만족할 수 없었다. 얼른 쿄토로 올라가, 일본 한가운데서 이마가와 씨의 깃발을 올리고 싶어서 견딜 수가 없었다.

그러나 그 당시 북쪽의 카이노쿠니에는 호랑이와도 같은 타케다가 있었으며, 동쪽의 사가미에는 승냥이와도 같은 호조가 있었다. 그 무시무시한 적을 그대로 남겨둔 채 섣불리 쿄토로 올라갔다가는 깃발을 채 올리기도 전에 자신의 집을 이들 호랑이나 승냥이에게 빼앗길지도 모를 일이었다. 이에 요시모토는 생각했다.

'우선은 이 두 사람을 우리 편으로 만들어야 한다.'

그것은 참으로 옳은 생각이었다. 그 방법으로 우선은 타케다 신겐의 누나를 자신의 아내로 맞아들였다. 그리고 자신의 딸을 신겐의 아들에게 시집보냈다. 또한 호조 씨에게도 딸 하나를 주어 우지야스의 아들인 우지마사의 아내로 삼게 했다. 이렇게 해서 타케다, 호조와 매우 가까운 인척관계가 되었다. 옛날에는 적과 적이 서로 결혼하여 친밀한 관계를 맺는 경우가 흔히 있었다. 세상 사람들이란 참으로 묘한 일을 생각해내곤 하는 법이다.

이것으로 요시모토도 안심하여,

'그럼 쿄토로 올라가볼까. 머지않아 내가 쇼군이 될 때가 왔다.'라며 남몰래 기뻐했다.

에이로쿠 3년(1560) 5월 1일, 요시모토는 마침내 가신들에게 명령을 내렸다.

"싸울 준비를 하여 모여라."

과연 토카이도 제일의 무사였다. 순식간에 2만 5천이나 되는 병사들이 모여들었다.

그달 10일에 마침내 시즈오카(靜岡) 성을 출발했다. 오와리노쿠니(尾張国아이치 현 서부,비슈,상국,근국) 부근까지 갔는데, 그곳의 키요스(清洲)에는 오다 노부나가(織田 信長)가 있었다. 마루네(丸根), 와시즈(鷲津)에는 그의 요새가 구축되어 있었다. 그러나 요시모토에게 오다 따위는 돌아볼 가치조차 없는 존재처럼 여겨졌다. 시건방지게 길을

막으려 하면 단박에 걷어차서 흩어놓으면 된다고 생각했다. 그런데 오다 쪽에서는,

"자, 길을 비켜드릴 테니 얼른 지나십시오."라고 인사를 하러 오지 않았다. 요시모토는,

"한심한 놈. 후회할 짓을 하는구나."라며 마루네 요새로는 토쿠가와 이에야스(德川 家康)를 보내고, 와시즈 성으로는 아사히나 야스요시(朝比奈 泰能)를 보내서 각 성을 공격케 했다. 스스로는 키요스 성을 향해서 거침없이 나아갔다. 그런데 그 도중에 요시모토가 말에서 떨어져버리고 말았다.

"이건 불길하다."고 모두가 말했다.

"한심한 사람들. 그런 미신을 믿다니."

5월 18일 밤의 일이었다. 마루네 요새에서 급히 사람이 달려와 노부나가에게 고했다.

"요시모토가 4만의 대군을 이끌고 와서 마루네와 와시즈 성을 공격하려 하고 있습니다. 준비를 하셔야 할 듯합니다."

요시모토는 2만 5천의 병력을 4만이라 부풀려 말하고 있었던 것이다. 그러나 노부나가는 꿈쩍도 하지 않았다.

"그렇다면 어떻게 해야 하나."라며 차분하기 짝이 없었다. 그때 한 가신이 말했다.

"요시모토 군의 4만에 비해서, 아군은 3천도 되지 않습니다. 우선은 이 키요스 성에 들어앉아 적을 기다리는 것이 상책일 듯합니다."

이 말을 들은 노부나가는 고개를 옆으로 흔들며,

"아니, 예로부터 농성을 해서 운이 열린 자는 한 사람도 없었네.

게다가 사내답지 못하게 농성 따위를 하기보다는 나아가서 싸우는 편이 낫네. 죽는 것도 운, 이기는 것도 운일세. 죽어야겠다고 생각한 자는 나의 뒤를 따르도록 하게. 나는 나가서 싸울 생각일세."

가신들은 이러한 노부나가의 마음을 분명히는 알 수 없었다.

"운도 운이다만, 이제는 그 운도 다한 듯하구나. 오다도 오늘로 끝인 듯하다."라고 한탄하며 각자 자신의 집으로 돌아갔다.

벌써 밤이 깊었다. 키요스 성은 죽은 듯이 고요했다. 조금 전에 잠이 들었나 싶었던 노부나가가 벌떡 일어났다.

"거기, 누구 있느냐."

그 목소리가 힘차게 방 안에 울렸다.

"네."하고 한 시녀가 그곳으로 다가왔다.

"몇 시지?"

"자정이 지났습니다."

"그런가?"

노부나가는 토코노마[20])에 있는 갑옷을 스스로 집어 쩔그럭 어깨에 걸쳤다.

"찻물에 만 밥을 가져오너라."

시녀는 곧 상을 차려 가지고 왔다. 상 위에는 다시마, 생밤[21].

"그래, 잘도 준비했구나. 말에 안장을 얹으라고 해라."

이렇게 말하며 찻물에 만 밥을 후루룩 먹고 나서 그대로 걸상에 앉았다. 그리고 장구를 집더니,

---

20) 床の間. 방의 상좌에 바닥을 한 층 높여 장식물로 꾸미는 공간.
21) 다시마(昆布)와 생밤(勝栗) 모두 승전을 기원할 때 먹는 음식.

〈인간 50년, 하늘 아래 세상과 비교하면 몽환과 같구나. 한 번 목숨을 받아 멸하지 않는 자 있을까.〉

이는 요곡의 한 구절이었다. 노래를 부르며 3번 춤을 추었다. 장구를 그 옆에 툭 놓더니 그대로 정원으로 내려가 말에 걸터앉았다. 병사들이 얼마나 있는지 그런 것에는 신경도 쓰지 않고, 채찍을 휘두르자 말은 달을 향해 울부짖더니 남쪽을 향해 달리기 시작했다.

"앗, 나리께서 출마하셨다."라며 간신히 달리기 시작한 자가 겨우 5명. 그래도 우물쭈물하지 말고 얼른 따라붙자며 뒤를 이어 연달아 달려, 아쓰타(熱田)의 신사 부근까지 왔을 때는 200명쯤이 모여 있었다. 키요스에서 이곳까지는 30리(12㎞), 마침 19일 오전 10시쯤이 되었다. 초여름의 태양이 타오를 듯 내리쬐고 있었다. 매미 소리 시원한 아쓰타의 숲에서 말을 쉬게 한 뒤, 우선은 전승을 기원했다. 그러자 신기하게도 신전 안에서 갑옷 울리는 소리가 들려왔다. 이를 들은 노부나가는 바닥에 닿을 듯 머리를 조아린 뒤,

"아아, 감사한 일이다. 신의 도움이 있으실 것이다. 이번 싸움은 우리의 승리다."

이를 들은 병사들의 기쁨 역시 이만저만한 것이 아니었다. 그러나 사실은 노부나가가 신관에게 은밀히 부탁하여 신전 안에서 갑옷을 짤그락짤그락 울리게 한 것이었다. 그런 줄도 모르고 병사들은 신의 도움이 있을 것이니 이번 싸움은 반드시 승리할 것이라고 철석같이 믿게 되었다. 그와 동시에 병사들의 사기가 하늘을 찌를 듯이 올랐다.

그러는 사이에도 병사들이 점점 뒤를 따라와서 총 2천 명, 노부나가는 마침내 아쓰타의 숲을 출발했다.

그러자 그 앞으로 씩씩해 보이는 한 젊은이가 나와서 길가에 무릎을 꿇었다. 노부나가가 그를 보고,

"누구인가?"라고 말 위에서 물었다. 젊은이는,

"저는 쿠와하라 진나이(桑原 甚内)라는 자입니다. 모쪼록 이번 싸움에 저를 데려가주시기 바랍니다."

"그래, 우리를 따라와 공명을 세우도록 하라. 그런데 그대는 오늘의 싸움을 어떻게 생각하는가?"

젊은이가 기쁘다는 듯,

"잘은 모르겠으나 아군이 승리할 것이라 생각합니다. 요시모토가 대군을 이끌고 오기는 했으나 조그만 성 한두 개를 취했다고 자만하여 방심하고 있습니다. 모쪼록 그런 그의 허를 찌르시기 바랍니다. 저는 요시모토의 얼굴을 잘 알고 있습니다. 그의 목은 이 진나이가 틀림없이 베도록 하겠습니다."라고 당당하게 말했다. 그 말을 들은 노부나가도 기뻐했다.

"자, 이것을 받아라."라며 칼 한 자루를 주고 대열에 합류케 했다. 그때 노부나가 곁에 핫토리 타다쓰구(服部 忠次), 모리 히데타카(毛利 秀高)라는 혈기 넘치는 두 사람이 있었는데 각자 마음 속으로,

'그래, 저 진나이 곁에 바싹 붙어 있자. 진나이가 요시모토를 알아본 순간 내가 그 목을 칼로 베면 돼.' 라고 생각했다.

노부나가 군은 거침없이 전진해 나갔다. 마을 사람들도, 농촌의 농민들도 길가로 나와 그 모습을 구경했다.

요시모토는 19일에 마루네와 와시즈 모두를 자신의 손에 넣었다. 그러한 소식은 노부나가에게도 차례로 전해졌다. 제아무리 노부나

가라 할지라도 안타까워서 견딜 수가 없었다. 그때 다시,

"요시모토는 지금 오케하자마(桶狭間) 쪽으로 향하고 있습니다."
라고 전해온 자가 있었다. 그 바로 뒤에 또 다른 자가,

"요시모토는 지금 덴가쿠하자마(田楽狭)에 도착했습니다."라고
전해왔다. 이를 들은 노부나가는 펄쩍 뛸 듯이 기뻐했다.

"그래, 요시모토가 어디에 있는지 알았다. 적의 선진과 후진은
상대할 것 없다. 단번에 본진으로 치고 들어가자. 이로써 요시모토의
목을 칠 수 있을 것이다."

당장에 요시모토의 본진을 향해 달리기 시작했다. 바로 그때였다.
지금까지 뜨겁게 내리쬐던 해가 갑자기 구름 뒤로 숨더니 슥 불어오는
바람과 함께 하늘은 먹물을 뿌려놓은 것처럼 검게 변했으며 순식간에
소나기가 쏟아지기 시작했다. 거기에 더해서 거센 바람과 요란한
천둥소리. 그 폭풍우 속 노부나가가 말 위에서 창을 휘두르며,

"아쓰타 신의 도움이다. 전진하라. 단, 잡병들의 목은 필요 없다.
전리품을 챙길 필요도 없다. 오로지 적진을 향해 들어가 무너뜨려라."
라고 외친 뒤 똑바로 달려나갔다. 병사들도 누구 하나 대장에 뒤처지려
하지 않았다. 거센 바람과 맹렬하게 쏟아지는 빗속을 2천의 용사들이
쏜살처럼 달려나갔다.

한편 덴가쿠하자마에 도착한 요시모토에게,

"마루네 요새가 떨어졌습니다."라고 우선 토쿠가와 이에야스 쪽의
첩보가 들어왔다. 요시모토가 기뻐하며,

"여기서 잠시 쉬었다 가기로 하자."라고 말하더니 술을 마시게
했다. 그때 다시,

"와시즈 성이 떨어졌습니다."라는 첩보가 들어왔다. 요시모토는 더욱 기뻐하며,

"자, 축배를 들어라. 이 요시모토의 창끝을 누가 견딜 수 있단 말이냐. 하하하하."

요시모토가 이렇게 기뻐하고 있을 때 그곳으로도 요란한 천둥과 거센 빗줄기가 찾아왔다. 천지가 어두워졌으며 바람이 울부짖었고 내리는 비에 수레가 떠내려갈 듯했다.

이때 노부나가 군은 요시모토 진영의 뒤편 산 위에서 섬뜩한 눈으로 아래를 내려다보고 있었다.

요시모토는 걸상에 앉아,

"시원한 빗줄기로구나. 곧 그칠 게다."라며 한가롭기 짝이 없었다.

노부나가가 산 위에서 내려다보니 눈 아래에 요시모토의 막사가 있었다.

"모두 돌격하라."

말이 무서운 기세로 달려 내려갔다. 빗소리, 바람소리, 갑옷 소리, 말발굽 소리. 무시무시한 광경이라고밖에 달리 설명할 길이 없으리라. 그러나 요시모토의 귀에는 단지 폭풍 소리로만 들렸다. 그는 기분 좋게 잔을 들며,

"내일은 키요스를 빼앗아주겠다."

돌격의 함성이 들려왔다. 노부나가 군이 벌써 코앞까지 닥친 것이었다. 그러나 요시모토는 그 사실을 깨닫지 못하고,

"누가 이렇게 소란을 피우는 것이냐. 조용히 시켜라."

그 소리가 가라앉을 리 없었다. 노부나가의 병사들이 요시모토의

오케하자마 전투

하타모토[22]들을 찌르고 베어 쓰러뜨리고 있었던 것이다.

"아뿔싸, 적이로구나."라고 놀랐으나, 이미 손을 쓸 수 있는 상황이 아니었다. 노부나가 군이 바람을 등지고 있었기에 요시모토의 병사들은 바람을 안고 싸울 수밖에 없었다. 노부나가의 병사들은 말을 타고 있었으나 요시모토의 병사들은 도보였다. 노부나가의 병사들은 창으로 맞섰으나 요시모토의 병사들은 칼로 그들을 막아야 했다.

이것만으로도 싸움의 승패는 알 수 있으리라. 요시모토의 병사들은 털썩털썩 쓰러졌다. 제아무리 요시모토라 할지라도 퇴각을 시작하지 않을 수 없었는데, 거기에는 말 한 마리 남아 있지 않았다. 얼마 되지 않는 병사들을 이끌고 물러나기 시작했으나 요시모토는 몸통만 길고 다리는 짧은 대장이었다. 거기에 무거운 갑옷을 입고 투구를

---

22) 旗本. 대장이 있는 본진의 무사.

쓰고 있었기에 걷기조차 쉬운 일이 아니었다. 그러한 모습이 쿠와하라 진나이의 눈에 들어왔다.

"요시모토가 달아나려 하고 있다. 쫓아라."라며 말을 내달렸다. 그러자 진나이만 지켜보고 있던 핫토리와 모리가,

"진나이보다 늦어서는 안 된다."며 역시 말을 달렸다. 요시모토를 따라잡은 진나이가 있는 힘껏 칼을 휘둘렀으나 요시모토의 좌우에 있던 자들이,

"이놈, 건방지구나."하며 진나이에게 달려들었다. 그런데 진나이는 도중에 노부나가 군에 가담한 자였기에 갑옷을 입고 있지 않았다. 가엾게도 칼에 맞아 목숨을 잃고 말았다. 그러한 소란 중에 불쑥 모습을 드러낸 것이 핫토리 무네쓰구[23]였다. 기다란 창을 빙빙 돌리며 요시모토 곁으로 다가갔다. 요시모토는 그가 누구인지 몰랐기에 자신의 가신인 줄 알고,

"어서 말을 끌고 오너라."라고 말했다. 핫토리가 뛸 듯이 기뻐하며,

"요시모토 나리십니까? 제가 상대해드리겠습니다."라고 조금의 망설임도 없이 요시모토의 옆구리를 베었다. 그러나 요시모토도 그리 만만한 상대는 아니었다. 칼을 뽑아 가까이 다가온 핫토리를 향해 휘둘렀기에 핫토리는 무릎을 베여 뒤로 쓰러지고 말았다. 요시모토가 이놈, 하며 핫토리를 두 동강이 내려던 순간, 옆쪽에서부터 모리 히데타카가 갑자기 달려들어 요시모토와 엉겨붙었다. 요시모토는 처음 입은 상처로 괴로워하고 있었는데 지금 다시 새로운 적과 엉겨붙

---

23) 服部宗次. 타다쓰구의 잘못인 듯. 타다쓰구가 아니라 무네쓰구라는 설도 없지는 않다.

었기에 결국은 밑에 깔려 목이 떨어지고 말았다.

히데타카는 요시모토의 목을 칼끝에 걸고 단걸음에 노부나가 앞으로 달려갔다.

"모리 신스케가 대장 요시모토의 목을 가지고 왔습니다."

이를 본 노부나가는 눈물이 날 정도로 기뻐서 견딜 수가 없었다.

"다른 것은 아무것도 필요 없다. 오직 그 목만이 필요했을 뿐이다. 잘도 가져왔구나. 참으로 잘도 가져왔다."라며 요시모토의 목을 가만히 바라보다,

"이름 높은 타이후24) 나리도 이렇게 되셨구나."라며 눈물을 줄줄 흘렸다. 그때 한 가신이 옆으로 다가와서,

"나리의 고심도, 사졸들의 충성심도 오로지 이 목 하나를 보기 위해서였습니다. 사졸들에게도 얼른 이 목을 보여주시기 바랍니다."라고 말했다. 이에 노부나가도 옳은 말이라 생각하여 히데타카에게 명하자, 히데타카는 다시 한 번 칼끝에 요시모토의 목을 걸고 커다란 목소리로,

"이마가와 지부(治部) 타이후 요시모토 나리의 목을 모리 신스케가 베었다."라고 외쳤다. 적과 아군 모두 그 목소리를 들었다. 들음과 동시에 아군의 사기는 한층 더 높아졌으며, 적군의 사기는 단번에 꺾여버리고 말았다.

도읍에서 깃발을 올리겠다며 기껏 여기까지 왔으나, 요시모토는 그곳에서 허무하게 목숨을 잃고 말았다.

---

24) 大輔. 8개 성의 차관 가운데 상위자.

그날 밤, 노부나가는 병사들을 이끌고 키요스로 돌아갔다. 단 하루 사이의 일이었다. 그 하루 사이에 노부나가의 기세는 대적할 만한 자가 없을 정도로까지 높아졌다.

2. 은밀한 사자

노부나가의 이름이 근린으로 퍼져나갔으며 쿄토에까지 전해졌다. 이때 아시카가(쇼군)의 세력은 완전히 쇠해서 그보다 그의 가신인 미요시 씨의 세력이 더 컸으며, 미요시 씨보다 그의 가신인 마쓰나가 씨의 세력이 훨씬 더 컸다. 그 마쓰나가가 쿄토에서 정치를 주물렀으나, 도읍에서 떨어진 각지는 역시 강한 자들의 천하, 토지를 **빼앗고** 성을 **빼앗는** 등 무사의 마음은 쉴 틈이 없었으며, 백성들은 한시도 마음 놓고 생업에 종사할 수가 없었다. 노부나가는 마음속으로,

'이 어지러운 천하를 평안히 다스리고 싶다.'고 생각했으나 그 사업을 당장은 실행에 옮길 수 없었다. 이마가와 요시모토가 하려고 했던 것처럼 쿄토로 올라가 쇼군을 돕거나, 천황의 명을 받아 수행하지 않는 한 도저히 이룰 수 없는 일이기 때문이었다.

그런데 노부나가에게 뜻밖의 좋은 일이 하나 일어났다.

노부나가의 세력이 강하다는 사실이 쿄토에 전해지자 천황은,

'이 어지러운 세상을 노부나가에게 다스리도록 하자.'라는 생각을 품게 되었다. 그러나 그러한 명령을 함부로 내렸다가는, 비록 세력이 쇠했다고는 하나 아시카가 쇼군이 무슨 말로 얼마나 화를 낼지 알 수 없는 일이었다. 게다가 미요시와 마쓰나가 사람들이 어떤 소란을 일으킬지 알 수 없는 일이었다. 이에 어느 날, 천황은 아쓰타 신궁(신사)에

참배를 다녀오라며 사람 하나를 오와리노쿠니로 내려보냈다. 사실 그는 노부나가에게 보내는 사자였던 것이다. 사자는 천황이 노부나가에게 보내는 밀지[密旨]와 선물을 가지고 우선 신사로 들어갔다. 그런데 그때 사냥을 마치고 돌아가는 노부나가와 마주쳤다. 사자는 노부나가를 얼른 집 안으로 불러들여 선물로 들고 온 향을 내어주고 밀지를 전달했다. 노부나가는 천황의 은혜에 감사하며,

"위광을 받들어 반드시 천하를 평정하겠습니다."라고 대답했다. 임무를 마친 천황의 사자는 쿄토로 돌아갔으며, 노부나가는 어떻게 해서든 쿄토로 들어가야겠다고 생각했다. 그 시점에서 주위를 둘러보니 이마가와 요시모토가 멸망한 이후, 미카와노쿠니에서는 토쿠가와 이에야스가 세력을 떨치고 있었다. 카이노쿠니에서는 타케다 신겐이 강군을 자랑하고 있었다. 미노노쿠니(美濃国기후 현 남부.노슈.상국.근국)에서는 사이토 히데타쓰(斎藤 秀龍사이토 도산)가 세력을 펼치고 있었다. 이러한 가운데 섣불리 쿠니를 비우고 쿄토로 올라갔다가는 후방에서 무슨 일이 벌어질지 알 수 없는 일이었다.

이에 노부나가는 우선 이에야스와 화목하여 동쪽의 근심을 끊었으며, 타케다 씨와 인척관계를 맺어 북쪽의 안전을 도모했다. 서쪽에 자리 잡은 사이토는, 노부나가의 아내가 히데타쓰의 딸이었으나 오다와 사이토의 관계는 예전부터 그리 좋지 못했다.

미노의 히데타쓰는 모략에 매우 능한 사람이어서 자신의 딸을 노부나가에게 준 것도 사실은 오와리노쿠니를 자신의 것으로 만들고 싶었기 때문이었다. 그랬기에 비록 장인이기는 했으나 노부나가 역시 히데타쓰에 대한 경계를 조금도 늦추지 않았다. 오히려 반대로 미노노

오다 노부나가

쿠니를 취해야겠다고 예전부터 생각하고 있었다. 그랬기에 노부나가
는 이마가와 요시모토를 오케하자마에서 벤 그 이듬해인 에이로쿠
4년(1561) 5월에, 그때 히데타쓰는 이미 사망하고 그의 손자인 타쓰오
키(龍興)가 주인으로 있던 미노를 공격하여 그곳의 성 2개를 빼앗았
다. 그리고 그 이듬해인 에이로쿠 5년(1562) 5월에 다시 미노를
공격했으며, 에이로쿠 7년(1564) 8월에 마침내는 타쓰오키를 쫓아내
고 그 성을 자신의 성으로 삼았다. 그리고 그 성이 있는 곳에 기후(岐阜)
라는 이름을 붙였다.

이렇게 해서 일단은 마음을 놓을 수 있게 되었다. 그런데 에이로쿠
10년(1567)에 다시 천황으로부터,

"얼른 일본을 평정하라."라는 명령을 받들고 사자가 찾아왔다.

그리고 뒤를 이어서 11년(1568)에는 쇼군 아시카가 요시아키(足利義昭)도 노부나가에게 편지를 보내서 도움을 청해왔다. 이에 노부나가도 마침내 결심하게 되었다. 노부나가는 기후에서 나와 오우미노쿠니(近江国시가 현.고슈,대국,근국)로 들어갔다. 오우미의 무사들 모두가 노부나가의 세력을 두려워하여 그를 따랐다. 다시 전진하여 미이데라(三井寺절)로 들어갔는데 거기서부터 쿄토까지는 겨우 30리(12km)밖에 되지 않았다. 이 소식을 들은 미요시 쪽 사람들은 싸우려고도 하지 않고 모두 달아나버리고 말았다. 이에 노부나가는 오래 전부터의 소망을 이루어 쿄토로 들어갔다.

천황의 기쁨은 이만저만한 것이 아니었으며 노부나가를 극진히 대접했다. 그러나 노부나가의 기쁨은 그보다 몇 배나 더 컸다. 천황을 위해 온 힘을 다 쏟아부어야겠다고 다짐했다.

한편 노부나가가 쿄토로 들어올 것이라는 소식을 들은 쿄토 사람들은 저마다 짐을 꾸려 달아나기 시작했다. 무슨 일이냐고 그 이유를 물었더니,

"노부나가는 세력이 매우 강성하다고 들었소. 틀림없이 예전의 키소 요시나카(木曽 義仲미나모토노 요시나카)처럼 쿄토에 들어오면 입을 것과 먹을 것을 약탈할 것이오. 그래서 미리 달아나려 하는 것이오."라고 말했다. 이후 노부나가가 수많은 병력을 데리고 쿄토로 들어왔으나 군의 규율이 매우 엄해서 쌀 한 됫박조차 공짜로 가져가는 자가 없었다. 한번은 노부나가의 병사 하나가 길거리의 가게에 들러 물건을 흥정했는데 조금 비싼 듯했기에,

"아이고, 그건 너무 비싸잖아. 조금 깎아줘."

"나리, 이건 비싼 게 아닙니다."

"비싸다니까."라며 가격을 깎으려 했다. 그러자 노부나가가 그 병사를 당장 잡아들여 나무에 묶어버렸다. 이를 들은 쿄토 사람들은,

"노부나가란 사람은 그렇게 훌륭한 대장이었단 말인가. 그렇다면 달아나지 않아도 되겠군."이라며 모두가 자신의 집으로 돌아갔다. 그로부터 얼마 지나지 않아서 노부나가는 쿄토 근방을 완전히 평정했다.

천황이 노부나가의 공을 치하하여 종4위라는 관위를 내리려 했으나 노부나가는,

"결코 저의 힘으로 한 일이 아닙니다. 전부 폐하의 위광에 힘입어 평정한 것입니다."라며 그 관위를 받지 않았다. 쇼군 요시아키도 역시 노부나가를 후쿠쇼군(副将軍)으로 삼으려 했으나 노부나가는 그것도 거절하고 곧 기후로 돌아갔다. 이렇게 해서 노부나가에 대한 평가는 더욱 높아져만 갔다.

3. 평안한 국가와 아름다운 궁궐

미요시 사람들은 마치 쥐새끼와도 같았다. 노부나가라는 고양이가 있을 때는 찍소리도 못하고 구멍 속에 숨어 있더니, 고양이가 기후로 돌아가자 다시 슬금슬금 기어나와서 요시아키(쇼군)라는 생선을 갉아먹기 시작했다. 그 소식을 접한 노부나가는 당장 기후에서 나와 쿄토로 들어갔다. 그러자 미요시는 이크 하며 다시 구멍 속으로 숨어버렸다. 이에 노부나가는 쿄토의 니조(二条)라는 곳에 성을 쌓고 요시아키를 그곳에서 살게 했다. 곧 쿄토 부근은 전부 평정되었다. 타지마노쿠니(但馬国효고 현 북부,탄슈,상국,원국)도 평정되었다. 이세노쿠니도 평정되었다.

당시 오우미노쿠니에는 아사이 나가마사(浅井 長政)라는 강력한 무사가 있었다. 에치젠노쿠니(越前国후쿠이 현 북서부,엣슈,대국,중국)에는 아사쿠라 요시카게(朝倉 義景)라는 강한 무사가 있었다. 이들 가운데 아사이 나가마사는 노부나가의 동생을 아내로 맞이한 사람이었기에 노부나가도 그를 믿고 있었으나, 그가 아사쿠라와 손을 잡고 노부나가에 맞서기 시작했다. 노부나가는 토쿠가와 이에야스의 도움을 받아 아네가와(姉川)라는 곳에서 전투를 벌였으며, 곧 오다니야마(小谷山) 성을 함락시켰다. 요시카게는 에치젠으로 달아났으나, 그 역시도 곧 멸망하고 말았다.

그보다 앞서 히에이잔(比叡山) 엔랴쿠지(延暦寺)의 승병들이 아

아네가와 전투

사이, 아사쿠라 편을 들며 노부나가에게 맞섰다. 화가 난 노부나가는 히에이잔의 절을 전부 불태워버리고 말았다. 그 이후부터 히에이잔의 승병들은 완전히 잠잠해졌다.

그리고 아케치 미쓰히데(明智 光秀)를 사카모토(坂本) 성에 배치하여 히에이잔을 견제하게 했으며, 아사이 씨를 견제하기 위해서 하시바 히데요시(羽柴 秀吉토요토미 히데요시)를 나가하마(長浜) 성에 두었고, 아사쿠라가 차지하고 있던 곳에는 시바타 카쓰이에(柴田 勝家)를 후쿠이(福井)에 두어, 각각 그곳을 지키게 했다.

그 이전부터 쇼군 요시아키가 슬금슬금 제멋대로 행동하기 시작했다. 노부나가가 그를 잘 타일렀으나 요시아키는 그 말을 듣지 않았다. 오히려 타케다 씨와 에치고의 우에스기 씨 등에게 편지를 보내서 노부나가를 치라고 말했기에 노부나가는 결국 요시아키를 공격하여 그를 쫓아내버리고 말았다. 이것으로 오랜 세월 이어졌던 아시카가 씨도 멸망해버리고 말았다. 이는 텐쇼 원년(1573)의 일이었다.

그보다 2년 앞서, 노부나가는 황폐해질 대로 황폐해져서 차마 눈 뜨고는 볼 수 없었던 어소를 수리했다. 그리고 천황에게 여러 가지 물품을 바쳤으며 조정 신하들의 영지를 정하고 끊어졌던 조정의 의식을 다시 일으켰다. 노부나가의 충심에 천황의 기쁨은 이만저만한 것이 아니었다.

그리고 아시카가 씨를 대신하여 노부나가가 천하에 명령을 내렸다. 그러나 그것은 백성을 도탄에 빠지게 하는 명령이 아니었다. 조세를 가벼이 하고, 부역을 없애주고, 가난에 우는 자들을 구제하고, 효자·절부[節婦]를 가려내는 등의 일이었다. 이에 사람들은 진심으로 노부나가를 따르게 되었다.

이런 식이었기에 텐쇼 2년(1574)의 정월에는 노부나가가 있는 기후 성으로 도읍 근방의 무사와 다이묘까지 모두가 축하 인사를 위해 찾아왔다. 그 모습은 쇼군보다 더 위에 있는 사람 같았다. 그해 3월에 노부나가가 쿄토로 들어자가 천황은 그를 종3위에 서하고 참의[參議산기]라는 벼슬을 내렸다.

이제 노부나가의 위세는 하늘에서 반짝이는 아침 해와 같은 것이 되었다.

4. 나가시노 성

나가시노의 농성은 쿠스노키 마사시게(楠木 正成)의 치하야(千早), 사나다 마사유키(真田 昌幸)의 우에다 성에서의 농성과 함께 일본의 3대 농성이라 일컬어지는 유명한 전투다.

이 성을 지키던 장수는 오쿠다이라 노부마사(奧平 信昌), 공격군의 대장은 타케다 카쓰요리(武田 勝頼), 성은 토쿠가와 이에야스의 것이었다.

오쿠다이라 씨는 원래 이마가와 씨의 가신으로 미카와에서 살고 있었는데, 훗날 이에야스 쪽에 가담했다. 그런데 텐쇼 원년(1573)에 타케다 신겐이 미카와를 공격하자, 이번에는 타케다 씨 쪽에 가담했다. 그 이후 노부마사 때 신겐이 세상을 떠났기에 다시 예전처럼 이에야스 쪽으로 돌아섰다. 이 소식을 들은 오다 노부나가는,

"잘 됐군, 잘 됐어. 앞으로 타케다가 항복해올 전조가 될 게야."라고 기뻐하며 이에야스에게 권하여 이에야스의 딸을 노부마사의 아내로 주게 했다.

그 이후 이에야스가 나가시노 성을 자신의 것으로 삼았을 때,

"이 성은 시나노로 들어가는 요지에 해당하네. 타케다 씨도 늘 갖고 싶어 하는 성일세. 그대는 아직 젊으나 장래가 촉망되니 이 성을 주기로 하겠네. 잘 지키도록 하게."라며 노부마사에게 성을

맡겼다. 노부마사는 기뻐하며 해자를 파고 망루를 세워 그 성을 단단히 지켰다. 이때 노부마사는 21세였다.

한편, 타케다 카쓰요리에게 있어서 나가시노 성이 자신에게서 등을 돌렸다는 사실은, 카이에서 쿄토로 들어가는 길이 막혔다는 사실을 의미하는 것이었다. 그것이 안타까워서 견딜 수가 없었다.

"그렇다면 나가시노 성을 빼앗겠다."라며 텐쇼 3년(1575) 4월에 카이, 시나노, 코즈케의 병사들을 전부 불러모았다. 총 병력은 2만 7천, 5월 1일에 나가시노를 향해서 밀고 들어갔다.

이때 성의 병사는 겨우 500명. 강용한 노부마사는 웃으며 그들을 맞아들였다. 성은 미와가와(美和川)와 이와시로가와(岩代川) 두 강이 합류하는 곳에 있었다. 넓이는 동서가 2정 50간(310m), 남북이 2정 10간(235m). 노부마사는 이 조그만 성에서 얼마 되지도 않는 병력으로 타케다의 대군과 맞서야 했던 것이다.

적이 드디어 성 주위를 포위했다. 산과 계곡과 들판 모두 타케다 군으로 가득했다. 검이 햇빛에 번뜩였으며, 깃발이 하늘 위로 끝도 없이 이어져 있었다. 성 안에서는 이러한 모습을 보고도,

"드디어 왔다, 왔어."라며 한없이 침착했다.

5월 7일이 되자 타케다 군이 화포를 요란하게 쏘아대고 천지가 흔들릴 듯 함성을 내지르며 공격하기 시작했다. 성 안의 병사들은 결사의 각오로 맞섰다. 이를 시작으로 맹렬한 공격이 연일 계속되었다. 그러나 성의 병사들은 성의 일각조차 빼앗기지 않았다.

12일이 되자 타케다 군은 성의 혼마루25) 쪽으로 땅굴을 파서 접근하려 했다. 이에 노부마사 역시 갱도를 파서 이를 저지했다.

혼마루 침입에 실패한 타케다 군은, 이번에는 식량창고를 향해서 굴을 파기 시작했다. 분투, 돌격, 몇 시간에 걸쳐서 성의 병사들이 적병 800명을 쓰러뜨렸으나 적은 계속 새로운 병력을 투입하여 돌진, 또 돌진. 마침내는 식량창고를 적에게 빼앗기고 말았다.

"식량창고를 빼앗았으니 성은 이제 떨어진 것이나 다름없다."라며 카쓰요리는 성을 멀리서 포위한 채 장기전에 들어갔다. 성 밖에는 목책을 둘렀으며 강 속에는 밧줄을 치고 거기에 방울을 달아, 병사 한 명도 달아나지 못하게 하겠다는 듯 밤낮으로 감시했다.

사람은 마음먹기에 따라서 강해지기도 하고 약해지기도 하는 법이다. 그러나 언제까지고 밥을 먹지 못하면 제아무리 강하다 할지라도 일을 할 수가 없다. 더구나 싸움을 한다는 것은 더욱 불가능한 일이다. 성의 생명줄이라 할 수 있는 식량창고가 적의 손에 넘어갔으니 버텨낼 재간이 없었다. 노부마사가 병사들을 모아놓고 말했다.

"적은 장기전을 펼칠 생각인 듯하네만, 성 안에는 식량이 얼마 남지 않아서 이대로 간다면 열흘도 버티지 못할 걸세. 누구 성 밖으로 빠져나가 토쿠가와 공에게 원병을 청해줄 자 없겠는가?"

전령이 되어 가고 싶지 않은 자는 아무도 없었으나 어떻게 빠져나가야 할지 방법을 알 수 없었기에 서로의 얼굴만 바라볼 뿐, 누구도 대답을 하는 자가 없었다. 그때 멀리 끝자리에서,

"제가 그 전령이 되어 가겠습니다."라고 말한 자가 있었다. 노부마사가 누구인가 바라보더니,

---

25) 本丸. 성의 중심이 되는 건물 및 그 일대.

"오오, 스네에몬(强右衛門)인가. 그대가 가주겠는가?"

토리이(鳥居) 스네에몬은 자신의 이름처럼 평소에도 힘이 센 무사였다.

"네, 뜻한 바대로 성을 무사히 빠져나간다면 간보산(雁峰山)에서 불을 피워 그것을 신호로 삼겠습니다. 사흘 안에 다시 돌아와서 이번에도 불을 피워 신호를 보내겠습니다. 그때 불이 2번 오르면 원병은 오지 않는 것이라 생각하시기 바랍니다. 만약 불이 3번 오르면 원군이 오는 것이라 알고 계시기 바랍니다."

"조심해서 가도록 하게."

스네에몬이 잠시 입을 다물고 있다가,

"일단 이 성에서 나가면 저의 목숨은 더없이 위험할 것입니다. 여기서 작별인사를 올리도록 하겠습니다. 제가 떠나고 나면 뒤에는 어머니가 홀로 남게 됩니다. 모쪼록 가엾게 여기시어 돌봐주시기 바랍니다."

일세의 용사도 어머니를 생각하면 눈물이 나는 법이다. 노부마사는,

"오오, 걱정하지 말게. 우리 어머니처럼 극진히 모시겠네."

자리에 있던 자 모두 숨을 죽여 비장한 기운이 가득 넘쳐흘렀다. 스네에몬이 인사를 하고 자리를 떠나려 한 순간,

"스네에몬 나리, 잠시만."하고 불러 세운 자가 있었다. 돌아보니 스즈키 킨시치(鈴木 金七)라는 자였다. 킨시치가 앞으로 나서며,

"중요한 전갈입니다. 혼자 가서는 마음이 놓이지 않습니다. 저도 함께 가도록 하겠습니다."라고 말했다. 스네에몬이 대답하기도 전에 노부마사가,

"옳은 말이오. 함께 가도록 하게"라고 말했기에 결국에는 두 사람이 함께 가기로 했다.

이러한 일이 있기에 앞서 타케다 군이 나가시노 성을 포위했다는 소식을 접한 토쿠가와 이에야스는,

'코슈 군이 한번 나선 이상 쉬운 싸움이 되지는 않을 것이다.' 라고 생각하여 노부나가에게 원병을 청했다. 노부나가는 이때 아직 오우미와 쿄토를 완전히 평정하지 못했기에 좀처럼 원병을 보내주겠다고 말하지 않았으나 사자가,

"원조를 해주시지 않는다면 오다와 토쿠가와의 동맹도 오늘이 마지막입니다. 나가시노 성 하나를 타케다에게 양보하고, 그 대신 타케다와 토쿠가와가 동맹을 맺어 오와리를 취하도록 하겠습니다."라며 화를 냈기에 노부나가도 정히 그렇다면 하고 마침내는 5만 대군을 이끌고 4월 13일에 기후를 출발하여 미카와의 오카자키(岡崎)로 향하고 있었다.

스네에몬과 킨시치가 성에서 나온 것은 5월 14일 밤의 일이었다.

5월의 가랑비가 내리고 있었으며 하늘은 먹물을 풀어놓은 것 같아서 한 치 앞도 보이지 않았다. 이를 다행으로 여긴 두 사람은 바위를 넘고 나무 뒤에 숨어가며 이와시로가와 강변까지 갔다. 비에 불은 강물이 바위에 부딪쳐 콸콸 소리를 내며 흘러가고 있었다. 강 건너편에는 어둠을 밝히는 적의 횃불, 그 횃불에 보초를 서는 위병의 모습이 보였다.

알몸이 된 두 사람이 강에 발을 들여놓자마자 곧 밧줄에 닿아 방울이 딸랑딸랑 울렸다.

"성 안의 병사가 몰래 빠져나온 모양이다."

그러자 적병 가운데 한 명이 말했다.

"농어(스즈키)가 밧줄을 건드린 걸 거야."

그러자 스즈키 킨시치는 깜짝 놀라고 말았다.

"적 가운데 나를 아는 자가 있는 걸까?"

스네에몬이 웃으며,

"이봐 스즈키, 자네에게는 꼬리도 지느러미도 없지 않은가."

무사히 강을 건넌 두 사람은 적의 눈을 피해서 간보산으로 올라갔다.

스네에몬과 킨시치가 성을 나간 이후 성 안 사람들은 그들의 안부가 궁금해서 시선을 간보산에 고정시킨 채, 과연 신호가 올라올지, 언제 올라올지, 눈이 빠져라 기다리고 있었다. 그러나 성 밖은 그저 어둠 속에서 비만 추적추적 내리고 있을 뿐, 반딧불 하나 보이지 않았다.

"그렇다면 잡히고 만 걸까?"라며 걱정하고 있을 때, 멀리 간보산 위에서 솟아오른 한 줄기 불빛

"빠져나갔다, 빠져나갔어. 잘도 해냈군. 제발 좀 부탁하네."

사무라이 이야기(하) ·· 93

성의 병사들은 벌써 백만의 원군이라도 얻은 양 기뻐했다.

두 사람은 달리고 또 달려서 15일에 오카자키에 도착했다. 바로 이에야스를 만나서 일이 급하게 되었음을 고했다. 이에야스가,

"오느라 수고 많았네. 나는 내일 바로 출발할 생각일세. 오다의 원군도 오늘 중으로 도착할 걸세. 많이 피곤할 테니 오늘은 쉬었다가 내일 함께 출발하기로 하세."라고 말했으나 스네에몬은,

"성 안 사람들이 일각이 여삼추처럼 저의 소식만을 기다리고 있습니다. 한시라도 빨리 이 사실을 알려 안심시키고 싶습니다."라며 말리는 것도 듣지 않고 성 문을 빠져나갔다. 그때는 벌써 오다 노부나가 군의 선봉인 타키가와 카즈마스(瀧川 一益)와 키노시타 히데요시(木下 秀吉토요토미 히데요시) 등이 오카자키에 도착해 있었다. 두 사람은 그것을 보고 피로도 잊은 채 한달음에 달려 돌아갔다.

다시 간보산으로 올라간 두 사람은 세 번에 걸쳐 불을 피워 신호를 보냈다. 세 번에 걸친 불은 원군이 출발할 것이라는 신호. 이를 본 성 안의 기쁨은 어디에도 비할 바가 없는 것이었다.

두 사람의 역할은 이것으로 끝이었다. 스즈키 킨시치는 성 안으로 신호를 보낸 이상 위험을 무릅쓰고 성 안으로 들어갈 필요는 없을 것이라고 말했으나 스네에몬은,

"제아무리 위험하다 할지라도 들어갈 수 있다면 들어가서 성 안 사람들을 안심시키고 싶다."며 혼자서 성 안으로 들어가려 했다. 이와시로가와(강)까지 갔으나 적의 경계가 한층 더 삼엄해서 결국은 사로잡히고 말았다. 무슨 생각을 한 것인지 스네에몬은 조금도 저항하지 않고 그대로 묶인 몸이 되어 적의 대장 앞으로 끌려갔다. 적의

대장은 스네에몬을 고문해서라도 자백을 받아내려 했으나,

"아무것도 숨길 것이 없습니다. 저는 오쿠다이라 노부마사의 가신인 토리이 스네에몬이라는 자입니다. 원병을 청하기 위해 오카자키까지 다녀온 길입니다."라고 조금의 거짓도 없이 말했다. 그 말을 들은 대장은,

"심상치 않은 자인 듯하구나. 본진으로 보내라."라며 카쓰요리가 있는 곳으로 데려가게 했다. 스네에몬을 본 카쓰요리가,

"성이 곧 떨어질 것은 불을 보듯 뻔한 일인데 이제 와서 원병을 청해 어찌하겠다는 것이냐?"라고 비웃듯 말했다. 스네에몬은,

"이렇게 말씀드리면 어떨지 모르겠으나, 겨우 사오백 명밖에 되지 않는 적은 병사로 오늘까지 버텨왔습니다. 단지 식량이 없는 관계로 하루라도 빨리 원병을 청한 것일 뿐입니다. 오다 나리께서 이미 5만의 대군을 데리고 오카자키에 도착하셨습니다. 내일이라도 이곳으로 오실 것입니다. 청할 만한 가치는 충분히 있었습니다."라고 당당하게 대답했다. 그때 무슨 생각을 한 것인지 카쓰요리는 숙부인 노부타쓰(信龍)를 불러 스네에몬을 그에게 맡겼다. 노부타쓰는 스네에몬을 자신의 막사로 데리고 갔다.

"그대는 참으로 훌륭한 무사인 듯하네. 성 안으로 들어가 죽기보다는, 차라리 타케다의 가신이 될 마음은 없는가? 노부마사가 그대에게 주는 녹보다 10배는 더 받을 수 있을 걸세. 어떤가?"라고 그럴 듯한 말로 회유했다. 그러자 스네에몬은 머리를 조아리고,

"이처럼 사로잡힌 몸이 되어 저의 목숨은 당신들의 것이라 죽음을 각오하고 있었는데, 뜻밖에도 목숨을 구해주시고 거기에 많은 녹까지

주시겠다니, 참으로 고맙고 커다란 은혜입니다. 지금부터 마음을 다해 섬기도록 하겠습니다."라고 대답했다. 노부타쓰가 기뻐하며,

"하지만 아무런 공도 없이 녹을 받는다면 그대도 마음이 편치는 않겠지. 지금부터 나의 말에 따라 한바탕 일을 하여 공을 세우는 것이 어떻겠는가?"

"어떤 명령이시든 그대로 따르도록 하겠습니다."

"그래, 그렇게 해주시겠는가? 그렇다면 지금부터 저 성의 정문 앞으로 가서 성 안의 사람들을 향해 이렇게 말하도록 하게. '나는 타케다의 병사들에게 사로잡혔으나, 사자로 다녀온 결과를 말하기 위해 왔소. 오카자키로 가서 원군을 청했으나 오다 나리는 쿄토 부근의 전투 때문에 원군을 보낼 수 없다고 하오. 성 안에서도 그리 알고 모두 마음을 다잡도록 하시오.'라고. 그렇게 하면 그대는 단번에 공을 세울 수 있네. 어떤가, 그렇게 하겠는가?"

이 말을 들은 스네에몬은 빙그레 웃으며,

"그 정도의 일은 얼마든지 할 수 있습니다. 지금 당장 다녀오도록 하겠습니다."

"아니, 아닐세. 날이 밝으면 가도록 하게. 오늘 밤에는 쉬고, 내일 아침에 가도록 하게."

16일 아침, 스네에몬은 타케다 쪽 무사들의 감시를 받으며 성의 정문 앞으로 갔다. 커다란 목소리로,

"성 안의 여러분들, 토이리 스네에몬이 왔소."

그 목소리를 들은 성 안 사람들 모두 스네에몬이 돌아왔다며 문 밖을 바라보았다. 오쿠다이라 노부마사도 망루 위에서 아래를 내려다

보았는데, 스네에몬이 타케다 쪽 병사들에 둘러싸여 서 있었다.

"안타깝게도 사로잡히고 말았구나."라며 노부마사는 가슴이 미어지는 듯했다. 스네에몬이 깊이 인사를 하고,

"나는 타케다 사람들에게 사로잡혔으나 사자로 다녀온 결과를 말하기 위해 여기에 섰소. 오다 나리는 쿄토 부근의 전투 때문에 도와주러 갈 수가 없다, 그렇기에 원군은 보낼 수가 없다고 말하라고 적의 대장은 내게 가르쳐주었으나, 사실 오다 나리는 5만의 대군을 이끌고 어제 이미 오카자키에 도착하셨소. 이삼일 이내로 원군이 도착할 것이오. 여러분 모두 그때까지 성을 더욱 견고히 지켜주시기 바라오."라고 가능한 한 커다란 목소리로 외쳤기에 성 안 사람들 모두의 귀에 아주 뚜렷하게 잘 들렸다.

성 안 사람들은 기뻐했으나 타케다 사람들은 깜짝 놀랐다.

"이놈, 거짓말이었구나."라며 우르르 몰려들어 스네에몬을 데리고 돌아가버렸다. 노부타쓰가 그 사실을 듣고 크게 화를 내며,

"어째서 약속을 깬 것이냐?"라고 물었으나 스네에몬은 껄껄 웃으며,

"아닙니다. 약속한 대로 당신께서 가르쳐주신 말을 먼저 전부 말한 후에 저의 대답을 들려준 것일 뿐입니다. 그것으로 당신의 생각도 전부 말했고, 저의 생각도 전부 말했으니 결코 약속을 어긴 것이 아닙니다."라고 죽음을 각오한 스네에몬이 무엇 하나 두렵지 않다는 듯 대답했다.

"발칙한 놈!"하고 노부타쓰는 호통을 쳤지만, 그 용기에는 감탄하지 않을 수 없었다. 이 사람이야말로 진정한 용사다, 살려주고 싶다고 생각했으나 일단은 카쓰요리와도 상의를 해야 했기에, 스네에몬을

원군이 올 것을 알리는 스네에몬

데리고 다시 카쓰요리 앞으로 가서 사정을 들려주자 그 자리에 있던 바바(馬場), 야마가타(山県) 등의 대장들도,

"과연 진정한 무사로군. 적에게 사로잡혔다고 해서 그대로 적의 편으로 돌아서는 자는 아무짝에도 쓸모가 없습니다. 용사는 천하의 보물입니다. 용서해주고 돌려보내는 것이 좋을 듯합니다."라고 말했으나 오직 카쓰요리 한 사람만은,

"괘씸한 놈이다. 성 안에서도 보이는 곳에서 처형하도록 하라."라고 말했다. 대장의 명령이니 하는 수 없이 시노바노(篠場野)라는 곳으로 끌어내 형틀에 묶어 스네에몬을 처형하고 말았다. 그때 스네에몬은 창에 찔리면서도 소리 하나 내지 않았으며, 얼굴 한 번 찡그리지 않은 채 태연자약 죽음을 받아들였다고 한다.

오다, 토쿠가와 연합군은 16일에 오카자키를 출발하여 18일에 나가시노에 도착했다. 노부나가 군의 5만에 더해서 토쿠가와 군이 2만 8천으로 도합 7만 8천, 그 대군이 산야 가득 넘쳐났기에 여기에는 타케다 군도 놀라지 않을 수 없었다. 하지만 타케다 쪽에는 신겐

때부터 활약해온 용장들이 여럿 있었다. 게다가 나약한 병사는 단한 사람도 없었기에 가벼이 보고 싸움을 걸 수는 없는 일이었다.

노부나가, 이에야스 두 사람이 타케다 군의 진을 살펴보았다. 그때 노부나가가,

"만약 카쓰요리가 먼저 공격해 들어온다면 우리가 반드시 이길 테지만, 신겐의 병법을 지킨다면 먼저 공격해 들어오지는 않을 게야." 라고 말하자 이에야스는,

"아니, 카쓰요리는 틀림없이 먼저 공격해 들어올 것입니다."라고 말했다. 노부나가는,

"카쓰요리가 먼저 공격해 들어온다면 우리의 대승이 될 걸세."라고 말했다.

한편 타케다 쪽에서는 대장들이 카쓰요리가 있는 본영에 모여 작전을 논의하고 있었다. 카쓰요리가,

"보시는 것처럼 적의 원군이 산야에 가득 넘쳐나고 있소. 내일, 우리가 먼저 밀고 들어가 한바탕 싸움을 했으면 하는데, 그대들은 어떻게 생각하시오?"라고 묻자 바바, 야마가타, 나이토(内藤), 오야마다(小山田), 하라 등 신겐 때부터 활약해온 대장들이,

"적은 오다와 토쿠가와 두 대장, 병사는 10만에 가까운 대군입니다. 이번에는 여기서 더 말을 전진시키지 않는 것이 좋을 듯합니다. 그렇게 하면 오다, 토쿠가와 두 사람도 틀림없이 그대로 돌아갈 것입니다. 오다가 일단 돌아가고 나면, 그렇게 자주 이곳까지 출진하지는 못할 것입니다. 그때 다시 병사를 내면 나가시노는 간단히 손에 넣을 수 있습니다. 이번만은 일단 돌아가시는 것이 어떻겠습니까?"라고 말했

으나 카쓰요리는 생각보다 기운이 앞서는 대장이었기에,

"타케다는 신라 사부(미나모토노 요시미쓰)로 공 이후 적을 두려워하여 달아난 적이 단 한 번도 없었소. 나약한 소리 하지 마시오. 만약 뒤에서부터 적이 따라와 신슈로 들어온다면 그때는 어찌 하실 생각이시오."라고 말했다. 그러자 바바 노부후사(馬場 信房)가,

"적이 신슈로 들어온다면 그것이야말로 더 바랄 것도 없는 행운입니다. 그때는 그들을 계곡 속으로 몰아넣고 우리는 험한 땅에 의지하여 공격하면 단번에 승리를 얻을 수 있습니다."라고 말했으나 카쓰요리는 받아들이지 않았다. 그러자 노부후사가 다시,

"그렇다면 얼마간의 병사를 잃는다 할지라도 내일 나가시노 성을 있는 힘껏 들이쳐 빼앗도록 하겠습니다. 나리를 성으로 들여보낸 이후에 저희는 그 앞의 산에서 방어전을 펼치도록 하겠습니다. 그렇게 하면 틀림없이 승리할 수 있을 것입니다."라고 말했으나 카쓰요리는,

"타케다는 예로부터 농성을 한 적이 없었소. 그런 비겁한 짓은 하지 않을 것이오."라며 그 의견도 받아들이지 않았다. 이에 야마가타 마사카게(山県 昌景)가,

"그렇다면 나가시노 쪽은 그대로 내버려두고 나리께서는 위쪽의 산에 진을 치시기 바랍니다. 저희가 그 앞의 산에서 적을 막도록 하겠습니다. 저희가 먼저 공격하지 않고 오래도록 대치하면, 저희는 신슈에서 자유롭게 식량을 가져올 수 있으나 노부나가는 저처럼 대군을 이끌고 이처럼 먼 곳까지 왔으니 식량이 오래 가지는 않을 것이옵니다. 오래 머물지 못하고 곧 돌아갈 것입니다. 그렇게 되면 토쿠가와 홀로 남게 되니 토쿠가와도 틀림없이 달아나고 말 것입니다."

라고 말했으나 나가사카 초칸(長坂 釣閑)이라고 평소부터 카쓰요리에게 아첨하던 자가,

"주군의 말씀대로 멋지게 싸우는 것이 좋을 듯합니다. 지금 오다와 토쿠가와라는 2개의 목이 눈앞에 있는데 그것을 취하지 않는다는 것은 있을 수 없는 일입니다. 나이 든 자들의 말은 들을 필요도 없습니다."라고 말하자 바바가 화를 내며,

"집안을 생각하기에 이처럼 상의의 말씀을 올리는 것이오. 그런데 나이 든 자라니! 알겠소, 내일의 싸움에서 우리 나이 든 자들은 모두 목숨을 버리기로 하겠소. 그때가 되면 그대들은 가장 먼저 꽁무니를 빼고 달아날 것이오."라고 말했기에 회의는 그대로 끝나버리고 말았다. 그 이튿날에는 결국 타케다 쪽에서 먼저 밀고 들어가기로 했다.

노부나가는 이들 바바나 야마가타 등의 지혜를 알고 있었기에 그것을 두려워했던 것이다. 이에야스는 카쓰요리의 무모함을 알고 있었기에 공격해 들어올 것이라고 말했던 것이다.

이렇게 해서 19일에 전투가 시작되어 21일까지 불꽃이 튈 정도의 격전이 이어졌는데, 한때는 오다·토쿠가와 군이 패하는 것 아닐까 싶을 정도로 고전을 면치 못했으나 타케다 쪽의 잘못된 전법으로 타케다의 세력이 점차 약화되어 노장들이 차례로 목숨을 잃었으며 나가사카 초칸 등은 주군마저도 버린 채 달아나 1만 2천에 이르는 병사들이 목숨을 잃었다. 카쓰요리는 목숨만 간신히 건져 자신의 쿠니로 돌아갔다.

싸움에서 승리한 노부나가는 기후로, 토쿠가와는 오카자키로 각각

개선했다. 수많은 병사와 노장들을 잃은 타케다는 얼마 후 텐모쿠잔(天目山)에서 노부나가·이에야스 군에게 다시 패했으며, 그로 인해서 타케다 가도 멸망하는 비운을 맛보게 되었다.

5. 5월의 어둠

아사쿠라 요시카게를 멸망시킨 이후, 노부나가는 에치젠노쿠니를 카쓰라다 나가토시(桂田 長俊)에게 다스리도록 했다. 그러자 토다(戶田)라는 자가,

'나는 전투에서 공을 세웠는데 노부나가로부터 아무런 상도 받지 못했다. 이는 저 카쓰라다가 있기 때문이다. 저놈이 나의 출세를 방해하고 있기 때문이다.'라고 생각하여 쿠니 안의 사람들을 모아 나가토시가 있는 이치조다니(一乘谷)를 공격했으며, 나가토시는 결국 목숨을 잃고 말았다. 이 일로 에치젠 쪽이 어지러워졌기에 노부나가는 다시 에치젠 정벌에 나섰다. 그것은 텐쇼 3년(1575)의 일로 나가시노 성으로 출동했던 해의 9월이었다.

이후 일단 기후로 돌아왔다가 10월에 쿄토로 들어가자 천황이 노부나가에게 우다이진[26]을 내리려 했으나 노부나가는 분에 넘치는 자리라며 이를 거절했다.

그러나 당시 노부나가의 세력은 떠오르는 아침 해와 같아서 천하에 누구 하나 노부나가에 맞설 만한 자가 없었다. 그 이듬해 정월부터 오우미의 아즈치(安土)라는 곳에 성을 쌓기 시작했다. 그때 키나이[27]

---

26) 右大臣. 국정의 최고기관인 다이조칸(태정관)의 관리로 다이조다이진(태정대신), 사다이진(좌대신)에 버금가는 자리.

각 쿠니에서는 물론 오와리, 미노, 와카사(若狹후쿠이 현 남부.자쿠슈중국근국), 에치젠 등 11개 쿠니에서도 사람들이 동원되었다. 이 아즈치 성의 텐슈카쿠[28]는 7층으로 높이는 7길(21m), 그곳의 금을 입힌 망루의 기와가 초록색 산 위에서부터 비와코[29]에 비친 아름다운 모습은, 그야말로 쇼군보다 더 커다란 세력을 자랑하고 있는 듯 보였다. 노부나가도 여기서 천하를 다스려야겠다고 생각했던 것이다.

그 이듬해에 노부나가는 종2위가 되었으며 우다이진의 자리에 올랐다. 이때까지도 서쪽의 모리 씨는 아직 노부나가를 따르지 않았다. 그리고 동쪽의 타케다 씨 역시 그에게 굴복하지 않았다. 이에 텐쇼 10년(1582)년 2월에 토쿠가와 이에야스와 연합하여 카이로 들어갔고, 마침내는 텐모쿠잔에서 카쓰요리를 멸망시켰다.

카쓰요리는 신겐의 아들로 그 강용함에 있어서는 신겐에게도 뒤지지 않았으나, 신겐만큼의 생각이 없었을 뿐만 아니라 자아가 강해서 노련한 가신들의 말을 듣지 않고 무리하게 전쟁을 했기에 수많은 병사를 잃고 소중한 가신들도 잃었다. 그로 인해서 그토록 훌륭했던 집안도 결국은 스러져버리고 말았다.

이 타케다 씨가 멸망하기에 앞서 모리 씨 쪽으로는 하시바 히데요시(토요토미 히데요시)를 보내 정벌을 맡겼으나, 과연 추고쿠의 태수[太守]라 불릴 정도의 인물이었기에 그렇게 쉽게는 무너지지 않았다.

---

27) 畿內. 예전의 행정구역 단위로 쿄토 부근 지방을 일컫는다. 야마시로·야마토·카와치·이즈미·셋쓰노쿠니로 이루어져 있었다.
28) 天主閣. 天守閣라고도 쓴다. 성의 중심이 되는 커다란 건물.
29) 琵琶湖. 시가 현에 있는 일본 최대의 호수. 쿄토와 가까운 곳에 위치하여 역사의 중심지가 되었다.

텐쇼 10년(1582) 5月에 히데요시는 빗추(備中오카야마 현 서부.비슈.상국.중국)의 타카마쓰(高松) 성을 포위했다. 이 타카마쓰 성은 모리 씨에 속한 성이었기에 모리 테루모토가 킷카와 모토하루, 코바야카와 타카카게 등의 대장과 함께 수만의 대군을 이끌고 타카마쓰 성을 구하기 위해 출진했다. 히데요시 혼자서 그 대군과 맞설 수는 없었기에 주인인 노부나가에게 편지를 보내 지원군을 요청했다.

이를 들은 노부나가는,

"그래, 드디어 나왔느냐. 죽으러 나온 것이나 다를 바 없는 일이다. 내가 한번 가서 깨끗이 청소를 해주겠다. 추고쿠의 청소가 끝나고 나면 당장 큐슈로 들어가서 그곳도 정리해주고 오겠다."라며 커다란 소망을 품은 채 출발 준비에 들어갔다. 이에 우선 아케치 미쓰히데, 호소카와 타다오키(細川 忠興), 나카가와 키요히데(中川 淸秀) 등에게 명령하여 그들을 선발대로 삼았다. 그리고 자신 역시 아들 노부타다(信忠)를 데리고 바로 아즈치 성에서 나왔다. 쿄토까지 들어간 노부나가는 혼노지(本能寺)라는 절에서 묵었다. 그런데 그날 밤, 뜻밖에도 아케치 미쓰히데가 모반을 일으켰기에 노부나가는 목숨을 잃고 말았다.

원래 미쓰히데는 미노에 있는 도키(土岐) 씨의 가신이었는데 도키 씨가 멸망한 이후 오랜 세월 각지를 돌아다녔다. 천성적으로 영리한 사람이었으며 학문도 깊고 병법에도 밝아서 노부나가의 수많은 가신 중에서도 학문에 있어서는 그를 능가할 자가 없었다. 그랬기에 빠른 속도로 출세하여 사카모토 성의 성주가 되었고, 또 탄바노쿠니(丹波国쿄토 중부 및 효고 현 북동부.탄슈.상국.근국)도 받아 마침내는 훌륭한 대장이 되었다.

그런데 노부나가는 예의를 그다지 중히 여기지 않는 사람이어서 누구에게나 말을 함부로 했으며 조롱도 서슴지 않았다.

어느 날, 노부나가가 대장들을 불러 잔치를 열었다. 그 자리에서 노부나가가,

"미쓰히데, 잔을 받게."라며 커다란 술잔을 내밀어 미쓰히데에게 술을 마시라고 했다. 그러나 미쓰히데는 술을 마시지 못했기에,

"감사합니다만, 저는 술을 먹지 못합니다."라고 말하자 노부나가는,

"뭐라고? 먹지 못한다? 그럴 리가 있겠는가. 내가 먹으라면 먹는 게야."라며 그 자리에서 미쓰히데를 쓰러뜨리고 위에 올라앉아 칼을 뽑아들었다.

"자, 술을 먹든지 그게 싫다면 이 칼을 먹어라."라며 당장에라도 칼끝을 입 안으로 넣으려 했기에 미쓰히데는 어쩔 수 없이,

"참으로 억지스러운 주문이십니다."라고 말하면서도 술을 마셨다. 그러자 노부나가가 다시,

"어떤가, 이 머리는 잘도 벗겨지지 않았는가? 번쩍번쩍 빛나는 것이 잘도 울릴 듯하군. 장구 대신 어디 한번 두드려볼까?"라며 미쓰히데의 머리를 옆구리에 끼고 찰싹찰싹 때렸다.

미쓰히데는 늘 예의 바르게 행동하는 것을 중히 여기는 사람이었기에 노부나가에게 이런 일을 당한 것이 혐오스러워서 견딜 수가 없었다. 그날은 그렇게 집으로 돌아갔지만 조용히 그날 당한 수치를 생각해보니,

'주인 노부나가는 나를 죽이려 하고 있는 것일지도 모른다. 그렇기

아케치 미쓰히데

에 여러 사람들 앞에서 그런 행동을 한 것이겠지. 게다가 얼마 전에도 나의 영지인 사카모토를 모리 란마루(森 蘭丸)에게 주겠다고 하셨었지.' 라며 딱하게도 이런저런 걱정이 들었다.

그로부터 얼마 지나지 않아서, 토쿠가와 이에야스가 아즈치 성으로 올 터이니 그 접대를 맡아 준비하라고 노부나가가 미쓰히데에게 명령했다. 제아무리 화가 나도, 제아무리 근심이 되어도 주인의 명령이었기에 가능한 한 돈을 들여 훌륭한 물건들을 구해놓고 이에야스가 오기를 기다렸다. 그런데 노부나가가 다시,

"추고쿠로 가서 히데요시를 도와라."라고 갑작스럽게 명령을 내리

고 이에야스를 접대하는 역할은 다른 사람에게 맡겨버렸다. 이에 미쓰히데는 완전히 화가 나고 말았다.

"무엇을 위해서 이러한 것들을 준비했단 말이냐"라며 기껏 마련했던 물건들 전부를 호수 속에 던져버린 뒤 병사들을 이끌고 서쪽으로 가버렸다.

아즈치에서 나온 미쓰히데는 일단 사카모토 성에 들렀다가 거기서 다시 탄바로 돌아갔다. 그날 밤에는 아타고(愛宕) 신사로 가서 참배했다. 신사에는 점괘가 적힌 종이의 상자가 있었다. 미쓰히데는 두 번이고 세 번이고 그 점괘를 뽑아보았다. 지금 미쓰히데는 깊은 생각에 빠져 있었다. 노부나가를 없애야 하는 건지 말아야 하는 건지. 설령 제아무리 무례한 짓을 한다 할지라도 주인은 주인이었다. 그 주인을 죽인다는 것은 더없이 좋지 않은 행동이었다. 게다가 보잘 것 없는 신분에서 구해주어 한 성의 주인으로 만들어준 것도 전부 노부나가가 베푼 은혜였다. 은혜를 잊어서는 안 될 일이었다. 더구나 은혜를 원수로 갚는다는 것은 누가 뭐래도 있을 수 없는 일이었다. 그랬기에 신의 뜻을 여쭙고 싶은 것이었다. 신의 뜻은 어디에 있는지. 그것은 알 수 없는 일이었다. 마음은 점점 더 어지러워지기만 할 뿐이었으나 그날 밤에는 그대로 신사 부근에서 묵었다. 잠자리에 들어서도 여러 가지 생각들이 교차하여 영 잠을 잘 수가 없었다. 이리 뒤척 저리 뒤척, 얼른 잠을 자고 싶었으나 역시 잠은 오지 않았다. 그저 어찌해야 좋을지 자꾸 한숨만 나올 뿐이었다. 곁에 있던 가신이 참다 못하여,

"무슨 일 때문에 그리 근심하십니까?"라고 묻자 미쓰히데는,

"너희들이 관여할 일이 아니다."라고만 대답한 채 역시 생각에

잠겨 있었다.

그 이튿날에는 거기서 시 모임을 가졌다. 밖에서는 5월의 비가 쉴 새 없이 내리고 있었다. 그때 미쓰히데는 옆에 있던, 대나무 잎에 싸서 찐 떡을 대나무 잎도 벗기지 않고 그대로 먹었다. 노부나가에게 반기를 들어야 할지 말아야 할지, 근심에 잠겨 있었기에 대나무 잎을 벗기는 것조차 잊었던 것이다. 그러다 곁에 있던 자에게 갑자기,

"혼노지(젤)를 두르고 있는 해자의 깊이는 몇 척입니까?"라고 물었다. 곁에 있던 사람은 미쓰히데가 왜 그런 질문을 한 것인지 알수 없었으나, 미쓰히데는 그때 이미 모반을 결심했던 것이다.

그 이후 카메야마(亀山) 성으로 돌아간 것은 6월 1일이었다. 미쓰히데는 복심인 가신 5명을 모아놓고,

"그대들은 나를 위해서 죽어줄 수 있겠는가?"라고 우선 물었다. 5명은 미쓰히데에게 몸과 마음을 전부 바친 사람들이었다. 모두가 한 목소리로,

"새삼스럽게 물으실 것도 없는 일입니다. 애초부터 그렇게 결심하고 있었습니다."라고 대답했다. 미쓰히데는 5명의 얼굴을 유심히 바라보며,

"상의할 일이 있네만, 만약 나의 생각이 옳지 않다면 나의 목을 치도록 하게. 나는 이미 마음을 굳게 먹고 하는 말일세."

그러자 아케치 미쓰하루(明智 光春)라는 사람이,

"그 마음이란 어떤 것입니까?"

"나는 주인인 노부나가 공에게 몇 번이고 생명의 위협을 받았네. 지금 또 다시 그런 순간이 찾아왔네. 이대로 가만히 있어서는 반드시

살해당하고 말 걸세. 거기에서 벗어나기 위해서는 내가 노부나가 공을 칠 수밖에 없을 듯하네. 지금처럼 가만히 있다가 살해당해야 하는 건지, 내가 먼저 나서서 노부나가 공을 살해해야 하는 건지, 이 둘 중 그대들은 어느 쪽에 찬성하는가? 하지만 나의 마음은 이미 굳게 정해져 있네."

5명은 이때 처음으로 미쓰히데가 모반을 계획하고 있다는 사실을 알게 되었다. 그리고 모두가 그것이 옳지 않은 일이라는 사실도 알고 있었다. 그러나 미쓰히데의 결심이 굳은 것이었기에 간언을 하고 싶어도 간언을 할 수가 없었다. 5명 모두 오로지 주인을 위해서 모반에 가담하겠다는 슬픈 결심을 할 수밖에 없었다. 미쓰히데는,

"변변치 못한 주인을 두어 그대들만 딱하게 됐군. 이 모두 운이라 생각하고 단념해주었으면 하네. 세상 사람들은 뭐라 비난해도 상관없네. 내가 가야 할 길은 오직 하나밖에 없으니."라며 모두와 함께 눈물을 흘렸다. 그 이후 일단 탄바로 돌아가서 탄바의 병사들을 전부 모아 모반에 대해서는 단 한마디도 하지 않은 채,

"빗추로 히데요시를 도우러 가야 한다."고 병사들에게는 말해두고 남쪽을 향해서 출발했다. 오오에야마(大江山)를 넘어서 오이사카(老坂)까지 갔다. 오른쪽으로 꺾어지면 빗추로 가는 길, 미쓰히데는 말 위에서,

"왼쪽으로."라고 호령했다. 왼쪽으로 꺾어지면 쿄토로 가는 길이었다. 병사들은 무슨 일일까 싶었으나 대장의 명령이었다. 곧 카쓰라가와(桂川)를 건넜다. 그때 미쓰히데는,

"나의 적은 혼노지에 있다."라고 말했다. 병사들은 거기서 처음으로

혼노지의 변

미쓰히데가 모반을 계획하고 있다는 사실을 알게 되었다.

그날 아침의 일이었다. 노부나가가 혼노지에서 잠을 자고 있자니 밖에서 갑자기 떠들썩한 소리가 들려왔다. 노부나가가 자리를 박차고 일어났을 때는 벌써 함성이 들려오고 있었다.

"누구냐, 모반을 일으킨 것이."

란마루가 밖으로 나가 상황을 살펴보니 아침 안개 속으로 도라지(아케치의 가문)를 새긴 깃발이 펄럭이고 있었다.

"미쓰히데입니다."

이 말을 들은 노부나가는,

"그 녀석인가."라며 그대로 활을 집어들고 밖으로 나갔다. 그러나 그 혼노지에는 겨우 100명 정도의 병사들밖에 없었다. 노부나가는 결국 절에 불을 지르고 그 속에서 자결하고 말았다. 그때의 나이는 49세. 아들 노부타다는 다른 곳에서 묵고 있었는데, 그 소동을 듣고 한 달음에 달려와 아버지를 도우려 했으나, 그때 노부나가는 이미 자결하고 난 뒤였다. 어쩔 수 없이 니조 성으로 들어가 미쓰히데와 맞섰으나 그도 역시 전사하고 말았다.

천하는 곧 노부나가의 손에 의해서 평정될 듯했으나 여기서 커다란 엇갈림이 일어나고 말았다.

노부나가가 세상을 떠난 이후, 조정에서는 그의 공을 인정하여 종1위 다이조다이진이라는 벼슬을 내렸다.

(1) 오다 노부나가는 타이라노 시게모리(平 重盛)의 자손으로 오와리노 쿠니를 영유하고 있었다.

(2) 노부나가는 어린 시절 매우 난폭했으나 히라테 마사히데(平手 政秀)의 간언으로 마음을 고쳐먹었다.

(3) 이마가와 요시모토는 스루가, 미카와, 토오토우미의 병사들을 이끌고 쿄토로 들어가 천하를 호령하려 했다. 그런 그를 노부나가가 오케하자마에서 쳐서 자신의 이름을 사방에 알렸다.

(4) 오오기마치 천황이 노부나가에게 천하를 평정하라고 명령했다.

(5) 쇼군 요시아키도 노부나가에게 도움을 청했다.

(6) 노부나가는 황거를 수리하고 여러 가지 비용을 바쳐 조정의 의식을 다시 일으켰다. 또한 공경의 영지를 정하는 등 임금을 생각하는 마음이 두터웠다.

(7) 아시카가 쇼군이 몰락한 뒤, 노부나가는 오우미의 아즈치에 성을 쌓고 사방을 다스리려 했다.

(8) 텐쇼 10년(1582) 노부나가는 추고쿠의 모리 씨를 치기 위해 우선 쿄토로 들어갔으나, 그의 가신인 아케치 미쓰히데가 모반을 일으켜 혼노지에서 살해당했다. 나이는 49세였다.

제19장 토요토미 히데요시

1. 용사의 최후

하시바 히데요시(토요토미 히데요시)가 노부나가의 명령에 따라서 추고쿠 정벌에 나선 것은 텐쇼 5년(1577) 10월의 일이었다. 그로부터 6년 동안이나 모리와 싸웠으나 모리 씨는 산인과 산요30) 12개 쿠니의 영주로 그와 맞서는 것조차 그리 쉬운 일은 아니었다.

텐쇼 10년(1582) 봄부터,

"올해야말로 노부나가가 직접 추고쿠 정벌에 나설 것이다."라는 소문이 봄바람을 타고 서쪽 지방으로 퍼져나갔다.

그것을 들은 모리 쪽에서는 '그렇다면' 하고 슬슬 최후의 준비에 들어갔다. 노부나가가 추고쿠 지방을 정벌하기 위해서 온다면 타카마쓰 성을 비롯하여 빗추에 있는 7개 성이 가장 먼저 공격을 받게 될 터였다.

코바야카와 타카카게는 모리 가문의 명장, 일본에서 가장 지혜로운 자라 일컬어지는 무사였다. 그런 타카카게가 우선 이들 7개 성의

---

30) 山陽. 7도 가운데 하나로 혼슈 서부의 세토나이카이에 면한 지방.

성주들을 빈고(備後히로시마 현 동부.비슈,상국,중국)의 미하라(三原) 성으로 불러서,

"이번 여름에는 노부나가가 틀림없이 대군을 이끌고 우리를 공격하러 올 듯합니다. 그러니 혹여 우리 집안을 떠나서 오다 쪽에 가담하고 싶은 분이 계시다면 아무런 망설임 없이 그리 하시기 바랍니다. 그것은 전국시대의 관습이니 저희 집에서는 아무런 원한도 품지 않을 것입니다."라고 말하고 7명의 얼굴을 바라보았다. 7명은,

"노부나가가 올 듯하니 단단히 지켜주게."라는 부탁을 받을 줄 알았는데 뜻밖의 말을 들었기에 모두 놀라면서도,

"이는 참으로 뜻밖의 말씀, 저희에게 그런 마음은 조금도 없습니다. 오로지 한 목숨 다하여 성을 지킬 각오입니다."라고 한목소리로 대답했다. 그 말을 들은 타카카게는 매우 만족한 듯,

"무엇보다 반가운 말씀, 그 말씀을 들으니 이 타카카게도 마음이 놓입니다. 그럼 지금부터 그에 대한 대비를 논의하도록 하겠습니다." 라며 8명은 전투에 대해서 상의했다. 마침내 그에 대한 대비책도 마련했다. 이후 잔치를 열어 각 사람들 모두 벌써 싸움에 이기기라도 한 것처럼 씩씩하게 떠들어대며 음식을 먹었다. 그때 타카카게가 7명 각자에게 장검을 한 자루씩 내주며,

"모두 커다란 공을 세워주시기 바랍니다."라고 말하자 모두,

"이번 싸움은 우리의 대승, 집안의 무운이 펼쳐질 것입니다."라고 말했으나 그 가운데 단 한 사람 타카마쓰의 성주인 시미즈 무네하루(淸水 宗治)만은,

"여러분, 지금 내리신 이 물건은 적의 투구를 베기보다 먼저 자신의

배를 가를 각오로 받는 것이 중요합니다. 그런 각오는 있으십니까?"라고 말했다.

소문대로 3월 15일에 히데요시가 먼저 8만 대군을 이끌고 히메지(姫路)를 출발하여 오카야마(岡山)까지 들어왔다. 그리고 타카마쓰 성으로 사람을 보내서,

"아까운 무사의 목숨을 잃게 하기보다는 오다 나리 편에 가담하시는 것이 어떻겠습니까? 그리 하신다면 빈고와 빗추 2개 쿠니를 당신께 드리도록 하겠습니다."라고 말했다. 그러나 무네하루는 이전부터 각오를 하고 있었기에,

"고마운 말씀이십니다만, 무네하루의 목숨은 이미 모리 가에 바친 지 오래입니다. 그 어떤 일을 당하게 된다 할지라도 힘이 다할 때까지 상대해드리도록 하겠습니다."라는 훌륭한 대답을 했다.

히데요시도 그렇다면 어쩔 수 없는 일이라며 전투 준비를 시작하여 칸무리야마(冠山), 미야지야마(宮路山), 카마쿠라가미네(鎌倉ヶ峰), 히바타(日畑), 타카마쓰 등의 성을 공격하기 시작했다. 그러자 타카카게 앞에서,

"모리의 무운이 펼쳐질 것입니다."라고 말했던 사람들은 모두 성을 빼앗기거나 목숨을 잃었으며, 이제는 오로지 타카마쓰 성 하나만이 남아 히데요시 군을 저지하는 형국이 되어버리고 말았다.

타카마쓰 성은 빗추노쿠니 키비군(吉備郡) 타카마쓰라는 곳에 있었다. 평지에 위치하고 있었는데 겨우 2간(3.5m)쯤 높이의 언덕 위에 세워져 있었다. 3면은 늪지이고 나머지 1면에 해자를 판 요해지였다. 게다가 성의 동쪽과 북쪽에는 류오잔(竜王山), 쓰즈미야마(鼓山),

타치다야마(立田山) 등의 산들이 병풍을 둘러친 것처럼 이어져 있었으며, 남서쪽으로는 아시모리가와(足守川)가 길게 흐르고 있었다. 이처럼 공격하기 어려운 이 성을 히데요시는 매우 손쉬운 방법으로 공격했다.

5월 8일 아침, 히데요시는 채 날이 밝기도 전에 훌쩍 말에 뛰어올라, "10명쯤 따라오도록 하라. 오늘은 창도 필요 없고 총포도 필요 없다. 각자 말뚝을 10개씩 들고 뒤를 따르도록 하라."라고 말한 뒤 그대로 달려나갔다. 가신들은,

"말뚝으로 무엇을 하시려는 걸까?"라고 이상히 여기면서도 그의 뒤를 따라서 달리기 시작했다. 히데요시는 동쪽에 있는 산의 산부리까지 가더니 거기서 말을 멈추고 따라온 가신들에게,

"나는 지금부터 카와즈바타(蛙鼻)로 돌아갈 것이다. 너희는 말의 발자국을 따라오며 10간(18m) 간격으로 그 말뚝을 하나씩 박으며 돌아오너라."라고 말한 뒤 가능한 한 성 가까이를 지나 논과 밭이 있는 곳도 신경 쓰지 않고 일직선으로 똑바로 달려 돌아왔다. 그 거리는 26정(2.8km), 가신들은 명령을 받은 대로 그 사이에 말뚝을 박았다.

"이것으로 무엇을 하시려는 겐지."

그런데 그 이튿날이 되자 성 안의 병사들은 깜짝 놀라지 않을 수 없었다. 그 26정 사이에 50간(90m) 간격으로 벽을 하얗게 칠한 높다란 망루가 햇빛을 받아 반짝이며 서 있지 않겠는가.

귀신이 곡할 노릇이라며 신기해하는 것도 당연한 일이었다. 그 하얀 벽처럼 보인 것은 부근의 민가에서 장지와 당지를 벗겨내 목재로

세운 망루에 바른 것이었다.

성 안의 병사들이 이처럼 놀라는 사이에도 히데요시는 그 망루와 망루 사이를 살로 연결하기 시작했다. 그것은 진짜 살이었다. 그런 다음 히데요시는 부근의 백성들에게,

"흙 가마니를 만들어오는 자에게는 하나당 100문, 쌀 1되를 주겠다."라고 말했다. 흙은 얼마든지 있었다. 빈 가마니는 백성들의 집에 아주 많이 쌓여 있었다. 천지에 널린 흙을 빈 가마니에 가득 담아가면 쌀과 돈을 잔뜩 얻을 수 있다니 이보다 더 수지맞는 일도 없었다. 근방의 백성들 가운데 흙 가마니를 짊어질 수 있을 만한 힘을 가진 자들은 남녀할 것 없이 앞 다투어 흙 가마니를 만들어 가지고 왔다. 히데요시는,

"그래, 그래, 얼마든지 가져와라. 산을 쌓을 수 있을 만큼 가져오도록 해라."라며 그 흙 가마니를 망루와 망루 사이에 차곡차곡 쌓아올리기 시작했다. 백성들뿐만이 아니었다. 사무라이와 대장들까지 갑옷을 벗고 칼을 푼 채 괭이를 들고 흙 가마니를 만들었다. 쌓아올린 제방의 높이는 4간(7m), 폭은 위쪽이 6간(11m), 아래쪽이 12간(22m)이었다. 그 커다란 둑이 9일부터 19일까지 겨우 11일 만에 말뚝을 박아놓은 26정(2.8km) 사이에 완전히 세워졌다. 흙 가마니의 숫자는 전부해서 553,680개였다고 한다. 그렇게 해서 둑을 쌓는 데에는 어마어마한 비용이 들었을 것이다.

둑이 완성되자 아시모리가와(강)에서 물을 끌어다 둑 안으로 흘러들어가게 했다. 마침 사흘 밤낮으로 커다란 비가 내려 성 주변이 삽시간에 커다란 호수로 변해버리고 말았다. 언덕이 잠겼으며 성벽을 타고

물에 잠긴 타카마쓰 성

수위가 상승하여 성 안도 물에 잠기기 시작했다. 오로지 텐슈카쿠만이 물 위에 떠 있을 뿐이었다. 이래서는 창도 총포도 아무 짝에 쓸모없는 것이 되어버리고 만다. 강용한 시미즈 무네하루도 팔짱을 낀 채 덧없이 히데요시의 진을 바라보기만 할 뿐이었다.

타카마쓰 성이 위급하다는 소식을 접한 코바야카와 타카카게는 킷카와 모토하루에게 사람을 보내 원군을 청했다. 모토하루는 곧바로 출발했다. 두 사람의 병사들을 합하여 3만여, 5월 21일에 타카마쓰 성을 돕기 위해 도착했다. 그 뒤를 이어서 모리 테루모토도 5만의 병사들을 이끌고 빗추에 도착했다. 그러나 이 9만의 대군도 신기루처럼 물 속에 떠 있는 성을 바라보기만 할 뿐, 달리 손을 쓸 방법이 없었다.

"이를 어찌하면 좋단 말이냐."

모리 군이 총 출동한 것을 본 히데요시는,

"이건 내 혼자 손으로 치기보다는 노부나가 공께 출진을 청하는 편이 낫겠다."라며 사람을 아즈치로 보냈다. 노부나가는,

"지금이야말로 모리를 제압할 때다."라며 아즈치를 출발했다.

이러한 모습을 보고 승산이 없다고 판단한 모리 쪽에서는 싸우기도 전부터 화목을 청하여 모리 가의 안태를 꾀하고 무네하루 이하 병사들의 목숨을 구해야겠다고 생각했기에 안코쿠지 에케이(安国寺 惠瓊) 스님을 강화의 사절로 삼아 히데요시의 진지로 보냈다.

"이나바(因幡톳토리 현 동부.인슈,상국,근국)와 미마사카(美作오카야마 현 북동부. 사쿠슈,상국,근국) 2개 쿠니를 노부나가에게 바칠 테니 시미즈 무네하루는 살려주시기 바랍니다."

이것이 강화의 조건이었다. 그러나 히데요시는,

"지금 화목해서는 모리를 제압할 수가 없다."며 하치스카 히코에몬 (蜂須賀 彦衛門)이라는 자를 사자로 보내서,

"모리의 영지 10개 쿠니 가운데 5개 쿠니를 노부나가 공에게 바치십시오. 또한 시미즈 무네하루를 자결케 하십시오."라고 대답했다. 그러자 모리 쪽에서는,

"모리의 영지 10개 쿠니를 전부 빼앗긴다 할지라도 시미즈 무네하루를 죽게 할 수는 없습니다."라고 대답했다. 이 담판은 6월 3일의 일이었는데 그날 밤,

"노부나가가 쿄토의 혼노지에서 아케치 미쓰히데에게 살해당했다."는 소식이 전해졌다. 히데요시는 놀라고 말았다. 그러나 지금 동요하는 모습을 보여서는 안 된다며 그날 밤에도 평소와 다름없는 얼굴로 진중을 돌아다녔다. 그런 다음 안코쿠지를 불러오라고 사람을

보냈다. 안코쿠지는 그날의 담판이 뜻대로 풀리지 않아 초조함을 느끼고 있던 차였기에 바로 히데요시를 찾아왔다. 그러자 그를 만난 히데요시가,

"조금 전에는 5개 쿠니를 노부나가 공에게 바치라고 말했었으나 모리 쪽에서 어렵사리 강화를 청해왔는데 명문가의 영지를 절반으로 줄인다는 것도 딱한 일, 모리 쪽에서 말한 대로 8개 쿠니는 그대로 남겨두기로 하겠습니다. 하지만 시미즈 무네하루만은 용서할 수가 없습니다. 그를 용서한다면 저도 주인을 뵐 면목이 없습니다. 이는 그대의 생각 하나에 따라서 해결될 문제라 여겨집니다. 깊이 생각해서 대답해주시기 바랍니다."라고 말했다. 그러자 안코쿠지는,

'이번에는 내가 난처하게 되었구나. 무네하루를 자결케 한다는 것은 모리가 승낙하지 않을 터이다. 살려두어야겠다고 말한다면 히데요시가 승낙하지 않을 터이다. 이렇게 된 이상 무네하루와 상의를 해보는 것이 가장 좋을 듯하다.'라고 생각했다. 그리고 배에 올라 곧 성 안으로 들어갔다. 안코쿠지가 무네하루를 만나 양쪽의 주장을 들려주자 무네하루는,

"제가 이 성을 지키는 것도 모리 집안을 위해서입니다. 제 목숨 하나로 모리 가에 도움을 줄 수 있다면 저는 기꺼이 자결하도록 하겠습니다. 그 대신 성 안의 병사 500명의 목숨만은 살려주시기 바랍니다."라고 말했다. 안코쿠지가 곧 히데요시에게로 가서 그 말을 전하자 히데요시는,

"알겠습니다."라고 승낙했다.

4일 아침, 자결할 준비를 마친 성주 시미즈 무네하루가 배를 타고

시미즈 무네하루

성에서 나왔다. 이때 히데요시는 술과 안주를 마련해 무네하루에게 보냈다. 무네하루는 빙그레 웃으며,

"오랜 농성 이후 간만에 보는 음식, 감사히 받겠습니다."라고 흔쾌히 술을 마시고 세이간지(誓願寺)라는 요곡을 낭랑한 목소리로 부른 뒤 배를 갈라 훌륭한 무사의 최후를 맞이했다.

히데요시는 무네하루의 목을 소중히 다루었으며 그것을 모리 쪽으로 보냈다. 모리 쪽에서도 무네하루가 숨을 거둔 이상 더는 어찌할 방법이 없다며 그대로 히데요시 군과 화목했다. 그러나 그 동안 히데요시의 고심은 이만저만한 것이 아니었다.

노부나가가 살해당한 것은 6월 2일, 그 소식이 히데요시에게 전해진 것은 3일 밤, 안코쿠지를 불러 시미즈 무네하루에게 자결을 권한 것도 그날 밤, 무네하루는 4일 아침에 자결했으며 모리와의 화목도 같은 날인 4일에 성립되었다. 그리고 5일에 히데요시는 벌써 수만의 군에게 퇴진을 명령했다. 그 5일 밤에는 이미 말을 동쪽으로 향해 달리고 있었다.

이러한 민첩함이 있었기에 히데요시는 마침내 천하를 취할 수 있었던 것이다.

2. 모반인의 최후

아케치 미쓰히데는 단 하루만에 노부나가의 목숨을 빼앗고 우선 쿄토에 사람을 두어 킨키 지방을 다스리게 했다. 그리고 쿄토 사람들을 안심시키기 위해서 세금을 면해주고 각 절에 돈을 바친 뒤 곧 아즈치를 향해 나아갔다.

그때 아즈치 성은 가모우 타카히데(蒲生 賢秀)가 지키고 있었는데 노부나가가 목숨을 잃었다는 소식을 듣고는 자신의 아들인 우지사토 (氏郷)에게 명령하여 노부나가의 아내를 자신의 성인 히노(日野)로 데려가게 한 뒤, 자신은 아즈치 성에서 미쓰히데와 싸울 준비를 했으나 병사들이 무리지어 달아났기에 하는 수 없이 성에서 나와버리고 말았다. 그 뒤에 미쓰히데가 와서 노부나가 대신 천하를 다스리려 했다.

우선 친척인 호소카와 타다오키와 쓰쓰이 준케이(筒井 順慶)를 끌어들이려 했으나 타다오키도, 준케이도 모반인 편에 설 수는 없다며 가담하지 않았다.

이에 다시 쿄토로 들어가 천황의 마음을 살핀 뒤 다시 아즈치로 가려 했다.

그때 노부나가의 아들인 노부오(信雄노부카쓰)는 이가(伊賀미에 현 서부.이슈.하국.근국)에 있었으나 미쓰히데를 두려워하여 나오려 하지 않았다. 노부타카(信孝)는 오오사카에 있었으나 역시 자신이 대장이 되어 미쓰히데를 치지는 못했다.

　토쿠가와 이에야스도 이즈미(和泉 오오사카 남서부, 센슈, 하국, 키나이)의 사카이(堺)까지 갔으나 병사의 숫자가 얼마 되지 않았기에 이세로 들어가 배를 타고 미카와로 돌아갔다.

　노부나가의 주요한 가신이었던 시바타 카쓰이에는 우에스기와 싸우고 있었기에 그도 나설 수가 없었다.

　히데요시 역시 모리라는 커다란 적과 싸우고 있었으나, 아주 짧은 시간에 모리 씨와 솜씨 좋게 화목하고 홀로 미쓰히데 정벌에 나섰다.

　히데요시는 6월 8일에 히메지로 돌아왔다. 그 사흘 동안 히데요시는 한 숨도 자지 않고 히메지로 돌아온 것이었다. 히데요시는 하루라도 빨리 주인의 원수를 갚고 싶다, 그러기 위해서는 적에게 한시도 틈을 주어서는 안 된다, 군대는 신속해야 한다고 생각했기에 이처럼 급히 서둔 것이었다. 그러나 한편으로는 노부나가의 아들들이나 수많은 가신들보다 앞서, 자신 혼자서 이 커다란 적을 물리치면 천하를 자신의 것으로 만들 수 있으리라는 커다란 소망도 틀림없이 품고 있었을 것이다.

　8일 밤에는 히데요시도 오랜 시간 잠을 잤다. 지금까지의 피로를 풀고 기운을 회복해야겠다고 생각했기 때문이었으리라. 9일 아침, 히데요시가 말을 동쪽으로 달리려 하자 스님 한 명이,

　"오늘은 한 번 나서면 두 번 다시 돌아오지 못할 흉일입니다. 내일 출발하시는 것이 어떻겠습니까?"라며 주의를 주었다. 그러자 히데요시는,

"주인을 위해 죽음을 각오하고 나서는 길일세. 살아서 다시 돌아와 야겠다고는 생각지 않네. 또한 다행히도 아군이 승리를 거둔다면 이 작은 히메지로는 돌아오지 않고 천하제일의 성을 쌓아 그곳으로 들어갈 생각일세."라고 말한 뒤 당당하게 그곳을 출발했다. 이때 이미 히데요시의 안중에 미쓰히데 따위는 없었으며, 이제 천하는 자신의 것이라 생각하고 있었던 것일지도 모른다.

11일 아침에는 셋쓰(摂津오사카 부 북중부 및 효고 현 남동부.셋슈,상국,키나이)의 아마가사키(尼ヶ崎)까지 나아갔다. 히데요시는 그곳에서 노부나가 의 유족과 유신들에게,

"하시바 히데요시가 역신 아케치 미쓰히데를 정벌하기 위해 아마가 사키까지 왔습니다."라는 소식을 전했다. 이 통보는,

'노부나가를 위해서 미쓰히데를 칠 테니 나중에 다른 말을 해서는 안 됩니다. 다른 할 말이 있다면 지금 하십시오.' 라는 의미의 통지에 다름 아니었는데 그때 누구 하나,

'당신 혼자 쳐서는 안 됩니다. 저도 가담하겠습니다.' 라고 말한 자가 없었다. 히데요시는 당당하게 쿄토를 향해 올라갔다.

히데요시가 올라오고 있다는 소식을 접한 미쓰히데는 1만 8천 명의 병사를 이끌고 야마자키(山崎)라는 곳으로 가서 그와 맞서기로 했다. 처음 미쓰히데는 텐노잔(天王山)이라는 곳으로 올라갔으나, 다시 산에서 내려와 세이류지(青龍寺)라는 절에 진을 쳤다. 그리고 근방의 백성들에게,

"얼른 죽을 쑤어 세이류지로 가져오라."고 명령했다. 백성들이 허둥지둥 죽을 쑤기 시작했으나 시간에 맞추어 가져가기란 그리

쉬운 일이 아니었다. 미쓰히데가 화를 내며,

"얼른 가져오지 못하겠느냐. 우물쭈물하는 놈은 목이 날아갈 줄 알아라."라고 호통을 쳤다. 이처럼 혹사를 당하고도 야단을 맞는다면 누구나 화가 나는 법이다. 백성들은 저마다,

"저런 대장이 천하를 잡게 되면 백성이 어떤 어려움을 겪게 될지 알 수 없는 일이다. 지금 숨통을 끊어버리기로 하자."라고 말했다.

그때 미쓰히데의 가신이 미쓰히데에게,

"적은 대군입니다. 얕잡아보아서는 안 됩니다. 여기서 싸우기보다는 오우미의 사카모토 성으로 돌아가서 싸우시는 것이 어떻겠습니까?"라고 말했으나 미쓰히데는,

"무슨 소리를 하는 겐가. 히데요시의 어디가 두렵다는 게지? 나는 대장 노부나가조차 단 하루만에 제거하지 않았는가."라며 무슨 일이 있어도 거기서 히데요시를 쳐야겠다고 생각하고 있었다.

미쓰히데가 잠시 진을 쳤었던 텐노잔은 적에게도 아군에게도 중요한 산이었기에 그 산을 점령한 쪽이 싸움에서 이길 것이라고 모두가 생각하고 있었다. 이에 미쓰히데는 13일 아침 일찍 대장 하나를 보내어 그 산을 점령케 했다. 히데요시 쪽에서도 대장 둘을 보내 그 산을 점령하려 했다.

그때는 미쓰히데의 병사가 먼저 산에 올랐으나 뒤따라 올라온 히데요시의 병사들이 뒤에서부터 미쓰히데 군을 향해 화살을 쏘고 화승총을 쉴 새 없이 퍼부었기에 미쓰히데 쪽의 대장이 총알에 맞아 목숨을 잃고 말았다. 대장을 잃은 병사들은 뿔뿔이 흩어져 달아나버렸다. 이렇게 해서 텐노잔은 히데요시가 점령하게 되었다.

이 승부가 결정되자 히데요시 쪽의 기세가 단번에 하늘을 찌를
듯했다. 거기에 모리 씨의 군이 히데요시를 돕기 위해 왔기에 미쓰히데
쪽은 점점 사기가 꺾여가고 있었다. 미쓰히데도 더는 멍하니 있을
수 없었다. 최선을 다해서 방어전에 나섰으나 운이 좋지 않을 때는
점점 더 좋지 않은 쪽으로만 기울어지는 법인지, 아니면 주인을 살해한
벌을 받는 것인지, 그날 갑자기 남풍이 불기 시작해서 흙먼지가 하늘
가득 피어올랐기에 미쓰히데 군은 눈도 제대로 뜰 수가 없었다. 그
틈을 놓치지 않고 히데요시가 단번에 함성을 지르며 밀어붙였기에
미쓰히데는 허무하게도 크게 패하고 말았다. 미쓰히데는 일단 세이류
지까지 물러났으나 앞서 분노를 느꼈던 백성들이 방해를 했기에
세이류지로는 들어가지 못했으며, 하는 수 없이 그날 밤에 얼마간의
병사들을 데리고 사카모토 성으로 돌아가려 했다. 그런데 도중의
오구루스(小栗栖)라는 곳까지 갔을 때 대숲 속에 잠복해 있던 백성들

사무라이 이야기(하) ·· 127

이 말을 타고 길을 서두르는 미쓰히데를 향해 죽창을 내질렀다. 전혀 생각지도 못했던 뜻밖의 공격에 미쓰히데는 오른쪽 옆구리를 찔렸고 말에서 그대로 떨어져 숨을 거두고 말았다.

그때 미쓰히데의 나이는 57세였다고 한다. 노부나가를 살해한 이후 그날까지 겨우 13일, 훗날 세상 사람들은 그를 13일 쇼군이라고 불렀다.

이때 미쓰히데의 가신인 아케치 미쓰하루는 아즈치에 있었다. 히데요시가 온다는 소식을 듣고 서둘러 미쓰히데를 돕기 위해 나섰으나 가는 도중에 미쓰히데가 죽었다는 전갈을 받았는데 오오쓰에 히데요시의 선봉인 호리 히데마사(堀 秀政)가 와 있었기에 달리 움직일 수가 없었다. 그러자 미쓰하루는 어떻게 해서든 사카모토 성으로 들어가기 위해 혼자서 말을 탄 채 호수 안으로 들어갔다. 히데마사의 병사들은,

"어쩌려는 겐지. 저러다 빠져죽을 게 뻔한데"라고 웃으며 바라보았다. 그런데 미쓰하루는 카노 에이토쿠(狩野 永德)가 묵화로 그렸다고 하는 운룡[雲龍]이 새겨진 망토를 물결에 출렁이며 호수를 똑바로 헤엄쳐 카라사키(辛崎)까지 건너갔다. 그 모습은 적이 보기에도 훌륭한 것이었기에 모두가 환호성을 질렀다고 한다.

카라사키로 올라선 미쓰하루는 말을 그 부근의 소나무에 묶고 그대로 사카모토 성으로 들어갔다. 사카모토 성에는 미쓰히데의 처자와 미쓰하루의 아이들이 있었는데 그들을 자결케 한 뒤, 자신도 성에 불을 지르고 자결했다. 이것이 6월 14일의 일이었다. 이렇게 해서 아케치의 소동은 정리가 되었다.

미쓰히데는 훌륭한 대장이었음에도 불구하고 주인을 살해해야겠다는 잘못된 생각을 품어 이런 결과를 맞이하게 되었으니 참으로 안타까운 일이다.

3. 시즈가타케 전투

미쓰히데가 목숨을 잃은 이후 히데요시는 오와리의 키요스로 가서 노부나가 일족 및 가신들과 상의하여 노부타다의 아들인 산보시(三法師)를 후계자로 삼았다.

그때의 일이었다. 상의가 끝나고 난 뒤 주연이 벌어졌는데 시바타 카쓰이에는 애초부터 히데요시의 위세가 좋은 것에 시기심을 느꼈기에 술기운이 돌기 시작하자 슬슬 본성을 드러내기 시작했다.

"이보시게 하시바 나리. 우리가 오늘의 신분에 오를 수 있었던 건 전공에 의한 것도 있지만, 또 하나는 조상님들의 음덕 덕분이라고 생각하오. 귀공은 짚신을 담당하던 신분에서 차를 담당하는 신분이 되었다가 점점 출세하여 오늘에는 나와 함께 커다란 쿠니의 영주, 어떻게 해서 그렇게까지 출세할 수 있었소? 신불에게 기도라도 올렸던 것이오?"라고 거들먹거리며 말했다. 그러자 히데요시는,

"아니, 신께도 부처님께도 소원은 빌지 않았습니다. 처음에는 나리께 청하여 고 오다 나리를 섬겼을 뿐이고, 아직 토키치로(藤吉郞)라 불리던 시절에는 수시로 나리의 댁으로 찾아가서 신세를 졌습니다. 그 외에는 누구에게도 출세를 청한 적이 없습니다."라고 말하자 카쓰이에는,

"오호, 아직도 그때의 일을 기억하고 계시오? 아아, 어깨가 좀

뻐근하군. 예전의 토키치로로 돌아가서 어깨를 좀 주물러주지 않으시겠소?"라고 참으로 무례한 말을 해서 여러 사람들에게 히데요시보다 역시 자신이 더 위에 있다는 사실을 내보이려 했다. 그러자 히데요시는,

"네, 주물러드리겠습니다."라며 흔쾌히 그의 어깨를 주무르기 시작했다. 다른 사람들도 카쓰이에의 이러한 태도에는 화가 났다. 그런데 카쓰이에는 다시,

"덕분에 어깨는 아주 시원해졌군. 이번에는 다리를 한번 주물러주겠소?"라며 거기에 휙 몸을 눕혔다. 히데요시는 싫은 얼굴도 하지 않고 다시 다리를 주무르기 시작했다. 그러다 무슨 생각을 한 것인지 눈물을 줄줄 흘리기 시작했다. 그러자 카쓰이에의 조카인 사쿠마 모리마사(佐久間 盛政)가,

"치쿠젠 나리(히데요시), 말씀만 그럴 듯하게 하실 뿐, 마음속 분함이 눈물이 되어 흐르고 있는 듯합니다."라고 비아냥거리듯 말했다. 그러자 히데요시는,

"아닙니다, 겐바[31] 나리. 제가 토키치로라 불리던 시절에는 시바타 나리의 어깨에도 허리에도 터질 정도의 근육이 있었는데, 오늘 오랜만에 만져보니 어깨도 얇아졌고 근육도 말랑말랑해져 있기에 나리도 나이를 드셨구나 하는 생각이 들어 저도 모르게 눈물이 흘러내린 것입니다. 나리께서도 잘 보살펴드리도록 하십시오."라고 조용히 말했기에 아무런 일도 없이 넘어갈 수 있었다.

카쓰이에가 이처럼 무례하게 군 것은, 노부나가가 세상을 떠났으니

---

31) 玄蕃. 지부쇼(治部省) 소속으로 사원과 승려를 관리하고 외국사절 접대 등을 맡았던 겐바료의 관리.

지금부터는 내가 천하의 대장이 되고 싶다, 그런데 히데요시가 방해가 된다, 그렇다고 해서 죄도 없는 히데요시를 제거할 수도 없는 일이다, 한번 화를 내게 해보자, 그러면 히데요시는 틀림없이 병사들을 모을 것이다, 그때 한꺼번에 쓸어버리면 나 혼자서 세력을 키울 수 있을 것이다, 라고 생각했기 때문이었다.

누구보다도 눈치가 빠른 히데요시는 단번에 카쓰이에의 속내를 꿰뚫어보았기에 그의 말에 고분고분 따르는 척하며 조금도 맞서려 하지 않았던 것이다. 카쓰이에는 하는 수 없이 에치젠으로 돌아가버리고 말았다.

얼마 후 히데요시는 우콘에[32]의 쇼쇼(少将차관)에 임명되고 쇼덴[33]까지 허락받는 등 세력은 더욱 커져만 갔다. 이러한 소식을 들은 카쓰이에는 더 이상 가만히 있을 수가 없었다. 당시 이세에 있던 타키가와 카즈마스에게 은밀히 사람을 보내서,

"나무가 너무 커지면 낫으로도 도끼로도 베어낼 수가 없소. 싹이 더 자라기 전에 히데요시를 베어버리는 것이 어떻겠소?"라고 말하게 했다. 카즈마스 역시 히데요시의 세력에 시기심을 느끼고 있었기에 바로 찬성했다. 그리고 기후에 있는 노부타카와도 상의를 했다. 그러자 노부타카도 기뻐하며 그들 편에 가담했다.

그러자 노부나가의 가신들이 두 패로 갈리어, 한쪽은 카쓰이에를 편들었으며 다른 한쪽은 히데요시 편에 섰기에 세상이 다시 소란스러워졌다.

---

32) 右近衛. 궁중의 경비 및 행행 시의 수행 등을 맡던 관청.
33) 昇殿. 궁중의 정전에 드는 일. 이를 허락받은 자를 텐조비토라고 불렀다.

카쓰이에는 하루라도 빨리 히데요시를 없애버리고 싶었으나 마침 겨울로 에치젠 부근에 눈이 깊이 쌓였기에 병사를 낼 수가 없었다. 카쓰이에는,

"쓸데없이 눈만 내려 쌓이는구나."라며 화를 냈으나 눈은 그치지 않고 더욱 내려 쌓이기만 할 뿐이었다. 카즈마스 역시,

'눈이 이렇게 내려서야 카쓰이에도 나설 수는 없을 것이다. 그 사이에 히데요시가 이곳을 공격한다면 큰일이다. 눈이 녹을 때까지 히데요시와 친하게 지내는 것이 좋겠다.'라고 제 좋을 대로만 생각하여 카쓰이에와 상의를 하자 카쓰이에도 그것이 좋겠다며 당장 히데요시에게로 사람을 보내서,

"노부나가 공께서 돌아가신 이후, 가신들끼리 싸운다는 것은 남들에게도 부끄러운 일일세. 앞으로는 사이좋게 지내기로 하세."라고 말하게 했다. 히데요시는,

"시바타 나리의 말씀대로입니다. 이 히데요시는 무슨 일에 있어서나 시바타 나리의 말씀에 따르도록 하겠습니다."라고 흔쾌히 대답하고 사자를 극진히 대접한 뒤 돌려보냈다.

히데요시 편에 선 자들이 이를 듣고,

"어째서 그런 대답을 하신 겝니까?"라고 묻자 히데요시는 껄껄 웃으며,

"시바타 놈, 눈이 깊어서 나올 수 없기에 제 좋을 대로 말을 해온 것이다. 두고 보아라, 내 한 방 먹여줄 테니."라고 말한 뒤 곧 오다 노부오에게로 사람을 보냈다. 노부오는 노부타카의 형으로 히데요시 편에 서 있었다. 히데요시의 사자가 그를 찾아가서,

"카쓰이에가 노부타카 나리와 한통속이 되어, 나리를 비롯하여 저희 모두를 제거하려 하고 있습니다. 그러나 카쓰이에는 지금 눈 때문에 나올 수가 없습니다. 이러한 때에 당장 기후를 치면 그들의 허를 찌를 수 있습니다."라고 말했다. 노부오도 그 일을 승낙했다. 히데요시는 12월 중순 무렵에 수만의 병사들을 소집하여 오우미의 나가하마 성까지 밀고 들어갔다. 나가하마 성은 원래 히데요시의 성이었는데 카쓰이에가 달라고 해서 그의 손에 넘어갔으며 지금은 카쓰이에의 양자인 카쓰토요(勝豊)라는 자가 그곳을 지키고 있었다. 히데요시가 나가하마까지 오자 카쓰토요는 바로 항복해버리고 말았다.

그런 다음 히데요시는 기후를 향해 진격했다. 그러자 미노노쿠니의 각 성 모두가 히데요시의 세력에 두려움을 느껴 히데요시 편으로 돌아섰기에 강용한 노부타카도 안타깝지만 히데요시에게 항복하지 않을 수 없었다.

히데요시는 10여 일 정도 미노를 평정한 뒤 나가하마로 들어갔다가 거기서 다시 자신의 성인 타카라데라(宝寺)로 돌아갔다.

마침내 텐쇼 11년(1583) 정월이 찾아왔다. 눈은 여전히 내려 쌓이기만 할 뿐이었다. 히데요시는 눈이 녹기 전에 이세에 있는 타키가와를 정리하고 3월이 되면 카쓰이에를 맞아 싸워야겠다고 생각했다.

이에 정월 11일에 곳곳으로 편지를 보내서 병사들을 모았다. 모여든 병력은 전부해서 7만여 명. 그들을 셋으로 나누어 세 갈래 길을 따라 이세로 공격해 들어갔다.

대군이 밀물처럼 밀고 들어오자 타키가와 카즈마스도 깜짝 놀랐으

나, 싸움에 있어서는 누구에게도 지지 않을 카즈마스였기에,

"그래, 대군을 깨부수려면 야습을 가해야 한다. 오늘 밤, 적이 방심한 틈을 이용해 야습을 가하여 원숭이 놈(히데요시)의 목을 치도록 하겠다."라며 그 준비에 들어갔다. 그러나 히데요시 진영에서도,

"놈은 틀림없이 오늘 밤에 야습을 가할 것이다."라며 횃불을 피워놓고 철저하게 경계했기에 카즈마스는 끝내 야습에 나서지 못했다. 20여 일 동안 카즈마스는 2개의 성을 빼앗겼다. 그러나 카즈마스는 아직 남아 있는 성으로 들어가 지키며 항복하지 않았다.

노부타카가 히데요시에게 항복했다는 소식이 들려온 이후 이번에는 타키가와 카즈마스마저 2개의 성을 빼앗겼다는 소식을 들은 카쓰이에는 더 이상 후쿠이에 머물러 있을 수만은 없었다. 눈이 제아무리 깊다 할지라도 반드시 출진하겠다며 눈 치우는 자들을 대대적으로 동원하여 억지로 병사를 내었다.

이 소식이 히데요시에게 전해지자 이세 방면에서의 전투는 노부오와 가모우 우지사토 등에게 맡겨두고 자신은 나가하마를 향해 급히 발걸음을 서둘렀다.

2월 4일, 카쓰이에와 모리마사 모두 나가하마 근처에 있는 야나가세(柳ヶ瀬)라는 곳에 도착하여, 그 부근에 진을 쳤다. 그리고 10일에는 근방의 마을들에 불을 질러 기세를 올렸으며, 멀리 세키가하라(関ヶ原) 부근까지 헤집어놓고 일단은 자신들의 진영으로 돌아갔다. 그들이 돌아가고 난 날 밤에 히데요시가 나가하마에 도착했다. 히데요시는 카쓰이에가 돌아갔다는 말을 듣자,

"참으로 안타깝구나. 조금만 더 일찍 왔더라면 남김없이 소탕해주

시바타 카쓰이에

었을 텐데."라며 안타까워했다. 그랬기에 그 이튿날 바로 자신의 군대를 열셋으로 나누고 자신은 그 한가운데에 서서 새가 날개를 펼치고 나아가는 듯한 진형으로 카쓰이에를 향해 공격해 들어갔다. 깃발이 구름까지 닿았으며 땅은 사람들로 온통 뒤덮여 멀리서 보면 몇 십만이나 되는 대군이 밀고 들어오는 게 아닐까 여겨질 정도였다.

군은 거침없이 전진하여 카쓰이에의 진에서 10정(1㎞)쯤 떨어진 곳까지 나아갔다. 히데요시는 거기서 멀리 떨어진 곳에 있는 카쓰이에의 진을 보고,

"과연 시바타는 만만치가 않구나. 저렇게 진을 치다니 쉽게 움직일 수 없겠다. 그의 생각은 언제까지고 나를 여기에 묶어두어 타키가와나 노부타카가 오기를 기다리겠다는 것인 듯하다. 그렇게 해서 내게 협공을 가하려는 것이겠지. 그렇다면 나도 생각을 하지 않을 수 없구나."라며 거기에 아군 병사들을 남겨둔 채 곧 요새를 만들기 시작했다.

요새는 끝도 없이 이어져 10여 리(4km)에 이르렀다. 요새 앞에는 해자를 파게 했다. 제방을 쌓고 울타리를 세우게 했다.

"이렇게 해두면 상대방이 움직이려 해도 움직일 수 없을 것이다. 나는 그 사이에 이세를 취하고 미노를 평정하겠다."라며 자신은 일단 나가하마로 돌아갔다. 그리고,

"카쓰이에가 조금이라도 앞으로 나서면 당장 치도록 하겠다. 상대방이 움직이지 않으면 나도 움직이지 않을 것이다."라며 한동안 적의 동태를 살폈다. 그렇게 20일쯤이나 서로를 노려보기만 했다.

한편, 기후에 있던 노부타카는 일단 항복하기는 했으나 카쓰이에가 오우미까지 왔다는 소식을 듣자,

"그렇다면 나도 다시 일어나 시바타를 돕기로 하겠다."며 급히 병사를 내어 히데요시 편으로 돌아선 성들을 공격하기 시작했다. 그 소식 역시 히데요시에게로 전해졌다. 히데요시는,

"그래, 이렇게 된 이상 더는 용서할 필요가 없다."라며 4월 17일에 병사 2만을 이끌고 나가하마를 출발하여 미노로 향했다. 히데요시가 이때만큼 활발하게 활동한 적도 없었을 것이다. 남쪽에는 타키가와, 북쪽에는 시바타, 동쪽에는 노부타카, 모두가 하나같이 만만히 볼 수 없는 적이었다. 그러나 히데요시는 그들을 이미 독 안에 든 쥐처럼 생각했다.

그런데 미노까지 들어갔을 때 마침 커다란 비가 내려서 모든 강이 넘쳐났기에 병사들을 더는 전진시킬 수가 없었다. 히데요시는 비를 바라보고 강을 바라보며 발을 동동 굴렀다.

그때 오우미 쪽에서 사건 하나가 일어났다. 처음에 히데요시 쪽에

가담했던 야마지 쇼겐(山路 将監)이라는 자가 도중에 시바타 쪽으로 돌아선 것이었다. 화가 난 히데요시는 그의 처자를 잡아들였다. 쇼겐은 이를 분하게 여겼다. 이에 4월 19일 아침, 사쿠마 모리마사를 찾아가서,

"노부타카 나리가 시바타 나리를 돕기 위해 군대를 일으켰기에 하시바는 지금 미노로 가 있습니다. 만약 노부타카 나리가 패하신다면 사태가 불리해지니 도우러 가시는 것이 어떻겠습니까?"라고 말했다. 모리마사가,

"나 역시도 도우러 가고 싶으나 눈앞에 적이 있기에 어떻게 해볼 수가 없소. 무슨 좋은 방법 없겠소?"라고 대답하자 쇼겐은,

"그렇습니다. 적은 숫자가 많고 어느 진영이나 견고합니다만, 오오이와야마(大岩山)에 있는 나카가와 키요히데(中川 清秀)는 얼마간 떨어진 곳에 있고 방비도 그렇게 단단하지 않습니다. 그 나카가와를 불시에 습격하면 틀림없이 오오이와야마를 빼앗을 수 있을 것입니다. 그 요새 하나만 떨어뜨린다면 다른 요새들도 하나둘 떨어지기 시작할 것입니다. 제가 그 부근의 사정을 잘 알고 있으니 직접 안내하도록 하겠습니다."라고 전에는 히데요시 편에 서 있었기에 그쪽의 사정을 낱낱이 고했다. 이를 들은 모리마사는,

"오호, 그런 좋은 방법이 있었단 말이오? 그럼 한번 안내를 해주시오. 원숭이 놈이 돌아오기 전에 이쪽을 쓸어버리기로 하겠소."라고 말한 뒤 이를 카쓰이에에게도 고했다. 그러나 카쓰이에는 노련한 무사였기에 머리를 약간 갸웃거리며,

"그래, 얼마간 재미있을지도 모르겠다만 너무 위험하다. 그만두도록 하여라."라고 말했다. 그러나 모리마사는 일단 한 번 말을 꺼내면

절대로 물러서지 않는 고집스러운 성격이었기에,

"그런 식으로 우물쭈물하고 있는 사이에 원숭이 놈이 기후를 무너뜨리고 이세를 취한 뒤, 그 기세를 몰아 이쪽으로 온다면 일은 돌이킬수 없게 되어버리고 맙니다. 나리는 적의 각 진영을 견제하고 계시기바랍니다. 그 사이에 제가 나카가와 키요히데를 내쫓도록 하겠습니다. 아군의 대승은 의심의 여지도 없습니다. 이 모리마사가 30일도 지나기전에 원숭이의 목을 가지고 돌아오도록 하겠습니다. 그러면 나리께서는 당장 아즈치로 들어가서서 천하를 호령하시기 바랍니다."라고입을 삐죽거리며 설득했다. 카쓰이에도 얼른 천하를 호령하고 싶었기에,

"그렇다면 네 말대로 해보아라. 단, 나카가와의 요새를 무너뜨리고나면 바로 돌아와야 한다. 그 점을 잊어서는 안 된다."라고 몇 번이고다짐을 두어 승낙을 받아냈다. 모리마사는 벌써 히데요시에게 이긴듯한 기분이 들어 8천 명쯤을 데리고 오오이와야마를 향해 은밀히출발했다.

나카가와 키요히데도 이름 높은 용사여서, 모리마사가 제아무리대군을 이끌고 와서 공격한다 할지라도 그것을 두려워할 비겁한인물은 아니었다. 치열하게 방어전을 펼쳤기에 모리마사도 생각처럼쉽게 그를 물리칠 수는 없었다. 그러던 중 모리마사는 나가시노 전투에서 노부나가가 적진에 불을 질러 함락시킨 사실이 떠올랐기에 그곳의사정을 잘 알고 있는 자에게 명령하여 키요히데의 진에 불을 지르게했다. 전투 중에 자신의 진영이 불타오르기 시작했기에 키요히데의병사들은 완전히 당황하고 말았다. 그 틈을 이용하여 모리마사가

맹렬히 공격을 퍼부었기에 그처럼 완고히 맞서던 키요히데도 결국은 모리마사에게 목을 빼앗기고 말았다.

오오이와야마가 떨어지자 쇼겐의 말대로 그 옆에 있던 이와사키야마(岩崎山)의 요새도 떨어지고 말았다. 그리고 그 옆의 요새도 술렁이기 시작했다.

이를 본 모리마사는 마음이 한껏 들떠서,

"일이 뜻대로 되었구나. 내일부터 하나씩 쓰러뜨리기로 하겠다. 오늘 밤에는 여기에 머물며 병사들을 쉬게 하자."라고 말한 뒤, 카쓰이에의 진영으로는 단지 나카가와 키요히데의 목만을 보냈을 뿐이었다. 그러자 카쓰이에가,

"기습에 성공한 것은 참으로 축하할 일이다만 거기에 머물러서는 위험하다. 얼른 돌아오도록 하라."라고 급히 사람을 보내서 말하게 했으나 모리마사는,

"어젯밤에는 험한 산을 올랐으며, 오늘은 적진 사이를 뛰어다니느라 병사들이 매우 지쳐 있습니다. 어쨌든 오늘 밤에는 여기에 머물며 병사들을 쉬게 하겠습니다."라며 말을 듣지 않았다. 카쓰이에가 다시 사람을 보내서,

"똑바로 돌아오면 10여 리(4㎞)밖에 되지 않는 거리, 아무리 지쳤다 할지라도 반드시 돌아와야 한다. 거기에 머물러서는 위험하다."라고 말했으나 모리마사는 이번에도,

"숙부님도 이제는 나이를 드셨구나. 그런 걱정을 하시기보다 얼른 도읍으로 들어가실 준비를 하시는 편이 좋을 텐데. 싸움에 관해서는 이 모리마사에게 맡겨두고."라며 돌아가려 하지 않았다. 카쓰이에는

더욱 걱정이 되어,

"오오이와야마가 떨어졌다는 소식을 들으면 히데요시는 반드시 되돌아올 것이다. 여기서 오오가키(大垣)까지는 130리(51㎞), 10시간 안팎이면 도착할 것이다. 히데요시가 돌아와서는 큰일이니 얼른 돌아오도록 하라."라고 다시 사람을 보내서 말했으나 모리마사는,

"설령 원숭이가 돌아온다 할지라도 무엇이 두렵단 말이냐."라며 끝까지 말을 듣지 않았다. 그리고 20일 밤에는 결국 오오이와야마에 머물렀다. 모리마사는 그날 밤에 시즈가타케(賤ヶ岳)의 요새를 빼앗을 생각이었던 것이다.

그 20일 정오가 지났을 무렵이었다. 오우미에서 사람이 와서, 오오이와야마가 모리마사의 손에 떨어졌으며 나카가와 키요히데가 전사했다는 소식을 히데요시에게 전했다. 히데요시는 그때 밥을 먹고 있었는데 사자의 말이 채 끝나기도 전에,

"그렇다면 적은 벌써 돌아갔느냐?"라고 물었다. 사자가,

"아직 오오이와야마에 있습니다."라고 대답하자 히데요시는 쥐고 있던 젓가락을 내던지고,

"오호, 이번 싸움은 이겼다."라며 칼을 슥 뽑아서 이마에 대고 자리에서 벌떡 일어났다. 사자는 '싸움에서 졌다.'는 말을 전하러 왔는데, '싸움은 이겼다.'라며 기뻐하는 사람이 어디에 있느냐며 이상히 여겼으나 히데요시는 조금도 신경 쓰지 않고,

"말을 끌고 와라."라고 힘차게 명령한 뒤 가신이 끌고 온 말에 훌쩍 뛰어올라,

"모스케(茂助)."하고 커다란 목소리로 부르자 호리오 요시하루(堀

尾 吉晴)라는 대장이 대답하며 앞으로 나섰다. 히데요시는,

"미노는 그대에게 맡기겠네."라고 단 한마디만 남긴 채,

"모두 나를 따르라."라며 서쪽을 향해 달리기 시작했다. 너무나도 갑작스러운 일이었기에 처음에는 겨우 7명밖에 뒤를 따르지 못했다. 그러나 나머지 병사들도,

"뒤떨어져서는 안 된다."라며 차례차례로 달려 나가기 시작했다. 히데요시는 이러한 때를 대비해서 길가의 각 마을에 갈아탈 말을 미리 준비해두었다. 그랬기에 말이 지쳐 쓰러지면 갈아타고 또 갈아타면서 단 1, 2시간 만에 오우미노쿠니로 들어갔다. 그러나 키노모토(木本)까지는 아직 거리가 꽤 있었다. 히데요시는 거기서 잘 달리는 병사 50명쯤을 뽑아,

"서둘러 나가하마로 가서 20명쯤은 마을 사람들에게 횃불을 만들게 하여 근방의 백성들에게 그것을 들고 내가 지날 길에 있는 산으로 올라가 그 횃불을 밝히라고 하라. 30명쯤은 영내의 백성들에게 쌀 1되와 콩 1되를 가지고 키노모토로 가는 길에 나와 있으라고 전하라. 쌀은 그것으로 죽을 쑤어 병사들을 먹게 할 게다. 콩은 말에게 먹일 것이고, 그에 대한 보답은, 원하는 대로 주겠다고 하라. 알겠는가? 얼른 가라."라고 명령했다. 50명의 병사들이 달리기 경주라도 하듯 달려나가기 시작했다.

히데요시가 나가하마 부근에 도착했을 때는 해가 벌써 슬슬 저물어 가고 있었다. 호수 위로는 서쪽으로 기울어가는 해가 핏덩이처럼 떠 있었다. 히데요시는,

"오오, 내 곧 모리마사 등의 피로 오오이와야마를 저렇게 물들여주

겠다."라며 쉬지 않고 말을 달리게 했다.

문득 바라보니 앞쪽에서는 횃불이 대낮처럼 밝게 타오르고 있었다. 길은 물론 언덕과 산 위에서도. 히데요시는 길을 급히 서두르면서도 그 백성들을 보면,

"수고가 많네, 수고가 많아. 나중에 상을 내릴 테니, 마을의 이름을 대고 찾아오게."라고 위로를 하며 달렸다. 달리면 달릴수록 횃불의 숫자는 더욱 많아졌으며, 키노모토 부근에 이르자 길가 양 옆에 술과 떡과 팥밥과 콩 등을 가지고 나온 백성들이 길게 늘어서 있었다. 히데요시도 떡을 얻어 그것을 먹었다. 병사들 역시 받아서는 먹고, 먹고는 다시 달리기 시작했다. 사람과 말 모두 고팠던 배를 충분히 채웠다. 이렇게 해서 오오가키에서부터 타가미야마(田上山)까지 130리 거리를 단 5시간 만에 주파했다.

히데요시는 쉬려고도 하지 않고 바로 망루에 올라 적의 모습을 살펴보았다.

"시바타 놈, 드디어 나서기 시작했구나. 각오하고 기다려라, 내 곧 너희들의 목을 베어주겠다."라고 말하며 기분 좋다는 듯 웃었다. 그리고 각 진영에 자신이 돌아왔음을 알리게 했다. 히데요시가 돌아왔다는 전갈을 받자 걱정을 하고 있던 병사들도 단번에 사기가 올라,

"이놈들, 두고보자."라며 다시 기운을 차렸다.

이야기는 조금 앞으로 돌아가지만, 모리마사는 시즈가타케 공격을 위한 준비를 하고 있었는데 미노 쪽의 산에서 하나둘 횃불이 보이기 시작했다.

"저 횃불은 뭐지? 히데요시가 돌아온 걸까?"

"녀석이 제아무리 기민하다 할지라도 이렇게 빨리 돌아오지는 못할 거야."

이런 이야기를 나누는 동안에도 횃불의 숫자는 점점 더 늘어나기만 했다. 해가 저물어감에 따라서 산은 더욱 불타오르는 듯했다.

"역시 히데요시가 돌아온 거야."

"아무리 그래도 병사들의 숫자가 너무 많은 듯한데."

모리마사의 병사들은 당황하기 시작했다.

"어떻게 된 일인지 좀 살펴보고 와야겠군."이라며 한 사람이 산을 내려갔다가 곧 되돌아와서는,

"히데요시가 벌써 타가미야마에 도착했습니다."

이를 들은 모리마사는,

"아아, 큰일이로구나."라고 당황하여 퇴진 준비를 시작했으나 밤은 어둡고 길은 험했기에 쉽게 물러날 수가 없었다. 그러는 사이에 달이 떴다. 모리마사와 그의 부하들은 달빛에 의지하여 후퇴하기 시작했다.

같은 날인 20일 밤, 히데요시는 병사들을 시즈가타케 쪽으로 나아가게 했다. 모리마사는 물러나는 도중에 자신의 동생인 카쓰마사(勝正)가 시즈가타케의 서쪽 편에 진을 치고 있었기에 그에게 사람을 보내서,

"함께 물러나자."라고 전하게 했다. 카쓰마사도 그 말에 따라서 물러날 채비를 했는데 그때는 이미 날이 밝으려 하고 있었다. 그 아침 안개 속으로 번쩍 빛나는 것이 있었다. 뭘까 싶어 바라보니 히데요시의 금빛 깃발이 아침 해에 반짝이고 있었다.

"아아, 치쿠젠의 카미(守정관)다."라며 서둘러 출발하려는 것을 히데요시가 얼른 알아보고,

시즈가타케 전투

"적들이 물러나려 하고 있다. 모두 쏘아라."라고 명령하자 히데요시 군이 일제히 탕탕탕 화승총을 쏘았다. 그 때문에 카쓰마사의 병사 200명쯤이 목숨을 잃었으며 대오에서 벗어나 서로 앞 다투어 달아나려 했다. 그때 히데요시가,

"서로 공을 다투도록 하라."라고 외쳤기에 혈기로 넘쳐나는 용사들 이 달려 나갔다. 그중에서도 카토 키요마사(加藤 清正), 후쿠시마 마사노리(福島 正則), 카토 요시아키(加藤 嘉明), 히라노 나가야스 (平野 長泰), 카타기리 카쓰모토(片桐 且元), 와키자카 야스하루(脇 坂 安治), 카스야 타케노리(糟屋 武則)가 창을 휘두르며 적에게 달려 들어 적진을 무너뜨렸다. 세상에서는 이들을 시즈가타케의 일곱 자루 창이라고 불렀다. 이때 야마지 쇼겐은 키요마사와 맞붙었는데, 두 사람 모두 절벽에서 계곡으로 떨어졌으나 결국은 키요마사에게 목을

빼앗기고 말았다. 마침내는 카쓰마사도 역시 목숨을 잃고 말았다.

21일 아침 8시 무렵, 모리마사의 사자가 카쓰이에 진영으로 달려 들어가서,

"시즈가타케에서 물러나기는 했으나, 위험한 상황입니다."라고 고했다. 그 전갈을 들은 카쓰이에는,

"그러게 내가 뭐라고 했느냐."라며 화를 냈으나 이제 와서 어찌할 수 있는 일도 아니었다. 하다못해 있는 힘껏 일전을 치르려 했으나 어느 틈엔가 병사들이 뿔뿔이 달아나버려서 겨우 3천 명 정도밖에 남아 있지 않았다. 가신들이,

"이와 같은 소수로는."하고 말렸으나 카쓰이에는,

"설령 소수라 할지라도 마음을 하나로 하여 싸우면"하고 끝까지 버텨보려 했지만 멘주 이에테루(毛受 家照)라는 충성스러운 무사가 간곡히 권하여 카쓰이에의 갑옷과 깃발을 가지고 그곳에 남아서 싸우기로 했으며, 카쓰이에는 겨우 사오십 명의 병사들만을 데리고 후쿠이를 향해 달아났다. 모리마사 역시 에치젠을 향해 달아나기 시작했다.

히데요시는 전군을 이끌고 에치젠으로 들어갔다. 후추(府中)라는 곳까지 갔는데 그 성에는 마에다 토시이에(前田 利家)가 있었다. 토시이에는 예전부터 히데요시와 사이가 좋았으나, 이번 싸움에서만 은 의리 때문에 카쓰이에 편에 서게 된 자였다.

후추에 도착한 히데요시는 단 1명의 가신만 데리고 성 앞으로 가서,

"마타자(又左토시이에), 마타자. 히데요시가 왔네. 문을 좀 열어보게."

라고 커다란 목소리로 외쳤다. 그 목소리를 들은 토시이에는 한껏 움츠러든 마음으로 문까지 가서,

"참으로 면목 없소. 곧 자결하도록 하겠소."라고 딱하게도 죽을 결심을 했다. 그러나 히데요시가 머리를 흔들며,

"아니, 그럴 필요 없네. 그대와 나는 예전부터 친구 아니었나. 어찌 그리 섭섭한 말씀을 하시는가. 무사는 언제 적이 되고, 또 언제 아군이 될지 모르는 법 아닌가. 그대라고 내게 원한이 있어서 이렇게 된 것은 아닐 터, 앞으로도 잘 좀 부탁하네. 그대에게 후쿠이까지의 안내를 청하겠네."라고 옛날과 다름없는 태도로 말했기에 토시이에는 히데요시의 길잡이가 되어주었다.

히데요시가 에치젠으로 들어가자 에치젠의 각 성들 모두 히데요시 편에 섰다. 그리고 후추 부근에 있는 마을 사람들이 어디서 잡았는지 사쿠마 모리마사를 묶어 히데요시에게로 데려왔다. 그때 히데요시는,

"마을 사람들에게 상을 내릴 테니 모두 모이라."고 말을 전하게 했다. 그러자 마을 백성들이 앞 다투어 몰려들었다. 히데요시는 그 모여든 백성들을 보자마자 갑자기 성난 표정을 짓더니,

"자신의 주인을 생포하여 적에게로 끌고 오는 놈들이 어디에 있단 말이냐. 이런 불손한 놈들은 용서할 수 없다."라며 백성들의 목을 전부 치게 했다.

그런 다음 히데요시는 다시 전진하여 후쿠이로 들어갔다. 후쿠이 성이 떨어지고 카쓰이에가 자결한 것은 24일의 일이었다. 이렇게 해서 에치젠은 완전히 정리되었다. 모리마사는 그 후에 쿄토에서 참수당했다.

카쓰이에가 패했다는 소식이 전해지자 기후에 있던 노부타카는 성에서 빠져나와 자결해버리고 말았다. 이세에 있던 타키가와 카즈마스도 항복했다.

히데요시가 이 싸움에서 승리를 거두었기에 추고쿠의 모리 씨도 앞으로 사이 좋게 지내자고 말을 해왔다. 에치고의 우에스기와 미카와의 토쿠가와도 전부 축하 사절을 보내 일본 대부분의 지방이 히데요시를 따르게 되었다.

4. 금빛 성

오닌의 난 이후 성을 만든 자들은 모두 산 위에 성을 쌓았다. 그 시대에는 작은 성과 작은 성이 경쟁을 했으며, 일당백의 뛰어난 무사가 창을 휘두르며 달려들어가 종횡무진으로 날뛰어 승부를 결정 지었으나, 이제는 세상이 바뀌어 대장들끼리 동맹을 맺어 연합군이 활동하게 되었고 전투는 점점 더 커다란 것으로 변해서 골짜기나 산속에서의 전쟁으로는 커다란 승부를 볼 수 없게 되었다. 그랬기에 성을 쌓는 장소도 대군을 모을 수 있도록 각지와의 연락이 원활한 곳으로 정하게 되었다.

이러한 사실에 가장 먼저 눈을 뜬 것이 히데요시였다. 노부나가가 살아 있을 때에도 늘 권해서 코마키야마(小牧山) 성, 기후 성, 아즈치 성 등, 좋은 장소를 고르게 했다.

노부나가가 세상을 떠난 이후, 천하를 자신의 것으로 만들어야겠다고 생각한 히데요시는 무엇보다 먼저 성을 쌓는 일에 착수했다.

텐쇼 11년(1583) 가을, 히데요시는 6만 명의 인부를 동원하여 지금까지와는 차원이 다른 성을 쌓기로 했다. 성은 3년 후에나 완성되었다.

그 땅은 원래 혼간지 성이 있던 곳으로 당시에는 사방이 8정(873m)쯤 되었으나, 히데요시는 그것을 더욱 확장하여 혼마루, 니노마루, 산노마

오오사카 성

루34)와 그 외에도 곳곳에 쿠루와35)를 마련했다. 둘레가 60리(24㎞)에 이르는 커다란 성으로 수십 간에 이르는 커다란 대 위에 5층으로 높다랗게 세운 텐슈카쿠는 기와에 금을 칠한, 눈이 부실 정도로 훌륭한 건물이었다.

　게다가 교통의 편리함과 성의 방어에 있어서 커다란 역할을 하고 있는 요도가와(淀川)의 강물을 성 안으로 끌어와 시코쿠36)와 큐슈로 가는 해로를 열었으며, 야마토(大和나라 현와슈,대국,키나이)와 카와치(河内 오오사카 부 동쪽카슈,대국,키나이)의 산들을 요해로 삼은 난공불락의 성이었다.

　훗날의 이야기인데, 하루는 히데요시가 토쿠가와 이에야스에게, "그대는 이 오오사카 성을 쳐서 떨어뜨릴 수 있겠는가?"라고 묻자

---

34) 니노마루(二の丸)는 혼마루 바깥을 둘러싸고 있는 성벽 및 그 안쪽의 구역. 산노마루(三の丸)는 니노마루 바깥을 둘러싸고 있는 성벽 및 그 안쪽의 구역.
35) 曲輪. 성 주위에 울타리를 둘러 마련한 구역.
36) 四国. 일본 열도 남서부의 섬 및 그 부속 도서 지방으로 지금의 토쿠시마·카가와·에히메·코치 현.

이에야스는 얼굴이 창백하게 바뀌어,

"제가 어찌 감히 그럴 수 있겠습니까?"라고 대답했다. 히데요시가 웃으며,

"하하하, 그대가 모반할 마음을 품고 있다고 말하려는 게 아니오. 이 성은 말이오, 소보리(総壕바깥쪽 해자)만 메우면 그것으로 떨어지고 말 것이오."라고 그가 적이 될 줄은 꿈에도 모른 채 말해버리고 말았다.

이후 이에야스가 오오사카 성을 공격할 때, 아무리 공략을 해도 떨어지지 않았으나 히데요시의 이 말이 떠올라 바깥쪽 해자를 메웠더니 마침내는 성이 떨어졌다고 한다.

5. 칸파쿠

오와리 나카무라(中村)에 사는 가난한 농민인 야에몬(弥右衛門)의 아들은 장난꾸러기였으며, 모두로부터 원숭이라 불리고 있었다. 원숭이는 8세 때 아버지를 여의었고, 어머니가 곧 다른 사람에게로 재가했으나 그 사람도 역시 가난했기에 원숭이는 코묘지(光明寺)라는 절로 보내졌다.

그러나 원숭이는 매미 울음소리 같은 독경을 매우 싫어했으며, 스님들의 눈을 피해서 밖으로 빠져나가 마을의 악동들을 모아놓고 신사의 숲에서 종이 깃발을 흔들며 함성을 질렀고, 개를 말처럼 타고 다니며 마을의 논과 밭을 망쳐놓았을 뿐만 아니라 돌멩이 포를 쏘아 온 마을의 감을 정벌하기도 하고 사람들이 낮잠을 자고 있을 때 대나무 피리를 불며 개선하는 등, 도저히 스님이 될 수 있을 것 같지 않았기에 결국은 절에서 쫓겨나고 말았다.

코묘지에서 쫓겨난 원숭이는 어머니를 따라가서 산과 들판의 풀을 벨 수밖에 없었다. 시내에서 미꾸라지를 잡아다 팔아 그것으로 집의 살림살이를 도운 적도 있었다. 12세가 되었을 때 원숭이는 그릇 만드는 집으로 일을 배우러 들어갔으나, 만드는 그릇의 숫자보다 깨는 그릇의 숫자가 더 많았기에 거기서도 역시 쫓겨나고 말았다.

이번에는 하치스카 코로쿠(蜂須賀 小六하치스카 히코에몬)라는 노부

시37)의 부하로 들어갔다가,

"이런 자의 가신이 되기는 싫다."며 스스로 뛰쳐나왔고, 다음에는 미카와 떠돌이 약사의 하인이 되었다. 그러다 다시 어머니의 집으로 불쑥 돌아왔다. 그때 원숭이는 벌써 16세가 되어 있었다. 어머니는,

"대체 어쩌려고 이러는 게냐. 다음부터는 집에 와도 받아주지 않을 게다."라며 돈 5전을 주어 집에서 내쫓았다. 이 떠돌이나 다를 바 없는 청년은 5전의 돈으로 바늘을 사들여 보부상이 되었다. 그 상인이 토오토우미노쿠니로 들어갔을 때, 길거리에서 마쓰시타 카에몬(松下 嘉衛門)이라는 무사를 만나 그의 하인이 되었다.

그 하인이 노부나가의 짚신을 담당하는 자가 된 것은 23세 때의 일이었다. 그때 토키치로(藤吉郎)라는 이름을 받았다.

짚신을 담당하던 토키치로는 아시가루38)의 우두머리가 될 정도로까지 출세했다. 토키치로는 일을 매우 잘했다. 그랬기에 노부나가의 눈에 띄어 30섬의 녹을 받게 되었으며 칼을 찰 수 있는 신분으로까지 상승했다.

그런 토키치로도 마침내 아내를 맞이하게 되었다. 그때 신부는 노부나가가 쓰던 낡은 깃발의 천을 뜯어 지은 옷을 입었으며, 신랑인 토키치로는 검은 무명옷에 천막 조각으로 지은 겉옷을 걸치고 멍석자리 위에서 혼례의 잔을 주고받았다.

히데요시는 곧 사무라이가 되었다. 키노시타 토키치로 히데요시. 그 히데요시가 거듭되는 전투에서 눈에 띄는 전공을 세웠다. 사무라이

---

37) 野武士. 산야에 숨어 패잔병 등의 무기와 물건을 약탈하던 무사나 지역민.
38) 足輕. 평시에는 잡역에 종사하다 전시에는 병졸이 되는 최하급 무사.

는 어느 틈엔가 훌륭한 대장이 되어 있었다. 아사이, 아사쿠라를 멸망시키고 난 이후에는 마침내 오우미를 받았으며, 오다니 성의 성주가 되어 22만 섬을 소유하게 되었다. 성은 하시바, 치쿠젠의 카미 히데요시라 불리게 되었다. 하(羽)는 니와 나가히데(丹羽 長秀)의 성에서, 그리고 시바(柴)는 시바타 카쓰이에(柴田 勝家)의 성에서 가져온 것인데, 니와 나가히데와 시바타 카쓰이에는 모두 노부나가의 중신이었으니 히데요시 자신도 그 두 사람처럼 되고 싶다는 소망을 담았던 것이리라.

뒤이어 추고쿠 정벌, 미쓰히데 정벌 등으로 세력은 더욱 커졌으며, 텐쇼 10년(1582) 6월 16일에 종4위하인 우콘에의 쇼쇼(차관)가 되었고, 12년(1584)에는 종2위 다이나곤(大納言), 그 이듬해인 13년 3월에는 정2위 나이다이진[39]이 되었다. 그리고 7월에는 토요토미(豊臣)라는 성을 하사받았으며 종1위 칸파쿠(関白)가 되었다. 노부나가의 짚신을 관리하기 시작한 때로부터 28년 뒤의 일이었다.

칸파쿠는 후지와라노 모토쓰네(藤原 基経) 이후 700년 동안 후지와라 씨 이외에는 그 자리에 오른 자가 없는 관직이었는데, 나카무라에서 미꾸라지를 잡던 원숭이가 그 자리에 오른 것이었다. 원숭이만 출세한 것이 아니었다. 깃발의 천으로 지은 옷을 입었던 신부는 2위인 만도코로(政所)가 되었으며, 원숭이를 야단치고 5전을 주어 내쫓았던 어머니는 오오만도코로(大政所)가 되어 온 나라 백성들의 존경을 받는 몸이 되었다.

---

39) 内大臣. 다이조칸(태정관)에서 좌우대신(다이진)에 버금가는 자리.

6. 빛나는 어전

오오사카의 금빛 성은 히데요시의 군사적 위엄을 상징하는 것이었다. 그러나 싸움만이 히데요시의 능사는 아니었다. 세상을 잘 다스리고 싶다는 것이 히데요시의 소망 가운데 하나이기도 했다. 히데요시뿐만이 아니었다. 쿄토의 사람들은 물론 일본의 모든 사람들이 안심하고 생업에 종사할 수 있는 세상이 만들어지기를 간절히 바랐다. 이에 싸움을 하지 않을 때 머물 자신의 집을 쿄토에 세웠다.

크고 아름다운 것을 좋아하는 히데요시는 그 집을 단청으로 채색하고 금은을 발라 아름답게 반짝이는 것으로 만들었다. 그 집을 주라쿠다이(聚樂第)라고 불렀다. 그것이 완성된 것은 텐쇼 14년(1586)이었다.

텐쇼 16년 4월 14일, 쿄토의 산하가 부드러운 나뭇잎과 풀의 싹에서 피어나는 달콤한 향에 감싸여 있을 때, 히데요시는 고요제이(後陽成) 천황에게 이 주라쿠다이로 와달라고 청했다.

아시카가 이후 몇 백 년 동안 조정에 바치는 공물도 몇 번인가 끊겨 어소의 차양은 기울었으며, 옥좌에는 비가 새고, 즉위식마저 몇 번인가 치르지 못했던 형편으로 조정의 신하들은 입고 싶어도 입을 옷이 없었으며, 천황까지도 불편함을 겪고 있을 때 히데요시는 끊어졌던 의식을 잇게 하여 천황을 존중해야 한다는 사실을 대장들에게도, 무사들에게도, 아래로는 백성들에게까지 알려야겠다고 생각한 것이었다.

그 14일은 날씨가 좋았다. 칸파쿠 히데요시는 의관속대를 갖추고 우선 어소로 마중을 갔다. 어소에서 주라쿠다이까지는 15정(1.6㎞)이었는데 그 사이의 길가 양편에 6천 명의 무사가 무릎을 꿇고 줄지어 있었다. 쿄토 사람들은 물론 근방과 이웃 쿠니에서도 이 행행을 보기 위해 사람들이 몰려들어 천황은 존귀한 자임을 느꼈다. 그 속으로 기다란 행렬이 지나갔다. 공경과 무사를 합쳐 2만 명이나 되는 수행원들이 천황의 수레 앞뒤를 따랐다.

히데요시는 자신이 할 수 있는 모든 것을 동원하여 천황을 접대했다. 그리고 오다 노부오, 토쿠가와 이에야스, 우키타 히데이에(浮田 秀家), 마에다 토시이에 이하 유력한 다이묘들에게,

"칸파쿠 전하의 분부에 따라 일동은 천황을 위해 충근[忠勤]을 다하겠습니다."라는 서약서를 쓰게 했다. 무사가 일본의 정치를 행하게 된 이후부터 늘 천황을 소홀히 여기고 몇 번이나 천황을 난처하게 하여 쇼군이 있음은 알아도 천황이 있음은 알지 못하는 백성이 있기도 하고, 무사의 무서움은 알아도 쇼군이 있음은 알지 못하는 어지러운 세상에서, 천황의 존재를 사람들에게 알린 것만 해도 그것은 히데요시의 커다란 공적이라고 할 수 있을 것이다.

뿐만 아니라 이 행행을 계기로 히데요시는 예전부터 천황의 소유지였던 곳을 돌려주었으며, 쿄토의 조세를 천황의 비용으로 바치게 했고, 상황과 황자와 공경과 조정의 관리들에게도 각각 영지를 주었다.

7. 호랑이와 승냥이

키나이는 평정되었으며 호쿠리쿠[40]와 추고쿠, 큐슈, 토카이, 토산[41]의 대부분도 히데요시를 따르게 되었으나 하코네 동쪽에 위치한 칸토 지방의 대평원에서 호조라는 호랑이 한 마리가 세력을 떨치고 있었다. 그리고 거기서 북쪽으로 올라가면 그 산속에서는 다테(伊達)라는 승냥이 한 마리가 이빨을 갈고 있었다. 이 두 사람은 그냥 내버려두면 커다란 문제없이 지나칠 수도 있을 테지만, 가까이 다가가면 언제 물릴지 알 수 없는 자들이었다.

오다와라의 호조는 이세 신쿠로라 불리던 소운 이후 5대에 걸쳐서 칸토 8개 주의 대평원을 자신들의 것으로 삼아 300여만 섬을 영유하며 오다와라 성에서 살고 있었다.

텐쇼 16년(1588) 5월, 히데요시는 우선 토쿠가와 이에야스를 사자로 보내 호조 우지마사 부자에게,

"쿄토로 한번 오시오."라는 말을 전하게 했다. 그러나 호랑이는 300만 섬으로는 아직 먹이가 부족하다는 듯,

"코즈케의 누마다(沼田) 성을 준다면 쿄토로 올라가겠소."라고

---

40) 北陸. 예전의 7도 가운데 하나로 혼슈 중부의 동해 쪽 연안.
41) 東山. 7도 가운데 하나. 혼슈 내륙부의 오우미노쿠니에서 오우 지방에 이르는 지역.

호조 우지마사

대답했다. 히데요시는 흔쾌히,

"그래, 얌전히 있기만 한다면 주기로 하지."라며 누마다 성의 성주인 사나다 마사유키에게는 다른 성을 주고 그 성을 호조 씨에게 주었다. 그런데 그 성을 받은 이후 그저 맛있게 먹었다는 듯 입을 쩝쩝거리기만 할 뿐 조금도 말을 듣지 않았으며 쿄토로 올라오려는 기색도 보이지 않았다. 그러한 모습을 본 사나다 마사유키가,

"이놈, 남의 성을 빼앗아가더니, 아직도 칸파쿠의 말을 듣지 않는단 말이냐."라며 화를 냈다. 히데요시도 더는 내버려둘 수 없다는 듯 오다와라 정벌을 결심했다.

이 사실이 오다와라에 전해지자 오다와라 성에서는 회의가 열렸다. 한쪽 무리가,

"아니, 칸파쿠는 오지 않을 것이오. 설령 온다 할지라도 예로부터 쿄토에서 칸토를 공격하여 이긴 적은 단 한 번도 없었소. 헤이케(타이라가)의 대장인 코레모리(維盛)는 10만의 대군을 이끌고 왔으면서도 후지카와(富士川)의 물새들의 날갯짓 소리에 놀라 달아나지 않았소. 닛타 요시사다(新田 義貞)도 타케노시타(竹下)에서 패하지 않았소." 라고 말하자 다른 무리가,

"하지만 수백 년 동안 이어져오던 큐슈의 시마즈(島津)까지도 히데요시를 따르기로 하지 않았소. 이번 일을 기회로 히데요시와 화목하기로 합시다."라고 말했다. 그러자 다시,

"겁쟁이 같은 소리 하지 마시오. 칸토 8개 주에 있는 호조의 성은 커다란 것이 58개, 작은 것이 88개, 요새가 93개나 되오. 이 오다와라 본성을 치기 위해서는 합계 239개인 그 성들을 떨어뜨리지 않으면 안 되오. 칸파쿠가 제 아무리 강하다 할지라도 그건 불가능한 일이오." 라고 거들먹거리며 말했다.

"아니오, 200개의 성도 8개 주도 일본 전체에 비하자면 작은 것이오. 싸우기보다는 호조의 안전을 꾀하는 것이 상책이오."라며 서로의 의견이 맞서 언제까지고 결론이 나지 않았다. 이 결론이 나지 않은 회의를 세상에서는 '오다와라 평정[評定]'이라고 부르며 지금도 웃음거리로 삼고 있다.

이처럼 오다와라 평정이 행해지고 있던 텐쇼 18년(1590) 3월 1일에 히데요시는 천황으로부터 셋토(節刀칼)를 받았으며, 2일에 쿄토를 출발했다. 총군은 27만, 히데요시는 우선 시즈오카 성으로 들어갔다.

본군은 4월 1일에 하코네를 넘었다. 에치고의 우에스기 카게카쓰(上杉 景勝)가 2월 22일에 신슈의 오이와케(追分)까지 내려왔다. 카가의 마에다 토시이에는 3월 2일에 우에스기 군과 합류하여 우스이 토우게(碓氷峠)를 넘었다.

"5대 동안 이어진 호조 씨가 패할 리 없다."

"타이라노 코레모리처럼 달아나버리고 말 것이다."

"닛타 요시사다처럼 하코네도 넘지 못하고 패할 것이다."

"200개의 성을 빼앗지는 못할 것이다."라고 거드름을 피우며 방심하고 있는 사이에 하코네는 벌써 넘었으며, 200개의 성도 눈 깜빡할 사이에 함락되었고, 100일도 지나지 않아서 오다와라 본성까지 함락당하고 말았다.

그해 6월 5일에 오슈(奧州 아오모리·이와테·미야기·후쿠시마 현 및 아키타 현의 일부.무쓰노쿠니.대국.원국)의 승냥이인 다테 마사무네(伊達 正宗)가 오다와라로 훌쩍 찾아왔다. 그것도 이빨은 숨기고 꼬리는 내린 채.

이 마사무네는 18세 때 아버지의 뒤를 이었는데 오슈의 호족인 사타케(佐竹), 모가미(最上), 아시나(芦名), 소마(相馬)조차도 맞서려 하지 않았을 정도로 강한 자였다. 그랬기에 일본 전토를 자신의 것으로 만들겠다는 생각까지도 품고 있었다. 따라서 히데요시가 쿄토로 한 번 올라오라는 편지를 보냈을 때도 호조 씨처럼 쿄토로는 들어가려 하지 않았다. 그런데 히데요시가 오다와라 정벌에 나섰다는 소식을 듣자,

"용서해주십시오."라며 겨우 100명의 병사만을 데리고 오다와라의 진까지 와서 히데요시에게 용서를 구한 것이었다. 그러나 마사무네

가 왔다는 소식을 듣고도 히데요시는 그를 만나주지 않았다.

"어째서 더 빨리 오지 않은 것이냐."라고 사람을 보내서 꾸짖었다. 그러자 마사무네는,

"잘못을 깨달았기에 용서를 구하러 온 것입니다. 지금은 병사들도 데리고 오지 않았으니 뜻대로 처분하시기 바랍니다."라며 당황하는 모습도 없이 책 등을 읽으며 처분을 기다렸다. 그 대담함에는 히데요시도 감탄하여,

"과연 대장부로구나. 만나보기로 하자."라며 이시가키야마(石垣山)에 있는 본진으로 마사무네를 불러들였다. 본진에는 이에야스, 토시이에, 노부오, 카게카쓰 등의 각 장수들이 늘어서 있었다. 조금도 두려워하는 기색 없이 그 속을 지나 조용히 히데요시 앞으로 다가간 마사무네의 모습은, 그것이 정말 24세의 젊은이일까 여겨질 정도였다. 히데요시는,

"참으로 운이 좋은 사람이로구나. 오는 것이 조금만 더 늦었더라면 그대의 목이 붙어 있지 못했을 거야."라고 빙그레 웃으며 그의 어깨를 두드렸다. 천하의 마사무네도 이때만은 히데요시의 위세에 짓눌려 식은땀을 흘렸다.

7월 6일에는 오다와라 성도 떨어지고 말았다. 5대 동안 이어오던 세력도 참으로 딱한 모습으로 최후를 맞이하고 말았다. 이렇게 해서 칸토 8개 주도 새로이 히데요시의 손에 들어오게 되었다. 히데요시는 그 땅을 토쿠가와 이에야스에게 주어 그의 영지로 삼게 했다.

그런 다음 히데요시는 오슈로까지 깊이 들어가 그 지방까지도 전부 따르게 했다. 그리고 가모우 우지사토를 아이즈(会津) 70만

섬에 봉했다.

이 오다와라 정벌 때 오다 노부오는 히데요시의 말을 듣지 않았을 뿐만 아니라, 때로는 적인 호조 씨나 이에야스와 손을 잡고 히데요시를 살해하려 한다는 소문까지 나돌았다. 그러나 히데요시는 이 사실을 알고도 모르는 척했다. 그런데 이에야스에게 칸토 8개 주를 줌과 동시에 노부오에게는 지금까지 이에야스의 영지였던 땅을 주려 했으나 노부오가 히데요시의 말을 듣지 않고 역시 오와리에 머물렀기에 히데요시도 더는 참지 못하고 그를 데와(出羽 야마가타·아키타 현 우슈,상국,원국)의 아키타(秋田)로 쫓아버리고 말았다.

8. 명나라를 향해서

일본은 히데요시의 힘에 의해서 평정되었다. 히데요시는 텐쇼 19년 (1591) 2월에 각 쿠니에 명령하여 커다란 배를 만들게 했다. 그 배를 타고 중국으로 건너가 중국까지 자신의 땅으로 만들겠다는 소망을 이루기 위해서였다.

3월 9일, 히데요시는 오오사카 성으로 다이묘들을 불러 출정을 위한 상의를 했다. 그에 앞서 히데요시가 오다와라 전투에서 승리하고 쿄토로 돌아왔을 때, 조선에서 사절단이 와서 전승을 축하했다. 그때 히데요시는,

"명나라도 일본의 명령 아래에 두고 싶으니 조선이 길잡이가 되어주 시오."라는 말을 주어 조선의 사절단을 돌려보냈다. 이를 들은 조선에 서는,

"어찌하면 좋겠는가. 명나라는 강대한 나라일세. 선불리 길을 내주 었다가 일본이 지기라도 한다면 우리 조선은 가장 먼저 나라를 빼앗기 게 될 걸세. 허나 조선은 예전에 중국과 함께 일본을 공격한 적이 있었으니, 일본은 지금 그에 대한 복수를 하려는 것일지도 모르네. 어찌하는 것이 좋겠는가."라며 길도 내어주지 않고 대답도 하지 않은 채 우물쭈물하고 있었다.

텐쇼 19년(1591) 12월, 히데요시는 칸파쿠 직을 조카인 히데쓰구

조선통신사

(秀次)에게 물려주어 일본의 정사는 히데쓰구가 돌보게 했으며, 자신은 타이코42)가 되어 만리의 원정길에 오르려 했다. 해가 바뀌어 분로쿠(文祿) 원년(1592), 육군 13만, 수군 1만을 이끌고 마침내 출발하려 했으나 고요제이 천황이,

"그대가 조선으로 건너가는 것은 옳지 않은 듯하오. 다른 장졸을 보내기만 하면 그것으로 충분할 듯하오. 그대는 나라를 위해, 황실을 위해 일본에 머물며 몸을 소중히 여겨주셨으면 하오."라고 말했다. 이에 우키타 히데이에를 조선으로 건너가는 군의 총대장으로 삼고 자신은 히젠(肥前사가·나가사키 현히슈,상국,원국)의 나고야(名護屋)에 본영을 설치했다. 하얀 돛에 각 집안의 가문을 새긴 군선 수백 척이 조용히 히젠의 앞바다를 차례차례로 출발했다.

선진은 카토 키요마사와 코니시 유키나가(小西 行長), 유키나가는

---

42) 太閤. 셋쇼나 칸파쿠 직을 아들에게 물려준 자.

4월 13일에 우선 부산[釜山]에 상륙했다. 이때 조선은 오랜 세월 전쟁이 없었으며 명나라 편에도 일본 편에도 서지 않았는데, 일본을 상대로 싸울 만큼의 국방력을 가지고 있지 않았기에 어찌해야 좋을지 판단을 내리지 못했다. 그러한 때에 일본군이 밀고 들어왔기에 크게 당황하여 우선은 만나보기라도 하자며 어쨌든 갑옷과 투구로 무장하고 병사들과 함께 해안에 늘어서 있었다. 그런데 일본에서는 그런 사실을 알 리가 없었다. 조선 병사들의 모습을 보고,

"우리에게 맞서겠다는 것이냐. 모두 쏘아라."라며 곧 화살과 총을 쏘았기에 일단은 만나보겠다는 생각은 틀어졌으며 모두 그곳에서 달아나버리고 말았다.

17일에는 카토 키요마사도 웅천[熊川창원]에 상륙했다. 그 뒤를 이어서 제3군, 제4군, 제5군, 제8군까지 상륙했다. 각지로 진격한 일본군은 연전연승, 5월 2일에는 키요마사가 도읍인 한양[漢陽]으로 들어갔다. 그날 밤에는 유키나가도 한양에 도착했다. 조선 팔도의 왕성도 히데요시가 오다와라를 공격했을 때보다 더 빨리 떨어져버리고 만 것이었다. 조선의 임금은 그 전날 이미 도읍을 버리고 서쪽으로 달아나 일단은 평양[平壤]까지 갔으나, 일본군이 거세게 밀려왔기에 이리저리 피해다니다 6월에 의주[義州]로까지 피했으며, 명나라에 원군을 청했다.

명나라 쪽에서는,

"그렇다면 누구를 대장으로 삼아 원군을 보낼까?"라고 여러 가지로 상의한 끝에 이여송[李如松]이 강용하니 좋을 것이라 판단하여 10만 대군의 대장으로 삼아 조선으로 파견했다. 유키나가가 이여송과 평양

에서 싸웠으나 패했기에 물러나 한양으로 돌아왔다. 이여송은 승리한 기세를 몰아 점점 남쪽으로 내려왔다.

그보다 앞서 카토 키요마사는 홀로 병사들을 전진시켜 조선의 북쪽 끝까지 올라가 조선의 두 왕자를 사로잡았으며 그 기세가 매우 강해서 조선의 아이들까지 그를 무서워했다. 이에 이여송도 섣불리 남하했다가 키요마사에게 뒤에서부터 공격을 받으면 안 되겠다고 생각했다. 이여송은 키요마사에게 으름장을 놓아 일본으로 돌려보내야겠다며 키요마사에게 사자를 보내서,

"일본이 아무런 이유도 없이 조선을 침략했기에 명나라에서 대군을 이끌고 조선을 지키기 위해서 왔소. 명나라의 병사가 평양과 개성과 한양을 모두 점령했으며 우키타와 코니시는 명나라 군사에게 사로잡혔소. 이러한 사실도 모르고 홀로 그러한 곳에 머물고 있는 건 어떤 이유에서요? 허나 당신은 꽤나 호인이라는 말을 들었으니 당장 왕자들을 돌려주고 일본으로 돌아간다면 길을 열어주도록 하겠소. 만약 그리하기 싫다면 명나라는 40만 병사를 내어 공격할 것이오. 그때가 되어서 항복해봐야 그것은 받아들일 수가 없소. 그러니 당장 돌아가도록 하시오."라고 말하게 했다. 그러자 키요마사는,

"나는 일본의 명령으로 싸우고 있는 것이오. 중국의 명령으로 돌아갈 마음은 조금도 없소. 돌아가서 중국의 천자에게 고하기 바라오. '키요마사는 지금 따분하여 괴로워하고 있으니 40만이 됐든, 50만이 됐든 공격해주기 바라오. 함경도의 길은 험하여 대군이라 할지라도 하루에 1만이나 2만밖에 지나지 못할 것이오. 명나라에서 공격해 들어온다 할지라도 하루에 1만씩 병사를 베면 40일 후에는 대군을

하나도 남김없이 제거할 수 있을 것이오. 만약 2만씩 벤다면 20일 후에는 대군도 남지 않을 것이오. 그런 연후에 키요마사가 압록강을 건너 북경으로 들어가서 그대를 잡아다 일본으로 데리고 돌아갈 것이오.'라고."

이를 들은 사자는 반대로 놀라서 이여송에게 달려 돌아가 그 말을 고했다. 이여송도 키요마사를 어떻게 해볼 수가 없었다. 그대로 한양을 공격하기로 했다. 그때 코바야카와 타카카게와 타치바나 무네시게(立花 宗茂) 등은 벽제관[碧蹄館]에 있었다. 코니시 유키나가 등이 그들에게,

"위험하니 얼른 한양으로 물러나시오."라고 거듭 권했으나 그 말을 들은 타치바나 무네시게는 눈을 부릅뜨고,

"위험하다니 그게 무슨 말이오? 몇 십만의 대군이 몰려오든 칼이 부러질 때까지 베어버릴 생각이오. 비겁한 말은 하지 마시오."라며 절대로 물러나려 하지 않았다. 타카카게 역시,

"일본의 타카카게를 중국 400여 개 주의 사람들에게 알리도록 하겠소. 어디 한 번 와보시오."라며 겨우 2, 3만의 병사로 10배가 넘는 적을 기다렸다. 명나라 병사들은 그저 숫자만 많으면 그것으로 이길 수 있으리라 생각했던 것이리라.

"짓밟아버려라."라며 성난 파도처럼 밀고 들어왔다. 타카카게와 무네시게 등이,

"각오해라. 숫자만 많다고 해서 능사가 아니다."라며 종횡무진으로 날뛰었기에 명나라 병사들의 시체가 산을 이루었으며, 피가 강이 되어 흘렀다. 이여송은 간신히 목숨을 건져 달아나버리고 말았다.

처음에는 기고만장하여 강한 척하던 명나라 군도 심유경[沈惟敬]
이라는 자를 사자로 보내서 코니시 유키나가를 통해 화목을 청해왔다.
이는 분로쿠 2년(1593) 4월의 일이었다.

그런데 심유경은 유키나가에게 적당히 거짓말을 해서 그것을 강화
의 조건으로 삼았다. 유키나가가 그런 줄도 모르고 히데요시에게
그 말을 고했기에 히데요시도 강화를 허락했는데, 중국의 사자가
와서 건네준 서한을 보니 그 내용 가운데,

〈히데요시를 일본의 국왕으로 삼겠다.〉

는 것이 있었다. 그것을 본 히데요시는 불과 같이 화를 냈다.

"일본에는 천황이 엄연히 존재한다는 사실을 모른단 말이냐! 일본
사람이 중국의 명령에 따라서 왕이 되기도 하고 천자가 되기도 한다는
것이 말이나 되는 소리란 말이냐!"

그 기세에 눌려 사자는 도망치듯 명나라로 돌아가버리고 말았다.
히데요시가,

"코니시를 불러라. 한심한 놈, 그런 강화를 맺다니. 당장 베어버리겠
다."라고 말했으나 사람들이 모두 사과하여 마침내는 마음을 가라앉혔
다. 그러나 그날 밤에 다시 제2차 조선 침공을 명령했기에 일단
물러나 있던 병사들도 다시 조선으로 향하게 되었다.

그런데 제2차 전쟁(정유재란) 중에 히데요시가 병에 걸려 세상을
떠나고 말았다. 그리고 유언에 따라서 일본군도 모두 철수하고 말았다.

9. 스러져가는 빛

오와리의 이름도 없는 자의 집에서 태어난 아이는 원숭이라는 별명으로 불리며 다른 아이들의 웃음거리가 되었고, 절로 들어갔으나 승려가 되지 못했고, 그릇을 굽는 집에 들어갔으나 도공이 되지 못했고, 정처 없이 떠도는 보부상이 되었다가 마쓰시타의 하인이 되었고, 노부나가의 짚신을 관리하는 신분에서 시작하여 사무라이가 되었고, 사무라이의 대장이 되었고, 한 성의 성주가 되었고, 이름 높은 대장이 되었고, 주군의 원수를 갚아 선배들 위에 서게 되었고, 일본을 평정하여 칸파쿠가 되었고, 타이코가 되었고, 그 힘을 일본 밖으로 표출했다. 그러나 그러한 히데요시도 제2차 조선 침략 도중에 병을 얻어 세상을 떠나버리고 말았다.

히데요시에게는 오래도록 아들이 없었기에 조카인 히데쓰구를 양자로 삼았으나 히데쓰구는 행실이 그다지 좋지 못했다. 한번은 죄도 없는 사람을 사살했다. 또 한번은 죄인을 자신의 손으로 죽이고 기뻐한 일도 있었다. 이래서는 존귀한 칸파쿠의 자리에 있는 사람으로서의 가치가 조금도 없었다. 게다가 분로쿠 2년(1593) 정월, 오오기마치 상황이 세상을 떠난 직후로 일본의 모든 백성이 그 슬픔에 눈물을 흘리고 있을 때, 히데쓰구는 사람들이 말리는 것도 듣지 않고 히에이잔으로 사냥을 나갔다. 이래서는 칸파쿠라고 할 수도 없었다. 당시

토요토미 히데요시

사람들은,

　〈상황을 위한 사냥이라니, 이를 살생 칸파쿠라고 한다〉

라는 노래를 불렀다고 한다. 이러한 사실들 때문에 히데요시도 난처함

을 느끼고 있었는데, 그해 8월 3일에 히데요리(秀頼)가 태어났다.

히데요시는 이 히데요리를 누구보다 더 아꼈다. 그러자 히데쓰구는

쓸데없는 일에까지 신경을 쓰게 되었다.

　"나는 친아들이 아니야. 히데요리가 태어났으니 언젠가는 칸파쿠의

자리에서 물러나게 할지도 몰라."라며 더욱 난폭한 행동을 했기에

히데요시도 더는 참지 못하고 칸파쿠의 자리에서 물러나게 했으며

코야산(高野山)으로 그를 내쫓았다. 그 이후 히데쓰구는 결국 코야산

에서 자결하고 말았다.

　히데요시가 병으로 쓰러져 이제는 가망이 없다고 여겨지자 그는

커다란 근심에 빠지고 말았다. 하나는 자신이 세상을 떠난 이후,

아직 6세밖에 되지 않은 히데요리의 장래가 어떻게 될지 그것이 근심이었다. 다른 하나는, 조선을 침략 중인 병사들을 어떻게 해야 할지 그것 또한 신경 쓰이는 일이었다.

이에 죽은 뒤의 일을 세력이 큰 다섯 다이묘에게 부탁하기 위해서 마에다 토시이에, 토쿠가와 이에야스, 모리 테루모토, 우키타 히데이에, 우에스기 카게카쓰 5명을 고타이로(五大老)로 삼았다. 이 고타이로는 히데요리를 도와 일본의 정치를 행할 자들이었다.

그 외에 산추로(三中老)라고 불리는 3사람도 있었다. 이들에게는, 고타이로 사이에서 좋지 못한 일이 벌어지면 그 사이를 중재하여 정치를 도우라는 임무가 주어졌다. 그리고 다시 이시다 미쓰나리(石田三成) 등의 5명을 고부교(五奉行)로 임명하여 안팎의 모든 일들을 돕게 했다.

조선을 침략 중이던 때에 히데요시는 후시미(伏見)의 모모야마(桃山)에 성을 쌓고 있었다. 히데요시는 은퇴 뒤의 여생을 그곳에서 보낼 생각이었던 것이다.

케이초(慶長) 3년(1598) 8월 18일, 가을 달이 모모야마의 나무들 사이로 기울어 성 안의 쓸쓸한 밤이 고요하게 깊어가고 있을 때 히데요시는 마침내 세상을 떠나고 말았다. 나이는 63세였다.

(1) 토요토미 히데요시는 오와리의 농가에서 태어났다.

(2) 8세 때 아버지를 여의고 승려가 되려 했다가, 16세 때 토오토우미로 가서 마쓰시타 씨의 하인이 되었다.

(3) 이후 오다 노부나가를 섬기며 처음에는 키노시타 토키치로라는

이름을 썼고, 마침내는 어엿한 대장이 되어 하시바 히데요시라고 이름을 바꾸었다.

(4) 노부나가가 세상을 떠났을 때는 추고쿠의 모리 씨와 싸우고 있었으나 변이 일어났다는 사실을 듣고는 모리 씨와 화목하고 바로 돌아와 미쓰히데를 야마자키에서 격파했다.

(5) 노부나가의 가신들이 히데요시의 세력을 시기하여 그와 싸우기 시작했으나 히데요시가 시바타 카쓰이에를 오우미의 시즈가타케에서 격파한 이후부터는 모두가 히데요시를 따랐다.

(6) 이후 오오사카에 성을 쌓고 천하를 평정했다.

(7) 조정에서는 히데요시의 공을 인정하여 그를 칸파쿠 다이조다이진에 임명했으며, 토요토미라는 성을 내렸다.

(8) 히데요시는 쿄토에 주라쿠다이를 짓고 그곳으로 고요제이 천황의 행행을 청했다.

(9) 히데요시는 황거를 짓고 쿄토를 정비했다.

(10) 대부분의 다이묘들이 히데요시를 따랐으나 오다와라의 호조 씨만은 히데요시의 명령을 듣지 않았기에 텐쇼 18년(1590)에 오다와라 성을 공격하여 떨어뜨려, 천하를 전부 평정했다.

(11) 국내를 평정한 히데요시가 명나라를 공격하기 위해 조선에게 길을 내달라고 했으나 조선이 분명한 입장을 취하지 않았기에 조선을 침략했다.

(12) 1592년에 코니시 유키나가, 카토 키요마사를 선봉으로 삼아 육군 13만과 수군 9,200명으로 조선을 침략케 했다.

(13) 일본군은 부산으로 상륙하여 3개월여 만에 조선 전토를 휩쓸었다.

(14) 조선은 명나라에 도움을 요청했다.

(15) 평양을 회복한 명나라 군이 한양을 되찾기 위해 공격해 들어왔다. 코바야카와 타카카게와 타치바나 무네시게 등이 이를 벽제관에서 격파했다.

(16) 명나라가 유키나가를 통해서 강화를 요청했으나 그 약속 가운데 히데요시를 일본의 국왕으로 삼는다는 말이 있었기에 화가 난 히데요시는 다시 침략을 개시했다.

(17) 제2차 침략군은 겨우 조선의 남부까지밖에 진출하지 못했는데, 전쟁 중에 히데요시가 세상을 떠났기에 군대를 철수시켰다.

(18) 철군할 때 명나라의 20만 대군이 사천[四川]에서 시마즈 요시히로(島津 義弘)를 공격했으나 요시히로가 5, 6천의 병사로 그들을 격파했기에 모두가 무사히 철군할 수 있었다.

제20장 토쿠가와 이에야스

1. 어린 시절

전국시대, 미카와노쿠니의 오카자키 성에 마쓰다이라(松平)라는 무사가 있었다. 이때는 강한 자들의 천하였기에 영지도 작고 병사도 얼마 되지 않는 자는 하루도 안심할 수 없는 시절이었다.

그런데 미카와의 동쪽에는 강성한 이마가와 씨가 있었다. 서쪽에는 싸움에 능한 오다 씨가 있었다. 그랬기에 마쓰다이라 씨는 이마가와나 오다 어느 한쪽 편에 서지 않으면 언제 성을 빼앗기게 될지 알 수 없는 딱한 처지에 놓여 있었다.

오카자키 성은 고하나조노(後花園) 천황(1428~1464) 시절에 마쓰다이라 씨의 선조인 야스치카(泰親)라는 사람이 세운 성으로 마쓰다이라 씨는 대대로 그곳에서 살아왔다. 토쿠가와 이에야스는 그 마쓰다이라 씨의 자손으로 텐분 11년(1542) 12월에 이 오카자키에서 태어났다. 어렸을 때의 이름은 타케치요(竹千代)였다. 그의 아버지는 히로타다(広忠)라는 사람이었다. 이에야스가 태어나자 할아버지인 나가치카(長親)는,

"오오, 영리해 보이는 아이로구나. 이 아이는 장래에 틀림없이 이름을 드날릴 것이다."라며 기뻐했다. 하지만 아무리 영리한 아이라도 이처럼 조그만 집안에서 태어났으니 여러 가지로 고생을 하지 않을 수 없었다.

우선 이에야스는 3세가 되었을 때 다정한 어머니와 생이별을 하지 않을 수 없었다. 이에야스의 어머니는 미즈노 노부모토(水野 信元)라는 사람의 동생이었는데, 이 노부모토도 처음에는 토쿠가와 씨와 마찬가지로 이마가와 씨를 따르다 이 무렵에 오다 씨 쪽으로 돌아서고 말았다. 이에 토쿠가와 쪽에서는,

"토쿠가와에게 있어서 오다는 적이다. 그러한 적에게로 돌아선 집안과는 관계를 맺을 수 없다. 비록 부부의 연을 맺기는 했으나 오늘을 마지막으로 돌려보내겠다."라며 화를 냈다. 이에야스의 어머니에게 있어서 사랑스러운 이에야스와 헤어져 본가로 돌아간다는 것은 죽음보다 슬픈 일이었으나 그녀로서는 달리 방법이 없었다.

"모쪼록 훌륭한 대장이 되어야 한다. 어머니는 앞으로도 어디에 있든 오로지 타케치요가 훌륭한 사람이 되게 해달라고 신께 기원할 생각이다."라고 눈물을 흘리며 오빠의 집으로 돌아갔다.

이에야스가 6세가 되었을 때 오다 씨의 병사가 오카자키 성을 공격했다. 이에 이에야스의 아버지인 히로타다는 이마가와 씨에게 원군을 청했는데, 이마가와 씨 쪽에서 원군을 보내는 조건으로 앞으로도 이마가와 씨에게서 등을 돌리지 않겠다는 증거로 인질을 보내라고 말했다. 인질이라고 해서 아무나 보낼 수 있는 것은 아니었다. 토쿠가와 씨에게는 더없이 소중한 이에야스를 이마가와 씨에게 인질로 보내게

되었다.

이때 이에야스는 약간의 가신들과 함께 배에 올라 스루가로 향했다. 스루가는 미카와의 동쪽에 있으니 배도 당연히 동쪽으로 향할 것이라 생각했는데, 어떻게 된 일인지 배는 서쪽을 향해 달리고 있었다. 토쿠가와의 가신들이 깜짝 놀란 것은 당연한 일이었다. 알고보니 그 배는 오다 노부나가 쪽을 편들고 있는 자의 배였다. 오다 쪽에서는 이마가와가 토쿠가와를 구하러 오면 일이 쉽지 않을 것이라 생각했기에 가신들을 감쪽같이 속여서 이에야스를 자신들의 인질로 삼아버린 것이었다. 일이 이렇게 되자 오다의 말을 듣지 않으면 소중한 이에야스가 목숨을 잃게 될 터였으나 토쿠가와 씨는 그래도 오다 씨 편으로 돌아서지 않았으며, 어떻게 된 일인지 오다 씨 쪽에서도 이에야스의 목숨에는 손을 대지 않았다.

이렇게 해서 이에야스는 오와리에서 8세의 봄을 맞이했다. 그 동안에 얼마나 외로운 날들을 보냈을지. 그런데 그 외로운 날 중에 아버지 히로타다가 미카와에서 세상을 떠났다는 소식이 들려왔다. 현명한 이에야스는 그 소식에 어른처럼 한탄했다.

"아, 아버지. 아버지는 이마가와와 오다에게 오랜 세월 시달리기만 하다 마침내는 세상을 떠나셨습니다. 이 타게치요가 어른이 되면 반드시 토쿠가와 집안을 일으켜 세우도록 하겠습니다. 반드시 그렇게 하겠습니다."라며 그 자리에 쓰러져 울었다.

히로타다가 세상을 떠나자 오카자키는 참으로 위험한 처지에 놓이게 되었다. 그 틈을 이용해서 오다 씨가 당장에라도 오카자키 성을 취할지도 모를 일이었다. 토쿠가와 씨의 가신들만 그런 걱정을 한

토쿠가와 이에야스

것이 아니었다. 미카와를 오다에게 빼앗긴다면 그건 이마가와 씨에게
있어서도 큰일이 아닐 수 없었기에 그곳을 그대로 내버려둘 수는
없었다. 이마가와 쪽에서는 바로 병사를 내어 오카자키 성을 지키게
했으며, 그 부근에 있는 오다 쪽의 성들도 공격했다. 그 기세가 매우
셌기에 오다 쪽에서도 이를 물리치지 못하고 결국에는 화친하여
이에야스를 돌려보냈다. 이마가와 쪽에서는 거기에 만족하고 이에야
스를 스루가로 데려갔다.

오다에게서 벗어났으나 이에야스는 여전히 이마가와 쪽에서 인질
생활을 하지 않을 수 없었다. 게다가 이마가와 쪽에서는 자신의 가신들
을 오카자키로 보내고, 토쿠가와 쪽의 가신들은 자신의 하인처럼
부렸다. 미카와에서 거둔 세금도 전부 스루가로 가져가버렸다. 그랬기
에 토쿠가와의 가신들은 농민처럼 스스로 쟁기를 쥐고 논밭을 갈아

먹을 것을 마련하지 않으면 안 되었다. 이러한 일들을 보고 들은 이에야스는, 어린 마음에도 얼른 어른이 되어 가신들을 구하지 않으면 안 되겠다고 생각했다. 그리고 밤낮으로 세이켄지(淸見寺)의 스님인 타이겐(大原)을 찾아가서 공부했다. 이 타이겐이라는 스님은 평범한 승려가 아니라 병법에도 밝은 사람이었기에 이에야스는 병법에 관해서도 이 타이겐에게 배웠다.

이에야스는 15세 때 관례식을 치렀다. 그때 이마가와 요시모토가 이에야스를 불러,

"너도 오늘부터 어른이 되었다. 곧 오카자키로 돌아가서 영지를 다스리도록 하라."라고 말했다. 그때까지 오카자키 성에는 토쿠가와의 가신으로 토리이 타다요시(鳥居 忠吉)라는 나이 든 자가 머물러 있었으나, 성의 혼마루에는 이마가와의 가신인 야마다 신자에몬(山田 新左衛門)이라는 사무라이가 머물며 미카와를 다스리고 있었다. 이때 이에야스는 요시모토에게,

"오랜 세월 신세를 졌을 뿐만 아니라 관례식까지 치러주셨으나 저는 아직 어리니 오카자키로 돌아가서도 당분간은 혼마루로 들어가지 않겠습니다. 지금까지처럼 야마다 나리께서 백성들을 다스려주셨으면 합니다."라고 대답하고 오카자키로 돌아갔다[43].

이에야스가 오카자키로 돌아오자 성을 지키고 있던 토리이 타다요시가,

---

[43] 이때는 성주로 돌아간 것이 아니라 아버지의 무덤에 성묘를 하기 위해서 잠시 갔던 것이다. 이후 이어지는 토리이 타다요시와의 일화는 오케하자마 전투 이후의 일로 알려져 있다.

"이 할아범이 지금까지 오래도록 살아 있었던 것은 오늘 이처럼 도련님을 맞이하기 위해서였습니다. 자, 이 할아범이 오랜 세월 집을 지키며 해온 일을 보시기 바랍니다."라며 성 안의 창고와 식량고 등을 하나하나 보여주었다. 이마가와에게 시달려왔으나 타다요시의 단심[丹心] 덕분에 오카자키 성에는 돈이 가득 쌓여 있었으며 식량이 가득 넘쳐나고 있었다. 타다요시는,

"도련님, 기뻐하십시오. 도련님께서 언제든 다른 쿠니로 병사를 내실 수 있게 이만큼의 준비를 해두었습니다."라며 이에야스의 손을 잡고 기쁨의 눈물을 흘렸다. 타다요시는 주인이 없었던 오랜 동안의 쓸쓸한 생활이 오늘에야 비로소 보답을 받게 되었다는 기쁨과 그 동안의 고생이 헛수고가 아니었다는 사실에 자신도 모르게 눈물이 흘렸던 것이다.

그 이후, 이마가와 요시모토가 도읍으로 군대를 내었을 때에도 이에야스는 그 명령에 따라서 마루네 성을 공격하여 그것을 빼앗았다. 그러나 요시모토가 오케하자마에서 노부나가에 의해 목숨을 잃었기에 이에야스는 드디어 오카자키로 들어갔다.

"설령 요시모토 나리가 돌아가셨다 할지라도 이마가와 가와의 약속이니."라며 혼마루로는 들어가지 않고 다이주지(大樹寺)라는 절로 들어갔으나 이마가와 쪽에서 오카자키 성에는 조금도 신경을 쓰지 않게 되었기에 이에야스는 비로소 혼마루로 들어갔다. 이 일을 들은 타케다 신겐이,

"이에야스는 무사의 도를 잘 알고 있는 자다. 참으로 훌륭한 젊은이다."라며 칭찬했다고 한다. 이때 이에야스는 19세였다.

이에야스가 요시모토의 아들인 우지자네(氏真)에게,

"얼른 아버님의 원수를 갚기 위해 군대를 내시기 바랍니다. 그때가 되면 이에야스도 요시모토 나리에게 입은 은혜를 갚기 위해 함께 하도록 하겠습니다."라고 말했으나 우지자네는 아버지와는 달리 유약한 자여서 싸움을 하려고는 조금도 생각지 않고 밤낮으로 술을 마시며 놀았기에 보다 못한 이에야스는,

"우지자네는 편을 들기에 너무나도 부족한 대장이다. 언제까지고 따르고 있을 수는 없다."라며 마침내는 오다 노부나가 편으로 돌아서게 되었다.

2. 적을 앞에 두고

이에야스가 노부나가와 화목한 것은 에이로쿠 4년(1561)의 일이었는데, 그 이후부터 미카와 1개 쿠니 전토를 자신의 것으로 삼았으며, 11년(1568)에는 타케다 신겐과 손을 잡고 이마가와 우지자네를 공격하여 토오토우미를 자신의 영지로 삼았다. 이후 이에야스는 하마마쓰(浜松) 성으로 옮겨 그곳을 자신의 성으로 삼았다.

타케다 신겐이 이마가와 씨를 친 것은 사실 쿄토로 올라가 천하를 호령하고 싶다는 야망을 품고 있었기 때문이었는데, 쿄토로 올라가려면 이에야스의 영지를 반드시 지나야 했기에 그곳을 자신의 땅으로 만들겠다며 겐키 3년(1572) 10월에 대군을 이끌고 시나노를 지나서 토오토우미까지 들어왔으며, 각 성을 떨어뜨린 뒤 하마마쓰 성까지 밀고 들어오려 했다. 이때 타케다 쪽은 3만의 대군, 하마마쓰에는 오다 쪽에서 원군이 와 있기는 했으나 그래도 숫자는 타케다 쪽의 3분의 1도 되지 않았다. 이를 어찌하면 좋을지.

"도저히 승산이 없는 싸움이다."

"하마마쓰를 잠시 타케다에게 넘겨주고 오카자키로 돌아가야 하는 건가?"

"미카와 무사가 그런 비겁한 행동을 할 수는 없네. 적이 무서워 달아난다는 것은 토쿠가와의 수치일세. 마지막 한 명까지 싸워야

하네."라며 병사들이 저마다 말했다.

12월 22일, 이에야스가 성의 망루에 올라 바라보니 타케다 군이 곳곳의 민가에 불을 지르며 다가오고 있었다. 이에야스도 적을 앞에 두고 싸워보지도 않은 채 물러나는 겁쟁이 같은 짓은 하고 싶지 않았지만 노부나가 쪽에서 응원을 온 자들이,

"신겐은 지략이 있는 대장입니다. 섣불리 싸워서는 안 됩니다."라며 좀처럼 싸우려 들지 않았기에 잠시 그대로 머물러 있었으나 온 몸의 피가 끓어오르는 미카와의 무사들은 신겐이 미카타가하라(三方が原)까지 왔다는 소식을 듣자 더는 참지 못하고 아직 호령이 떨어지지도 않았는데 앞 다투어 미카타가하라를 향해 달려나가기 시작했다. 그리고 이에야스까지 성을 나섰기에 오다 군도 어쩔 수 없이 이에야스의 뒤를 따랐다. 미카타가하라는 하마마쓰에서 10리(4㎞)쯤 떨어진 가까운 곳이었다. 모두가 미카타가하라까지 가서 타케다 군을 살펴보니, 과연 신겐의 군대에서는 한 치의 빈틈도 보이지 않아 어디에서부터 공격을 해야 할지 알 수가 없었다.

토쿠가와가 성에서 나왔다는 소식을 들은 타케다 쪽에서도 상의를 시작했는데 타케다 쪽에는 현명한 가신들이 많았기에,

"오늘 토쿠가와와 싸운다면 반드시 승리할 것입니다. 무엇보다 토쿠가와 군은 병사의 숫자가 많지 않으며, 그 진 또한 견고하지 못합니다. 오다 쪽에서 원군이 오기는 했으나 그저 칼 한 번 휘두르면 무너지고 말 것입니다."라고 모두가 말했다. 그 말을 들은 신겐이,

"알겠네, 그럼 나아가서 치도록 하게."라고 말했기에 마침내 토쿠가와와 타케다가 싸우게 되었다. 생각이 깊은 타케다 군과 용감한 토쿠가

와 군이 곳곳에서 불꽃이 튈 정도로 치열하게 싸웠으나 역시 병사의 숫자에서 너무 차이가 났기에 토쿠가와 군이 점차 밀리기 시작했다. 이러한 모습에 오다 군은 어느 틈엔가 달아나버려 그림자조차 보이지 않았다. 이에야스도 이렇게 된 이상 자신의 목을 타케다에게 건네줄 수밖에 없겠다며 끝까지 전장에 남아 싸우고 있었다. 이때 한 가신이 달려와서,

"대장의 목숨을 버릴 때가 아닙니다. 일단은 성으로 돌아가시기 바랍니다."라고 권했으나 이에야스가,

"하지만 적은 내가 여기에 있음을 잘 알고 있네. 달아나려 해도 달아날 방도가 없네."라고 말하자,

"그렇다면 제가 나리 대신 남아서 싸울 테니 얼른 물러나시기 바랍니다."라며 이에야스의 손에서 억지로 지휘채를 빼앗아 그 자리에 남았다. 이에야스는 거기서 벗어나 성으로 향했으나 도중에 다시 적을 만나 아무래도 성으로는 돌아갈 수 없을 듯했다. 이번에야말로 결사의 각오를 했는데, 그때 다시 한 가신이 얼마간의 병사들을 데리고 성 쪽에서 이에야스를 데리러 왔다. 그리고,

"한시도 망설일 때가 아닙니다. 얼른 가십시오."라고 재촉했다. 이에야스가,

"싸움에서 진 자가 어찌 성으로 돌아갈 수 있겠는가. 사람들을 볼 면목이 없네."라고 말했으나 그 가신은,

"싸움은 그때의 운에 좌우되는 법입니다. 승리는 훗날로 미루시고 우선은 돌아가시기 바랍니다."라며 말의 재갈을 쥐고 성 쪽으로 향하게 한 뒤 말의 엉덩이를 힘껏 때렸다. 여기에 놀란 말이 성을 향해

똑바로 달리기 시작했다. 이에야스가 성으로 들어오자 가신들이 서둘러 성의 문을 닫으려 했다. 그러자 이에야스는,

"문은 그대로 열어두게. 뒤따라 돌아오는 가신들도 많을 테니."라고 말한 채 성 안으로 들어가자마자 더운 물에 만 밥을 두어 그릇 먹은 뒤 벌렁 드러눕더니 쿨쿨 코를 골며 잠들어버렸다. 그 모습은 이제 곧 적의 대군에게 포위당할 것 같은 사람처럼 보이지 않았다. 사람들은 이에야스의 대범함에 놀라고 말았다.

그 뒤를 따라서 타케다 군의 바바와 야마가타 등의 대장이 공격해 들어왔는데 성의 문이 열려 있는 것을 보고 야마가타가,

"이에야스도 많이 당황한 모양이군. 성으로 들어갔으면서 문 닫기를 잊다니. 모두, 돌격하라!"라고 말했으나 바바가 그를 말리며,

"아니, 아니오. 비록 젊다고는 하나 이에야스는 훌륭한 대장이오. 저렇게 문을 열어놓고 햇불을 피워놓은 것을 보니 무슨 생각이 있는 듯하오. 섣불리 공격해서는 안 되오."라고 말했기에 두 사람은 그대로 병사들을 거두어 돌아가버리고 말았다. 이때 두 사람이 성 안으로 공격해 들어왔다면 이에야스도 상당히 위험했을 테지만 운 좋게도 위기를 모면했다.

그 이듬해, 신겐은 다시 미카와까지 공격해 들어가서 노다(野田) 성을 포위했다. 하지만 그 전투 중에 병을 얻어 싸움은 그대로 둔 채 쿠니로 돌아가기 시작했으나 결국은 시나노에서 세상을 떠나버리고 말았다. 이는 텐쇼 원년(1573)의 일이었다.

텐쇼 3년(1575)에는 신겐의 아들인 카쓰요리가 4만의 대군을 이끌고 다시 미카와노쿠니를 공격하여 나가시노 성을 포위했으나

텐모쿠잔 전투

그 싸움은, 앞서도 이야기한 것처럼 타케다의 패배로 끝났으며 바바, 야마가타를 비롯하여 주요한 가신들이 모두 목숨을 잃고 말았다. 이에 타케다는 세력을 크게 잃고 말았다.

텐쇼 10년(1582), 이에야스는 노부나가와 함께 카이로 공격해 들어가 마침내는 텐모쿠잔에서 카쓰요리의 목숨을 빼앗아 타케다 가를 멸망시키고 말았다. 이에야스는 그 공로를 인정받아 스루가노쿠니를 영유하게 되었기에 미카와, 토오토우미, 스루가 등 3개 쿠니의 주인이 되었다.

타케다 가가 멸망한 직후의 일이었다. 카쓰요리의 목이 노부나가와 이에야스가 있는 곳으로 왔을 때 노부나가는 평소의 성격대로,

"네놈은 제 분수도 모르고 시건방지게 날뛰었기에 이런 꼴을 당한 게다. 이제는 네 분수를 알았느냐?"라고 험담을 했으나, 이에야스는 카쓰요리의 목을 공손히 상좌에 놓고,

"여러 쿠니를 소유하고 있던 영주께서 이리 되셨단 말인가. 참으로

가슴 아픈 일이로다."라며 정중하게 예를 취했다. 이를 들은 카이 사람들은,

"비록 적이지만 이에야스는 존경할 만한 훌륭한 사람이다."라고 감탄했으며, 그 일 이후 이에야스의 가신이 된 사람들도 아주 많았다고 한다.

그로부터 노부나가가 혼노지에서 세상을 떠난 이후, 카이와 시나노 사이에서 전투가 벌어졌는데 이에야스가 병사를 내어 그들을 진압했기에 카이와 시나노 모두 이에야스의 영지가 되었다. 이렇게 해서 이에야스는 스루가, 토오토우미, 미카와, 카이, 시나노 5개 쿠니의 주인이 되었다.

3. 두 영웅의 대결

노부나가가 혼노지에서 세상을 떠난 이후, 히데요시가 아케치 미쓰히데를 격파하고 시바타 카쓰이에를 멸망시켰으며 오다 노부타카를 자결케 했기에 그의 세력은 떠오르는 아침 해와도 같았다.

그것을 본 오다 노부오(노부카쓰)는 화가 나서 견딜 수가 없었다.

'히데요시가 다 뭐란 말이냐. 우리 집에서 짚신을 들고 다니던 자가 아니냐. 나는 그의 주인이다. 주인을 주인으로도 알지 않는 지금의 그 태도는 또 뭐란 말이냐. 어떻게 해서든 히데요시를 끌어내리도록 하겠다.'라고 생각했다. 그리고 형세를 둘러보니 오직 토쿠가와 이에야스 한 사람만은 히데요시를 상대로 삼아도 결코 질 것 같지가 않았다. 이에 노부오는 이에야스와 손을 잡고 히데요시를 제압해야겠다며, 은밀히 하마마쓰 성으로 찾아가 상의를 했다. 이에야스 역시 히데요시를 대신하여 천하를 자신의 것으로 만들고 싶다는 야심을 품고 있었다. 이에 노부오가 상의하러 온 것을 좋은 기회라 여겨,

'그래, 명분도 없이 히데요시에게 싸움을 건다면 세상 사람들 모두 나를 비난할 거야. 하지만 지금, 노부오를 도와 싸움을 시작한다면 세상 사람들은 토쿠가와는 오다를 도와 군을 일으켰다, 참으로 협기가 있는 사람이라며 칭찬할 거야.'라고 생각했기에 바로 노부오와 손을 잡고 히데요시와의 싸움을 시작했다.

그 소식을 들은 히데요시는 우선 아군에게 명령하여 오와리로 들어가게 했다. 이에야스도 하마마쓰를 출발하여 키요스로 가서 노부오와 합류한 뒤 코마키야마로 나아갔다. 이에야스가 하마마쓰에서 나왔다는 소식을 접한 히데요시는,

"그래, 드디어 나왔군."하며 후시미에서 출발하여 미노를 지나 코마키야마 근처에 있는 이누야마(犬山)라는 곳에 도착했다. 이는 텐쇼 12년(1584) 3월의 일로, 천하의 두 영웅이 그곳에서 승부를 가리려 한 것이었다.

히데요시는 코마키야마에 대해서 진을 쳤는데, 둑을 높이 쌓고 해자를 깊이 파는 등 언제라도 싸울 준비를 하고 있었다. 그것을 본 이에야스는,

"오오, 히데요시는 역시 싸움에 능하구나. 섣불리 나서서 싸울 수는 없겠다."라며 나아가서 싸우려 하지 않았다. 이러한 때, 히데요시 군의 이케다 노부테루(池田 信輝)는 그 전날 이누야마 성을 빼앗은 기세를 몰아 적진 깊숙이 들어갔다가 이에야스 군의 사카이 타다쓰구(酒井 忠次) 등에게 패한 뒤였기에 화가 나서 견딜 수가 없었다. 무슨 일이 있어도 공을 세우고 싶었기에 자신의 사위인 모리 무사시의 카미와 함께 히데요시를 찾아가서,

"이에야스 군은 전부 코마키야마에 모여 있어서 지금 미카와노쿠니는 비어 있습니다. 제가 미카와노쿠니로 가서 그곳을 취하도록 하겠습니다."라고 말하자 히데요시는,

"오호, 그거 재미있는 생각이로군. 하지만 상대는 이에야스일세. 쉽게 생각해서는 안 돼"라고 말했으나 노부테루는 무슨 일이 있어도

가게 해달라고 청했다. 이에 히데요시도 이를 허락했으나 노부테루가 나서기에 앞서,

"노부테루, 얼마 전에 패한 것에 대한 분풀이로 이번 싸움을 해서는 안 되네. 마음을 충분히 가라앉히고 가도록 하게."라고 거듭 주의를 준 뒤 출발하게 했다.

그 부대의 대장은 히데요시의 조카인 히데쓰구, 거기에 호리 히데마사(堀 秀政)와 함께 총 2만의 병사를 주어 4월 8일 밤에 미카와를 향해 은밀히 출발하게 했다.

그런데 그 부근의 농민 가운데 이에야스의 첩자 역할을 하는 자가 있었기에 그 사실이 곧 이에야스의 귀에도 들어갔다. 그 사실을 안 이에야스는 그냥 내버려둘 수 없다며 같은 날 밤 노부테루 등이 출발하기에 앞서 사카키바라 야스마사(榊原 康政) 등에게 5천의 병사를 주어 먼저 출발하게 했으며, 자신은 노부테루보다 조금 늦게 6천의 병사들을 이끌고 코마키야마를 출발했다. 노부테루는 그런 사실을 조금도 알지 못했다. 노부테루가 나가쿠테(長久手)라는 곳까지 갔을 때, 거기에 토쿠가와 쪽의 성이 있었기에,

"지나는 길에 노잣돈으로 삼자."며 단번에 격파하고 앞으로 나아갔다. 그런데 그 이튿날 새벽녘, 가장 뒤편에서 따라오던 히데쓰구의 진 뒤편 숲 속에서 무엇인가가 꿈틀꿈틀 움직이는 것이 보였다. 뭘까 싶어 바라보니 그것은 토쿠가와 쪽 사카키바라의 부대였다.

"적이 나타났다."

히데쓰구가 서둘러 싸울 준비를 했으나 워낙 불의의 공격이었기에 산산이 패하고 말았다. 이러한 사실을 노부테루 등은 아직 알지 못했다.

히데쓰구 바로 앞에 가던 호리 히데마사만이 알고 있었기에 바로 사람을 노부테루 쪽으로 달려가게 하여 그 소식을 알리고 자신은 우선 병사들을 이끌고 산으로 올라가 산 중턱쯤에 있는 계곡을 앞에 두고 3천의 병사들에게 몸을 숙여 조용히 매복해 있으라고 명령했다. 사카키바라 등은 히데쓰구에게 이긴 기세를 몰아 5천의 병사들을 이끌고 히데마사를 향해 나아갔다. 히데마사는 전략에 능한 자였기에 사카키바라 등이 아무리 가까이 와도 꿈쩍도 하지 않고, 소리 하나 내지 않은 채 역시 산 중턱에 웅크리고 있었다. 사카키바라 쪽 병사들이,

"이거, 호리 병사들이 겁을 집어먹은 모양인데."라며 무턱대고 앞으로 전진하여 10간(18m)쯤 되는 곳까지 왔을 때, 히데마사가 공격하라는 명령을 내리자 병사들이 일제히 화승총을 쏘아댔다. 그 때문에 사카키바라의 병사들이 얼마나 많이 쓰러졌는지 헤아릴 수 없을 정도였다. 그렇게 우물쭈물하고 있는 사이에 히데마사가,

"돌격하라."라는 호령을 내렸기에 이번에는 창과 칼을 휘두르며 달려들었다. 사카키바라 군은 더 이상 버티지 못하고 달아나기 시작했다. 대장인 사카키바라조차 칼을 제대로 쥘 새도 없이 등 뒤로 칼을 휘두르며 달아났다. 이때 토쿠가와 쪽은 1천 5백 명쯤의 병사들을 잃었다.

그때 이케다의 부대가 발걸음을 돌려 다가와서는 적을 쫓으라며 추격을 시작했다. 그것을 본 히데마사가,

"이케다 나리, 너무 멀리까지 쫓아서는 위험합니다. 병사들을 얼른 모으지 않으면 언제 새로운 적이 와서 공격할지 알 수 없습니다."라고 말렸으나 노부테루는 여기서 적을 흩어놓지 않으면 안 된다는 듯

대오를 흩트리며 뒤를 쫓았다.

그러다 사카키바라보다 한 발 늦게 출발한 이에야스가 이이 나오마사(井伊 直政)를 선봉으로 삼아 다가오고 있는 부대와 맞닥뜨리고 말았다. 노부테루 등은,

"앗, 이에야스가 언제 여기까지."하며 놀랐으나 이미 늦어버리고 말았다. 노부테루 등의 발걸음이 어지러워져 있는 것을 본 이에야스가,

"모두 공격하라."라고 명령했기에 여기서 다시 전투가 시작되었다. 노부테루도 필사적으로 싸웠으나 상대는 용맹한 미카와 무사, 대장은 이에야스였기에 그리 만만히 볼 상대가 아니었다. 싸움이 한창 진행되고 있을 때 이에야스가 부채로 말의 안장을 두드리며,

"사위 놈의 힘이 드디어 빠지기 시작했다. 일제히 돌격하라."라고 커다란 목소리로 아군을 독려했다. 사위란 무사시의 카미인 모리를 지칭하는 말이었다. 무사시의 카미는 병사 둘이 아니면 들지 못할 정도로 긴 창을 가볍게 휘두를 정도로 힘이 장사였으나, 운이 다한 것인지 한나절 동안이나 고전을 거듭하다 노부테루 등과 함께 목숨을 잃고 말았다.

나가쿠테에서 패했다는 소식을 들은 히데요시가 8만의 병사들을 이끌고 아군을 도우러 갔다. 코마키야마에 남아 있던 혼다 헤이하치로(本多 平八郎)는 그 소식을 듣고 주인 이에야스가 위험에 빠졌다며 겨우 1천의 병사들을 데리고 히데요시 군과 강을 사이에 두고 나란히 달려나갔다. 그 모습을 본 히데요시가,

"저 자는 누구인가?"라고 묻자 곁에 있던 자가,

"혼다 헤이하치로라는 자입니다."라고 대답했다. 히데요시는 눈물

을 흘리며,

"훌륭한 자로구나. 겨우 저 정도의 병사로 이 히데요시를 막아 이에야스를 도우려 한단 말이냐. 기특한 자로다. 화살도 총포도 쏘아서는 안 된다. 곧 나의 가신으로 만들어주겠다."라고 말해서 그냥 앞으로 나아가게 했다.

나가쿠테에서 이케다 노부테루에게 승리를 거둔 이에야스는,

"히데요시는 귀신같이 병사들을 부리는 자다. 그가 곧 이리로 올 것이다. 히데요시가 와서는 큰일이니 당장 병사들을 물려라."라며 서둘러 코마키야마로 돌아갔다. 나가쿠테까지 와서 그 사실을 알게 된 히데요시는,

"어찌해볼 도리가 없는 놈이로구나. 이에야스는 끈끈이에도 그물에도 걸리지 않는 대장이다. 하지만 언젠가는 내 앞에 무릎을 꿇고 예를 갖추게 해주겠다."라며 그도 역시 서둘러 코마키야마 쪽으로 되돌아갔다. 이에야스와 히데요시는 이번에도 역시 코마키야마에서 서로 대치했으나 5월이 되자 히데요시가 코마키야마를 가모우 우지사토와 호리 히데마사에게 맡기고 자신은 오오사카로 돌아가버리고 말았다. 이에야스도 역시 미카와로 돌아갔다.

이렇게 해서 둘의 싸움은 결판이 나지 않았으나 히데요시는,

'이에야스는 훌륭한 대장이다. 그와 싸운다는 것은 좋지 않다.'라고 생각했기에 돌아간 것이었으며, 이에야스 역시,

'히데요시는 곧 천하를 쥐게 될 사람이다. 그런 그를 적대시하는 것은 내게 좋지 않은 일이다.'라고 생각하여 미카와로 돌아간 것이었다.

그 후, 이에야스는 히데요시가 말한 대로 히데요시 앞에 무릎을 꿇고 예를 갖추게 되었으며, 히데요시가 오다와라 정벌에 나섰을 때는 노부오와 함께 히데요시 군에 가담했다.

오다와라의 호조 씨가 멸망한 이후, 히데요시는 호조 씨의 영지였던 칸토 8개 쿠니를 이에야스에게 주었다.

이에야스는 텐쇼 18년(1590) 8월 1일에 에도 성으로 들어갔다. 이 에도 성은 그 전에 오오타 도칸(太田 道灌)이라는 자의 성이었는데, 이에야스가 들어갈 당시에는 아직 조그만 성이었으나 이에야스가 점점 손을 보아 커다란 성으로 만들었다. 토쿠가와 씨는 15대에 걸친 세월 동안 거기에 막부를 두었다.

4. 천하 갈림길의 싸움

히데요시가 세상을 떠났을 때 그의 아들 히데요리는 아직 6세였기에 정치는 고타이로가 맡아서 행하고 있었다. 그 가운데서도 토쿠가와 이에야스와 마에다 토시이에의 권력이 가장 강했으나 곧 토시이에가 병으로 세상을 떠났기에 이에야스의 세력이 더욱 커지게 되었다.

이에야스는 원래부터 히데요시의 가신이 아니었다. 그랬기에 히데요시의 가신들은 자신들과 긴밀한 관계를 맺고 있지 않은 이에야스의 세력이 커져가는 것을 그다지 기뻐하지 않았다.

그중에서도 이시다 미쓰나리는,

'어떻게 해서든 이에야스의 세력을 꺾어야 한다. 나아가서 할 수만 있다면 제거해야 한다. 그렇게 한다면 토요토미의 천하가 태평해질 것이다.'라고 생각했다.

히데요시의 가신 중에서도 이 미쓰나리라는 사람은 물론 중요한 인물이었으나 카토 키요마사나 후쿠시마 마사노리 등처럼 전쟁에서 공을 세워 출세한 사람은 아니었다. 어렸을 때의 이름은 사키치(佐吉)로 오우미의 나가하마 부근에 있는 절에서 스님이 되기 위해 수행을 쌓고 있었다. 당시 나가하마 성에 있던 히데요시가 하루는 매사냥을 나갔다가 그 절로 들어가서 쉬었다. 그때 미쓰나리가 차를 준비해서 히데요시가 있는 곳으로 가져갔다. 보기에도 사랑스러운 아이가 마시

기 딱 좋은 온도의 차를 가지고 왔기에 히데요시는 단숨에 그것을 들이켜고,

"이거 참 맛있구나. 한 잔 더 부탁한다."라고 말했다. 미쓰나리는 얌전하게 그 자리에서 나와 다시 한 잔을 가지고 들어갔다. 그런데 그 차는 앞서보다 조금 더 따뜻하고 참으로 맛이 좋은 것이었다. 히데요시는 내심,

'이 아이는 평범한 아이가 아닌 듯하구나.'라는 생각이 들었기에 시험 삼아,

"한 잔 더 마셔야겠구나."라고 말했다. 그런데 그 세 번째 잔은 두 번째 잔보다 차가 조금 더 뜨거웠으며 훨씬 더 맛이 좋았다. 히데요시는,

'하나를 보면 열을 알 수 있는 법이다. 차 한 잔에도 이처럼 세심하게 신경을 쓰는 것을 보면 무슨 일에나 세심하게 신경을 쓸 것이다.'라며 그 아이를 성으로 데리고 돌아갔다.

히데요시의 눈은 참으로 정확했다. 점점 성장함에 따라서 미쓰나리는 어떤 일에나 지혜롭게 대처했다. 그랬기에 점점 출세해서 오우미 사와야마(佐和山) 성의 성주가 되었으며, 히데요시가 죽은 뒤에는 고부교 가운데 한 사람이 되었다. 그런 이유로 전투에서 공을 세워 출세한 카토 키요마사, 후쿠시마 마사노리 등과 같은 사람들은 역시 히데요시의 은혜를 입었으면서도 모두 미쓰나리를 좋아하지 않았다.

히데요시가 세상을 떠난 뒤의 일이었다. 한번은 키요마사 등이 미쓰나리를 죽이려 했다. 이에 이에야스는 미쓰나리를 사와야마 성으로 돌아가게 했다. 성 아래에 있는 비와코(호수)는 고요함 속에서 하얗게

빛나고 있었으나, 홀로 고요하지 못한 것은 미쓰나리의 마음뿐이었다.

'어떻게 해서든 이에야스를 제거하고 싶다. 그렇게 하면 나의 세력도 저절로 커지리라.'

이런 생각이 들자 한시도 가만히 있을 수가 없었다. 당장 아이즈에 있는 우에스기 카게카쓰와 상의하여 동서에서 이에야스를 협공하기로 했다.

그랬기에 카게카쓰는 이에야스가 후시미로 오라고 해도 꿈쩍도 하지 않았다. 아이즈 성에 머물며 성과 요새를 수리하는 등 활발하게 싸움을 준비했다. 그러한 소문이 이에야스에게도 전해지자 그냥 내버려둘 수 없다며 후시미 성은 토리이 모토타다(鳥居 元忠) 등 1천 명 정도의 병사들로 지키게 하고 케이초 5년(1600) 6월에 5만 5천의 병력을 이끌고 우에스기 정벌에 나섰다. 그러자 미쓰나리는,

'일이 뜻대로 되었구나. 얼른 싸울 준비를 해야겠다.' 라며 서둘러 사와야마 성에서 나와 오오사카로 들어갔다. 오오사카 성에는 히데요리와 히데요리의 어머니인 요도키미(淀君)가 있었다. 미쓰나리는 곧 편지를 써서 곳곳의 다이묘들에게 보냈다.

모리 테루모토를 총대장으로 하여 시마즈 요시히로, 우키타 히데이에 등 46명의 다이묘들이 몰려들었다.

싸움은 다음과 같이 하기로 했다.

모리 테루모토 등은 오오사카에 남아 히데요리를 지킨다.

1개 부대는 탄바의 호소카와 유사이(細川 幽斎)를 친다.

1개 부대는 이세 쪽으로 전진한다.

1개 부대는 홋코쿠 쪽으로 향한다.

모리 히데모토(毛利 秀元), 코바야카와 히데아키(小早川 秀秋), 시마즈 요시히로, 나베시마 카쓰시게(鍋島 勝茂), 이시다 미쓰나리 등은 4만의 병사들을 이끌고 후시미 성을 공격한다.

7월 24일, 이에야스는 시모쓰케(下野토치기 현 야슈,상국,원국)의 오야마 (小山)라는 곳까지 갔다. 그날 미쓰나리 등이 병사를 일으켜 후시미 성을 떨어뜨렸다는 전갈을 가지고 전령이 왔다.

이를 들은 이에야스는 아이즈 정벌이 문제가 아니었다. 에도 성으로 들어가서 싸워야 하는 것인지, 서쪽으로 돌아가야 하는 것인지, 동쪽으로 향해야 하는 것인지 판단할 수가 없었다.

이때 이이 나오마사가,

"좋은 기회입니다. 마침내 토쿠가와의 천하가 될 것입니다. 아이즈 쪽에는 대장 한 사람만 남겨두시고, 나머지를 전부 서쪽으로 데리고 올라가서 미쓰나리 놈과 결탁한 자들을 한꺼번에 쓸어버리십시오."라고 씩씩하게 말했다. 이에야스를 비롯하여 모두가,

"그거 좋은 생각이오."라고 하여 일이 결정되었으나 여기서 한 가지 근심이 되는 일은 지금의 군에 후쿠시마 마사노리, 쿠로다 나가마사(黑田 長政), 이케다 테루마사(池田 輝政), 호소카와 타다오키, 카토 요시아키 등 오오사카 쪽의 대장들이 여럿 있다는 점이었다.

"이 대장들은 어느 쪽에 가담할지."

이것이 토쿠가와 쪽의 근심거리였다. 이튿날 이에야스는 이 사람들을 불러,

"만약 오오사카 쪽에 가담하실 생각이시라면 마음 놓고 가시기 바랍니다."라고 말했다. 그러나 이들 대장들도 원래부터 미쓰나리를

미워하던 자들이었기에 우선 마사노리가,

"이번 싸움, 히데요리 공은 모르시는 일입니다. 그 미쓰나리 놈이 꾀한 일이라 여겨집니다. 모쪼록 저를 선봉으로 삼아주시기 바랍니다. 제가 반드시 미쓰나리 놈의 목을 취하도록 하겠습니다."라고 말했다. 그 옆에 있던 자들도,

"마사노리 나리의 말씀이 옳습니다. 저희는 무슨 일이 있어도 나리를 따르도록 하겠습니다."라고 말했기에 토쿠가와 사람들도 마침내 안심하고,

"그럼 서쪽으로 올라가자."라고 상의를 마쳤다.

그렇다면 누가 남아서 카게카쓰를 견제해야 할지. 모두가 서쪽으로 올라가고 싶어 했기에 나서는 자가 없었다. 그러자 혼다 마사노부(本多 正信)가,

"이번 일은 히데야스(秀康) 나리께 부탁하면 될 듯합니다."라고 이에야스에게 말했다. 이에야스도 그것이 좋겠다고 생각했으나 히데야스는 이에야스의 아들로 매우 혈기에 찬 사람이었기에 그 말을 듣자,

"저도 서쪽으로 올라가겠습니다. 그 역할은 다른 사람에게 맡기시기 바랍니다."라며 아무래도 승락하지 않았다. 그러자 이에야스가 커다란 목소리로,

"너는 카게카쓰가 무서운 것이냐!"라고 호통을 쳤다. 약하다는 소리를 듣기는 싫었기에 히데야스는 어쩔 수 없이 거기에 남아 있기로 했다.

서쪽으로 올라가는 군은 2갈래로 나뉘어 1개 부대는 마사노리

이시다 미쓰나리

등이 선봉에 서서 토카이도44)를 따라 서쪽으로 향했으며, 1개 부대는 히데타다(秀忠)가 대장이 되어 나카센도45)를 따라 서쪽으로 올라갔다. 이에야스는 8월 6일에 에도까지 가서 성으로 들어갔다.

마사노리 등은 8월 14일에 키요스 성으로 들어갔다. 나카센도 쪽의 부대는 신슈에서 사나다 마사유키에게 길이 막혀 좀처럼 전진하지 못하고 있었다.

그때 이시다 미쓰나리는 오오가키 성까지 진출해 있었다. 오오가키

---

44) 東海道. 쿄토에서 에도(토쿄)까지 이어진 태평양 연안 쪽의 간선도로.
45) 中仙道(中山道). 쿄토에서 혼슈 중부의 산악지대를 거쳐 에도로 이어진 길.

에서 키요스까지의 거리는 겨우 70리(28㎞). 전투는 아직 시작되지 않았으나 섬뜩한 기운이 오와리와 미노 주변에 가득 넘쳐나고 있었다.

마사노리 등은 이에야스가 하루라도 빨리 와주었으면 좋겠다고 생각했으나 어떻게 된 일인지 이에야스는 좀처럼 오려 하지 않았다. 그러는 사이에 이누야마 성과 기후 성 모두가 오오사카 쪽으로 돌아서고 말았다. 토쿠가와 쪽에서는,

"이래서는 우물쭈물하고 있을 수 없다."며 우선 기후 성을 공격해서 떨어뜨리고 이누야마 성도 취했다. 이를 시작으로 연달아 전투가 시작되었다. 서쪽(미쓰나리)이 이길지, 동쪽(이에야스)이 이길지 조금도 알 수가 없었다.

이에야스는 9월 1일에 에도를 출발했다. 이때 어떤 사람이 이에야스에게,

"올해는 서쪽이 막혀 있습니다. 방향을 바꾸어 나아가시는 것이 어떻겠습니까."라고 말했으나 이에야스는 웃으며,

"서쪽이 막혀 있기에 지금부터 깨부수러 가는 것일세."라고 말하고 늠름하게 서쪽으로 향해 올라갔다. 이렇게 해서 13일에 기후에 도착했다.

이에야스가 도착했기에 동군(이에야스)의 사기는 한껏 올랐다. 그 사실을 안 서군(미쓰나리)도,

"어서 오너라. 곧 생포해주겠다."라며 기세를 올렸다.

이때 서군의 병력은 10만 8천 명, 동군은 7만 5천 명이었다. 이에야스도 이는 쉬운 싸움이 아니라고 생각했기에 어떻게든 이길 방법을 찾기 위해서 우선은 코바야카와 히데아키, 모리 히데모토에게 이에야

스 쪽에 가담할 것을 권했다. 히데아키는 히데요시의 양자였으나 미쓰나리와 사이가 좋지 않았기에 이에야스 편에 서겠다고 승낙했다. 히데모토 역시 무슨 생각을 한 것인지 이에야스 편에 서겠다고 했다. 이에야스는 또,

'나는 평야에서 싸우는 것이 가장 좋다. 어떻게 해서든 적이 오오가키 성에서 나오게 해야 한다.' 라고 생각했다. 오오가키 성은 매우 견고해서 서군(미쓰나리)이 이 성에 의지하여 대군으로 지킨다면 공략하기 쉽지 않을 터였다. 이에,

"동군은 샛길을 통해 오우미로 가서 사와야마 성을 취한 뒤, 서쪽과 동쪽에서 서군을 협공할 생각이다."라는 소문을 퍼뜨렸다. 이를 들은 미쓰나리는,

"그렇게 되어서는 큰일이다. 얼른 진을 세키가하라로까지 물려서 이에야스 군을 기다리기로 하자."라며 밤에 진을 세키가하라로까지 후퇴시켰다. 이를 들은 이에야스는,

"너희들은 나가쿠테 전투를 모르는 모양이구나. 그때 아군은 소수, 적은 히데요시의 대군이었으나 그럼에도 그를 평야로 끌어내어 멋지게 승리를 거두었다. 그런데 오늘의 적은 한낱 미쓰나리 같은 자. 단 한 번의 싸움으로 승부를 결정짓겠다."라고 기뻐하며 전의를 불태웠다. 이를 들은 동군(이에야스)의 병사들 역시 벌써 싸움에서 이기기라도 한 것처럼 기쁜 마음이 들어 한껏 사기가 높아졌다.

9월 15일, 밤의 어둠이 채 걷히기도 전에 동군은 세키가하라로 나아갔다. 서군의 모습을 살펴보니,

북쪽 끝에 이부키야마(伊吹山)를 등에 지고 이시다 미쓰나리,

그에 이어서 시마즈 요시히로,

그 다음이 코니시 유키나가,

그 다음이 총 대장인 우키타 히데이에,

다음은 오오타니 요시타카(大谷 吉隆)가 남쪽으로 나란히 늘어서 진을 치고 있었다.

오오타니 진의 동남쪽인 마쓰오야마(松尾山)에는 코바야카와 히데아키가, 거기서 훨씬 동쪽에 위치한 난구산(南宮山)에는 킷카와 히로이에(吉川 広家)가 진을 치고 있었다. 그리고 그 아래에 안코쿠지 에케이 등이 자리를 잡고 있었다.

이날 아침에는 안개가 짙어서 8시 무렵이 되어서야 안개가 걷혔다. 사방을 둘러보니 들판에는 병사들이 가득했으며 산은 깃발로 뒤덮였고 그 사이사이로 햇빛에 번뜩이는 칼과 울긋불긋한 갑옷의 색이 꽃처럼 아름답게, 그러나 섬뜩한 분위기를 자아내고 있었다.

동군(이에야스)이 서군(미쓰나리)을 향해 점점 다가갔다. 그 모습을 본 미쓰나리는,

"저기를 좀 보게, 적은 난구산이 아니라 이쪽을 향해 다가오고 있네. 스스로 독 안에 든 쥐가 되겠다는 말인가? 이에야스의 목을 취할 순간도 멀지 않은 듯하군."이라며 기뻐했다. 그러나 난구산의 킷카와 히로이에는 이미 이에야스 쪽으로 돌아서고 난 뒤였다.

그날 후쿠시마 마사노리(동군)가 선진에 설 생각이었으나, 이이 나오마사가 다른 사람에게 선진을 빼앗기기 싫다며 먼저 전투를 시작했다.

마사노리도 뒤처져서는 안 된다며 이번 전투의 총대장인 우키타(서군)의 진으로 공격해 들어갔다. 함성이 산야를 뒤덮었으나 승부는

세키가하라 전투

좀처럼 나지 않았다.

토도 타카토라(藤堂 高虎_{동군})는 오오타니 요시타카의 진과 맞붙었다.

다른 한 부대는 코니시 유키나가(서군)의 진으로 달려들었다.

카토 요시아키(동군) 등의 1개 부대는 미쓰나리의 진을 향해 들어갔다. 이에야스는 마사노리의 부대를 흩어놓았다.

미쓰나리는 동군(이에야스)을 단번에 격파하고 당장에라도 이에야스의 진을 습격하고 싶었다. 그랬기에 부지런히 봉화를 올려서 코바야카와 히데아키와 모리 히데모토에게 얼른 진격할 것을 명령했다. 그러나 두 사람 모두 조금도 움직이려 하지 않았다.

싸움은 더욱 치열해져서 흙먼지와 포연이 들판을 뒤덮고 하늘에 가득했으며, 서군(미쓰나리)의 기세가 더욱 높아져만 가고 있었다.

이에야스도 조바심이 나서 견딜 수가 없었다. 히데아키와 히데모토가 얼른 아군 편에 서서 싸워주었으면 좋겠다며 애가 닳았으나 히데아키와 히데모토 모두 꿈쩍도 하지 않은 채 움직이려 하지 않았다.

서군도 이 2사람 때문에 초조함을 느끼고 있었다. 동군도 이 2사람 때문에 초조함을 느끼고 있었다. 이 2사람이 편을 드는 쪽이 이길 듯한 형국이었다. 그러나 두 사람은 형세가 유리한 쪽에 붙겠다는 기회주의적 생각을 품고 있었기에 조금도 움직이려 하지 않았다.

시마즈 요시히로도 강병들을 데리고 있었으나 아직 싸우려 들지 않았다. 틈을 노리고 있다가 동군(이에야스)을 단번에 무너뜨리려 기회를 엿보고 있었던 것이다. 그곳을 향해서 동군이 진격해 들어갔다. 요시히로가,

"모두 쏘아라."라고 호령하자 때가 오기만을 기다리고 있던 병사들이 일제히 총을 쏘기 시작했다. 동군이,

"시마즈의 군이다."라며 주춤거린 순간, 이번에는 창끝을 나란히 하고 적 속으로 뛰어들었기에 대격전이 시작되었다. 사람은 쓰러지고 말은 상처를 입고 피가 흘러 강물을 이루었다. 그래도 여전히 히데아키와 히데모토는 어느 쪽으로도 붙으려 하지 않았다.

오오타니 요시타카(서군)는 계략이 뛰어나고 의리가 깊은 대장이었으나 딱하게도 눈이 보이지 않았다. 처음에는 이에야스를 따라서 우에스기 정벌에 나설 생각이었으나 미쓰나리가 그를 사와야마 성으로 불러서,

"타이코(히데요시) 나리를 위해서 꼭 좀 힘이 되어주셨으면 합니다."라고 청했기에 그대로 서군에 가담하여 이번 싸움에 임하게 된 것이었다.

그런데 히데아키가 이에야스 편으로 돌아섰다는 사실을 일찌감치 눈치 챘기에,

"히데아키 나리는 참으로 의리라는 것을 모르는구나. 만약 동군 쪽으로 돌아선다면, 다른 적은 버려두고서라도 이 요시타카가 히데아키를 치도록 하겠다."라며 보이지 않는 눈을 휘둥그렇게 뜨고 마쓰오야마를 노려보고 있었다.

서군의 형세가 점점 유리해져감에 따라서 이에야스도 역시 마쓰오야마만을 바라보게 되었다. 그때 가신 하나가 이에야스 앞으로 와서,

"히데아키 나리는 아직 우리 편에 가담할 기색을 보이지 않고 있습니다. 모리 나리도 걱정입니다."라고 말했다. 만약 이 2사람이 동군에 붙지 않는다면 이에야스로서는 도저히 이길 방법이 없었다.

이에야스는 자신의 편이 불리해지면 언제나 손가락을 씹는 버릇이 있었다. 이때도 자꾸만 손가락을 씹으며,

"이거 아무래도 그 애송이들에게 속은 모양이로군. 그렇다면 이 이에야스의 운도 여기까지일세."라고 난처해하면서도,

"어쨌든 움직임을 재촉하기 위해서 총을 쏘아보아야겠다."라고 말했다. 이에 동군의 한 부대가 히데아키의 진을 향해 화승총을 쏘았다. 히데아키는 그 총소리를 듣고,

"모두 토쿠가와 쪽을 돕도록 하라."라고 호령했다. 그러자 히데아키 군의 선봉을 맡은 마쓰노 슈메(松野 主馬)라는 자가,

"어찌해서 동군 편을 들려는 것입니까? 그것은 더없는 무사의 수치입니다. 서군과 싸우시겠다면 나리께서는 그렇게 하도록 하십시오. 저는 무슨 일이 있어도 동군과 싸우겠습니다."라며 말을 들으려

하지 않았다. 곁에 있던 자가,

"가신으로서 주인의 명령을 듣지 않는 것은 옳지 못한 행동일세. 지금 와서 갑자기 동군 편으로 돌아서겠다고 결정한 것도 아니지 않는가!"라고 말했기에 마쓰노도 어쩔 수 없이 병사들을 이끌고 마지못해 산 밑으로 내려갔으나,

"지금까지 같은 편에 있던 자들을 치는 것은 무사의 도리가 아니다." 라며 조금도 싸움을 하려 들지 않았으며 싸움이 끝난 후에는 머리를 깎고 불문에 들었다. 무사로서 참으로 훌륭한 마음가짐이었다고 할 수 있으리라.

산에서 내려온 히데아키 군은 그 아래에 있던 오오타니 요시타카 군을 향해 돌격해 들어갔다. 요시타카는,

"마침내 배신을 했구나. 이에야스는 미울 것도 없다만, 히데아키 놈은 참으로 얄밉구나. 모두 진용을 갖추어라."라며 눈이 보이지 않았기에 가마에 탄 채로 싸웠다. 명장이 이끄는 용감한 병사들이 있는 힘껏 싸웠기에 히데아키 군은 한 번의 싸움으로 달아나버리고 말았다. 그러나 히데아키가 동군 편으로 돌아선 것을 본 와키자카, 쿠쓰키(朽木), 오가와(小川) 등의 병사들도 모두 동군 편으로 돌아서 요시타카를 공격했기에 요시타카의 병사 대부분이 목숨을 잃었을 뿐만 아니라 요시타카까지도 위험에 처하고 말았다. 요시타카가 이를 부득부득 갈며,

"이놈, 3년 안에 이 원한을 갚아주겠다. 이렇게 해서 결국은 토쿠가와의 세상이 되어버리고 마는구나. 운이 다한 것이라면 달리 방법도 없으리라."라고 말한 뒤 마침내 자결하고 말았다.

히데아키 등이 동군으로 돌아서고 요시타카가 자결한 이후부터는 동군이 기세를 올리기 시작했다. 그와 동시에 서군은 기세가 완전히 꺾여버리고 말았다.

우선 코니시 유키나가의 부대가 패하고 말았다. 이에 기세가 오른 동군이 총공세를 펼쳐 밀고 들어가기 시작했다. 미쓰나리도,

"이제 운도 다한 듯하구나. 마지막 일전을 각오하고 토쿠가와의 휘하로 뛰어들어 승부를 보아야겠다."라며 스스로 2천의 병사들을 이끌고 이에야스의 진을 향해 돌격해 들어갔다. 그 모습을 본 이에야스가,

"저 자가 바로 미쓰나리다. 얼른 나가서 치도록 하라."라고 말하자 사카이 타다카쓰(酒井 忠勝)가,

"이번 전쟁을 일으킨 장본인이로구나. 나와 함께 저승으로 가자."라고 외치며 톰보키리[46]라 불리는 창을 꼬나들고 미쓰나리 군을 향해 달려나갔다. 제아무리 각오를 다진 미쓰나리라 할지라도 타다카쓰에게는 당해낼 수가 없었다. 잠시 뒤로 물러나 숨을 고르고 있었다. 그때 쿠로다 나가마사 등이 연달아 공격해 들어왔기에 미쓰나리의 가신인 시마 사콘(島 左近)이 가모우 사토이에(蒲生 郷家) 등과 함께 분전했으나 전투의 형세는 이미 기울어버리고 말았다.

총대장인 우키타 히데이에도 싸우다 죽을 것을 각오하고,

"히데아키, 히데모토 등처럼 배은망덕한 자들 때문에 싸움의 형세가 이렇게 기울고 말았구나. 하다못해 타이코(히데요시) 전하의 은혜에

---

46) 蜻蛉斬. 잠자리를 베었다는 뜻으로, 잠자리가 날에 부딪쳐 둘로 갈라졌다는 일화가 있는 창이다.

보답이라도 해야겠다."라며 말을 달려 나아가려 했으나 가신들이,

"대장은 그렇게 가벼이 움직이셔서는 안 됩니다. 어쨌든 쿠니로 돌아가 오카야마 성을 지키다 최후를 맞이하셔도 늦지는 않을 것입니다."라고 말려 우선은 오카야마로 데리고 돌아갔다.

미쓰나리도 있는 힘껏 싸웠으나 버티지 못하고 결국 세 가신과 함께 이부키야마로 들어가 몸을 숨겼다.

남아 있는 것은 오로지 시마즈 요시히로의 1개 부대뿐이었다. 요시히로는 조금도 굴하지 않고 동쪽으로, 동쪽으로 밀고 들어갔다. 그 모습을 본 이에야스가,

"시마즈는 목숨을 버릴 각오를 한 모양이로구나. 얼른 나가서 물리치도록 하라."라고 말하자 나오마사와 타다카쓰 두 사람이 숨도 고르지 않은 채 시마즈 군과 싸웠다. 요시히로의 병사는 이제 오륙백 명 정도밖에 남아 있지 않았다.

"이렇게 된 이상 토쿠가와의 본진으로 공격해 들어가자. 그간 쌓아온 나의 이름을 더럽힐 수는 없다."라며 말을 달려 나가려 했으나 가신들이,

"요리토모(賴朝) 나리 때부터 이어져온 집안을 여기서 끊어지게 해서는 안 됩니다. 어쨌든 일단은 쿠니로 돌아가시기 바랍니다."라며 말렸다. 그러나 돌아가고 싶어도 토쿠가와 쪽 병사들이 이미 이부키야마 부근에까지 넘쳐나고 있었기에 길이 막혀버리고 말았다. 그렇다면 이세 쪽으로 가자며 대담하게도 적의 한가운데를 돌파하여 이세에서 오우미로 나갔고 거기서 이가를 넘어 오오사카로 가서 이번에는 배를 타고 사쓰마(薩摩카고시마 현 서부. 삿슈, 중국, 원국)로 돌아갔다.

세키가하라 전투는 이렇게 해서 끝이 났다. 우선 쿠로다 나가마사가 이에야스를 찾아가 축하의 말을 올렸다. 이에야스는,

"오늘의 대승은 전부 그대의 힘 덕분이오."라고 감사의 뜻을 전했다. 히데아키와 히데모토가 동군에 서게 된 것은 전부 이 나가마사의 공적이었다. 뒤이어 대장들 모두 축하의 말을 올렸다. 그러나 히데아키만은 찾아오지 않았다. 찾아가고 싶었으나 그렇게 할 수 없었던 것이다. 이에야스가 사람을 보내서 히데아키를 불렀다. 히데아키가 한껏 움츠러든 마음으로 찾아오자 모두가 그 딱한 모습에 웃음을 지었다.

이후 이에야스는 서쪽으로 나아가 사와야마 성을 취하고 19일에는 오우미의 쿠사쓰(草津)까지 나아갔다.

코니시 유키나가는 일단 이부키야마에 숨어 있었는데 그러던 중에 스님 하나를 만나서,

"나는 코니시 셋쓰의 카미(장관)일세. 그대가 나를 토쿠가와 나리의 진으로 데려가도록 하게. 항복하는 건 비겁한 듯하지만 나는 기독교 신자이기에 자결을 할 수도 없는 몸일세. 그러나 살아가고 싶은 마음도 없으니 얼른 데리고 가주게. 그리하면 자네는 커다란 상을 받게 될 것일세."라고 말했다. 그 스님이 19일에 쿠사쓰에 있는 진으로 유키나가를 데리고 갔다.

미쓰나리도 역시 세 가신과 함께 이부키야마로 들어갔다가 도중에 그 가신들과도 헤어져 혼자서 사와야마 성으로 향했으나 18일에 성이 떨어졌기에 하는 수 없이 도롱이에 삿갓을 쓴 차림으로 모습을 바꾸어 정처 없이 터벅터벅 걸었다. 배가 고프고 현기증이 나기 시작했다. 하는 수 없이 벼이삭과 나무열매를 먹었는데 결국에는 배탈이

나고 말았다. 그렇게 해서 간신히 고향인 아사이군(浅井郡)의 와키자카무라(脇坂村)까지 갔다. 자신이 태어난 마을이기는 했으나 이번 전투를 일으킨 장본인이었기에 누구도 그에게 다가가려 하지 않았다. 다리는 지쳤고 배는 아프고, 그대로 논두렁에 쓰러져버리고 말았다. 그때 농부 하나가 앞을 지나갔다. 문득 그 사람의 얼굴을 바라보니 낯이 익었다.

"자네는 요지로(与次郎) 아닌가?"

농부가 미쓰나리의 얼굴을 가만히 들여다보았다. 그러더니 눈물을 줄줄 흘렸다.

"사키치 아닌가."

어릴 적 이름을 듣자 미쓰나리도 그리운 옛 생각이 나서 자신도 모르게 눈물이 줄줄 흘러내렸다. 먼 옛날 절에 있었을 때, 그 요지로와는 사이좋은 친구였다. 반딧불이를 잡으러 다니고 잠자리를 잡으러 다니던 예전의 모습이 미쓰나리의 눈앞을 슥 스치고 지나갔다. 이후 한쪽은 다이묘가 되어 천하를 뒤흔들어놓은 이번 전투의 장본인이 되었으며, 다른 한쪽은 그대로 성장하여 역시 진흙투성이 농민이 되었으나, 지금은 싸움에서 패하여 성도 잃었으며 병든 몸이 되었기에 미쓰나리도 먼 옛날 친구의 우정에 의지할 수밖에 없었다.

"그래, 예전의 그 사키치일세."

"참으로 딱하게 되었군. 세상이 어찌 이렇게 되었는지. 원래대로라면 내 자네의 얼굴조차 보지 못했을 터인데. 허나 지금은 배도 많이 고픈 듯하군. 우선은 우리 집으로 가세"라며 친절하게 자신의 집으로 데려가주었다. 미쓰나리는 거기서 이삼일을 묵었으나 결국에는 타나카 요시마사(田中 吉政)에게 사로잡히고 말았다. 요시마사는 미쓰나리를 데리고 바로 이에야스를 찾아갔다. 그때 이에야스는 오오쓰에 있었다.

미쓰나리가 이에야스의 본영 앞에 앉아 있자니 후쿠시마 마사노리, 아사노 유키나가(浅野 幸長), 호소카와 타다오키 등의 대장들이 그 앞을 지났다. 마사노리가 미쓰나리를 보고,

"네놈이 쓸데없는 전쟁을 일으켰기에 그런 꼴이 되어버리고 만 것이다."라며 거들먹거리듯 말했다. 그 말을 들은 미쓰나리가,

"네놈들을 사로잡아서 지금의 나처럼 오랏줄로 묶을 생각이었다." 라고 호통을 쳤기에 거들먹거리던 마사노리는 부끄러워져서 그대로 지나쳐 안으로 들어가버리고 말았다.

잠시 뒤, 이번에는 쿠로다 나가마사가 왔다. 미쓰나리를 보더니 서둘러 말에서 내려,

"참으로 안타깝게 되었습니다. 춥지는 않으십니까? 이것이라도 입으시기 바랍니다."라며 자신의 겉옷을 벗어 미쓰나리에게 입혀주었다.

코바야카와 히데아키는 미쓰나리가 왔다는 소식을 듣고,

"잠깐 가서 보고 오기로 하겠네."라며 자리에서 일어났다. 곁에 있던 타다오키가,

"괜한 짓 하지 마십시오."라고 말렸으나 히데아키는 문가로 가서 슬쩍 얼굴을 내밀었다. 그러자 미쓰나리가,

"네놈처럼 비겁한 자는 일본에 다시 없을 것이다. 의리를 모르는 놈은 언제까지고 사람들의 웃음거리가 될 뿐이다."라고 말했기에

히데아키는 벌겋게 달아오른 얼굴로 자리를 뜨고 말았다.

마침내 이에야스가 미쓰나리를 만났다. 이에야스는,

"불운하게도 그런 모습이 되셨으나 이는 결코 부끄러운 일이 아닙니다. 예로부터 이런 일은 흔히 있었습니다."라고 위로했다. 미쓰나리도 마음을 누그러뜨리고,

"이 모든 게 운명이니 어쩔 수 없습니다. 이렇게 된 이상 한시라도 빨리 목을 쳐주시기 바랍니다."라며 조금도 주눅 들지 않고 말했다. 이후 이에야스는,

"과연 미쓰나리는 훌륭한 대장이다. 타이라노 무네모리(平 宗盛)와는 수준이 다르다."라고 칭찬했다고 한다.

그 이후 미쓰나리는 혼다 마사즈미(本多 正純)에게 맡겨졌다. 그때 마사즈미가,

"싸움에서도 패했는데 어찌 자결하지 않고 붙들리셨습니까?"라고 묻자 미쓰나리는,

"이거 참, 그대는 무사의 마음가짐도 모르는 겐가? 할복하여 남의 손에 잡히지 않겠다고 하는 건 조무래기 무사들이나 하는 소리일세. 요리토모 공이 도이(土肥)의 스기야마(杉山)에서 썩은 나무 안으로 들어간 것도 목숨을 건져 겐지(源氏미나모토 씨)의 세상이 오기를 기다리기 위해서였네. 만약 그때 오오바(大庭)에게 사로잡혔다면 그대는 틀림없이 요리토모 공을 비웃었을 걸세. 그러니 대장의 도리를 들려주어봐야 그대는 이해하지 못할 걸세."라고 대답했다고 한다.

안코쿠지 에케이도 쿄토에서 사로잡히고 말았다. 그 역시도 오오쓰의 진으로 보내졌는데 미쓰나리와 유키나가와 에케이 모두 초라한

옷을 입고 있었다. 이에야스가 세 사람에게 옷을 한 벌씩 보내주었다. 유키나가는 눈물을 흘리며 기뻐했다.

"나와 같은 적에게까지 이와 같은 친절을 베풀다니, 고마운 일이다." 라며 그 옷을 바로 입었다. 에케이는 아무런 말도 없이,

"어디 입어볼까."라며 그것을 입었다. 미쓰나리는 그 옷을 바라보더니,

"누가 보내준 것인가?"라고 물었다. 옷을 가져다준 사람이,

"우에사마47)께서 보내주신 것입니다."

"뭐라, 우에사마?"

"네, 나이후(內府이에야스) 나리께서 보내셨습니다."

"입을 조심하도록 하라. 우에사마란, 돌아가신 타이코(히데요시) 전하를 일컫는 말이다. 나이후가 어찌 우에사마란 말이냐."라며 그 옷은 쳐다보지도 않았다고 한다.

10월 1일, 이 3사람은 쿄토로 보내졌다. 관인이 이 3사람을 끌고 쿄토 안을 돌아다니다 산조의 강변에서 처형했다.

처형 직전에 목이 말랐기에 미쓰나리가 물을 달라고 했으나 마침 물이 없었다. 이에 관인이,

"감이 있으니 그것이라도 드십시오."라고 말하자 미쓰나리는,

"감은 배에 좋지 않네."라고 말했다. 관인이,

"곧 처형을 당할 분이 배탈을 걱정하십니까?"라며 웃자 미쓰나리는,

"나라의 큰일을 맡은 자는 생명이 다할 때까지 목숨을 아끼지

---

47) 上樣. 고귀한 자를 이르는 말. 특히 천황이나 쇼군을 일컬을 때 썼다.

않으면 안 되네."라고 말했다고 한다.

전쟁을 일으킨 것은 좋지 않은 일이었을지 모르겠으나, 미쓰나리는 죽을 때까지 훌륭한 무사였다.

총대장이었던 히데이에는 오오사카까지 돌아왔으나 다시 군을 일으키지는 못하고 시마즈를 의지하여 사쓰마로 갔다. 히데이에는 케이초 8년(1603)까지 거기에 있다가 이듬해에 하치조지마(八丈島)로 유배를 가게 되었다. 그리고 그곳에서 숨을 거두었다.

이 싸움으로 천하의 권리가 이에야스의 손으로 전부 넘어갔다. 그랬기에 이 전투를 천하 갈림길의 싸움이라고 부른다.

5. 종의 저주

〈오다가 찧고 하시바(토요토미)가 반죽한 천하의 떡, 아무런 수고도 없이 먹는 것은 토쿠가와〉

누구인지 모르겠으나 이런 재미있는 노래를 지은 자가 있었다. 아무런 수고도 하지 않은 것은 아니었으나, 세키가하라 전투 이후 천하는 이에야스의 것이 되어버렸다. 케이초 7년(1602)에 종1위라는 높은 관위에 올랐으며, 이듬해에는 세이이타이쇼군이 되었다. 이에야스는 진작부터 쇼군이 되고 싶어서 견딜 수가 없었던 것이다. 이때 이에야스는 62세, 쇼군 직이 내려지자 그해에 에도로 돌아가서 막부를 열었다. 그리고 10년(1605)에 쇼군의 자리를 아들인 히데타다에게 물려주고 자신은 지금의 시즈오카에서 은거생활에 들어갔다.

그러나 이에야스의 근심이 아직 하나 남아 있었다. 그것은 오오사카에 있는 토요토미 히데요리였다. 세키가하라 전투에서 히데요리가 스스로 앞장서서 병사를 일으킨 것은 아니었기에 이에야스도 그대로 내버려두었으나, 설령 세키가하라 전투에서는 이에야스 편에 섰다 할지라도 후쿠시마, 아사노, 카토 등과 같은 다이묘는 토요토미의 가신이었기에 역시 히데요리를 주인이라 여기며 소중히 모시고 있었다. 만약 히데요리가 토쿠가와를 원망하여 병사를 일으킨다면 이들 다이묘를 비롯하여 일본 전역의 다이묘 가운데는 토쿠가와 편에서는 자보다 히데요리 편에 서는 자들이 더 많을 것임에 틀림없었다.

게다가 히데요리는 관위가 정2위까지 올랐으며 11세에 나이다이진이 되었고 13세 때 우다이진이 되었기에 이에야스가 제아무리 쇼군이라 할지라도 그 관위에 대해서는 존경을 표하지 않을 수 없었다. 그랬기에 토쿠가와에게 있어서는 눈 위의 혹과 같은 존재였다.

따라서 어떤 트집을 잡아서라도 멸망시키고 싶었다. 그러나 오오사카 성은 난공불락의 요새였으며 성 안에는 재물과 식량이 산더미처럼 쌓여 있었다.

이에야스는 우선 싸움에 필요한 물자부터 없애는 것이 좋겠다고 생각했다.

이는 히데요시가 아직 살아 있을 때의 일이었는데, 히데요시는 쿄토에 호코지(方広寺)라는 커다란 절을 세우고 높이 6장(18m)이나 되는 대불을 만들게 했으나 그것이 지진으로 파괴되어버리고 말았다. 그것을 다시 만들어야겠다고 생각하던 중에 히데요시는 세상을 떠나버리고 말았다.

그 사실을 알고 있던 이에야스가 어느 날 히데요리와 요도키미에게,

"타이코 전하를 위해서 그 대불을 다시 만드시는 것이 어떻겠습니까? 전하는 그 커다란 불상을 나무로 만드셨으나, 바로 그것이 파괴된 원인이라 생각합니다. 이번에는 동으로 만드시는 것이 좋겠습니다."

라고 친절을 베푸는 듯한 태도로 정중하게 말했다. 효심이 깊은 히데요리는 이에야스에게 다른 음모가 있으리라고는 꿈에도 생각지 못하고, 곧 대불 주조에 들어갔다. 이에야스는 자신의 뜻대로 되었다며 뒤에서 가만히 기뻐했다. 대불의 주조가 어느 정도 완성되어 이제는 머리

부분을 주조하여 연결하려던 순간, 몸체 안쪽에 있던 버팀목에 불이 붙어 기껏 완성되어가던 몸통이 녹아버리고 말았다. 이에 그 공사가 이번에도 한때 중지되어버리고 말았다. 그러자 이에야스는 케이초 13년(1608)에 토요토미의 가신인 카타기리 카쓰모토(片桐 且元)를 시즈오카로 불러서,

"기껏 완성되어가던 대불을 저대로 그냥 내버려두기는 아까운 일 아니겠는가. 저래서는 히데요시 공의 공양도 공양이 되지 못할 걸세. 그리고 대불을 세우는 김에 그때 불에 타버린 절도 한번 훌륭하게 짓는 것이 어떻겠는가?"라고 권하게 했다. 오오사카로 돌아간 카쓰모토가 히데요리 모자에게 그 말을 전했다. 이때부터 오오사카에서도 이에야스가 어딘가 이상하다는 생각을 하기 시작했다.

"이에야스는 어째서 그렇게 대불, 대불 노래를 부르며 또 다시 권하는 것일까? 오오사카에 아무리 돈이 많다 해도 그런 대공사를 행하기란 쉬운 일이 아니야. 그렇게 거듭 권할 정도라면 스스로가 돈을 내면 되지 않는가."라고 말한 자도 있었으나, 그 무렵 이에야스의 위세는 매우 커다란 것이었기에 이렇다 할 이유도 없이 그의 말을 듣지 않았다가는 무슨 일이 벌어질지 모른다며 카타기리 카쓰모토를 책임자로 하여 15년(1610) 6월부터 그 공사에 착수했다.

이에야스는 히데요리에게만 돈을 쓰게 한 것이 아니었다. 토요토미 편에 설 우려가 있는 카토 키요마사, 후쿠시마 마사노리 및 그 외의 다이묘들에게도 니조 성을 수리하라는 둥, 에도 성을 증축하라는 둥, 시즈오카 성을 쌓으라는 둥, 나고야 성을 쌓으라는 둥 여러 가지로 명령을 내렸다. 한번은 마사노리가,

"이처럼 성 공사에만 내몰리다니 이 또한 참으로 한심한 일일세. 니조 성이나 에도 성 정도라면 그나마 참을 만도 하지만, 그 아들을 위해서 나고야 성을 쌓기도 하고 그것도 모자라서 가신인 이이를 위해 히코네(彦根) 성을 만드는 것까지 도와야 하다니, 정말 해도 너무하는 것 아닌가."라고 불만을 토로한 적이 있었다. 그러자 키요마사가,

"마사노리, 너무 큰소리로 떠들지는 말게. 그 소리가 오오고쇼48) 나리의 귀에 들어가면, '그게 싫다면 싸움을 하도록 하게'라고 하실 걸세. 어떤가, 그대는 쿠니로 돌아가서 농성할 각오가 되어 있는가?"라고 말했다. 그 말을 들은 마사노리는,

"그도 그렇군. 나보다는 그대가 훨씬 더 영리해. 하하하……."라고 말했다.

그리고 그 이튿날부터 다시 성의 조영, 키요마사에게서 창을 휘두르며 시즈가타케를 뛰어다니던 때 만큼의 기세는 찾아볼 수 없었을 뿐만 아니라, 나고야 성을 조영할 때는 전장에서 입던 빨간 옷을 작업복 대신 입고 평생을 함께 하며 무공을 세웠던 창을 지팡이 대신 짚은 채 대군을 질타하던 입으로 노동요를 부르며 인부들을 지휘했다.

그러는 동안 케이초 16년(1611)이 되었다. 대불을 세우는 대공사는 아직 마무리 지어지지 않았다. 그해 봄에 이에야스는 쿄토로 들어갔다. 그리고 오오사카로 사람을 보내서,

---

48) 大御所. 은퇴한 쇼군이나 친왕, 또는 그 거처를 이르는 말.

"오래도록 히데요리 나리를 뵙지 못했습니다. 한번 뵙고 말씀을 나누고 싶습니다. 모쪼록 쿄토로 와주셨으면 합니다. 그리고 오신 김에 입궐도 하시는 것이 어떻겠습니까?"라고 청했다. 이때 히데요리는 벌써 19세가 되어 있었다. 그러나 요도키미는,

"이에야스가 어떤 음모를 꾸미고 있을지도 모른다."며 히데요리가 쿄토로 가는 것을 허락하지 않았다. 그러자 카토 키요마사와 아사노 나가마사 등이,

"지금 이에야스 공의 말에 따르지 않는다면 오히려 사이만 더 나빠질 뿐입니다. 입궐을 하면 일정이 길어질 우려가 있으니 그것은 거절하고 그저 이에야스 공만 만난 뒤, 돌아오는 길에 타이코 전하의 무덤에 참배하시는 것이 좋을 듯합니다. 저희 두 사람이 목숨을 걸고 지켜드리도록 하겠습니다."라며 권했기에 요도키미도 이를 허락하지 않을 수 없었다.

3월 27일, 히데요리는 오오사카를 출발했다. 요도가와를 따라 배를 타고 올라가서 이튿날 니조 성으로 향했다. 그 가마 옆으로는 키요마사와 나가마사가 도보로 따라갔다. 키요마사와 아사노는 다이묘 중의 다이묘였으나 주인을 모시고 가는 길이었기에 아시가루처럼 걸어서 수행한 것이었다. 이때 쿄토 사람들이 옛 타이코의 행렬을 그리워하여,

"히데요리 나리의 행렬이다."라며 모두 길거리로 나와 그 행렬을 바라보았으나, 예전과는 달리 히데요리의 행렬을 수행하는 자들이라고는 겨우 100명뿐,

"세상 참 많이 변했군. 참으로 가엾은 모습이야."라며 사람들 모두 눈물을 흘렸다. 히데요리는 니조 성에서 이에야스와 대면한 뒤 그날

바로 오오사카로 돌아갔다.

수행을 마치고 집으로 돌아온 키요마사는 품속에서 단도를 꺼내들고,

"오늘에야 돌아가신 타이코 전하의 은혜에 조금이나마 보답한 듯하군."이라며 눈물을 흘렸다고 한다.

이날 이에야스는 히데요리를 살해해야겠다고까지는 생각하지 않았으나,

'일단 만나서 히데요리를 잘 살펴보아야겠다. 우둔해서 특별히 신경 쓸 필요도 없다고 여겨진다면 그냥 내버려두어도 상관없으리라.'라고 생각하고 있었다. 그런데 만나보니 꽤나 훌륭한 대장이었다. 조용한 가운데서도 야무진 모습을 보여, 과연 히데요시의 아들로 부끄럽지 않을 정도였다.

'오오, 참으로 훌륭하구나. 타인의 명령을 들을 만한 자가 아니다.'라고 감탄했으나 바로 그랬기에,

'이건 그냥 내버려둘 수 없겠다.'라고 생각하며 시즈오카로 돌아갔다.

한편 쿄토 호코지의 공사는 케이초 17년(1612) 봄에 마무리 지어졌다. 우선 대불전의 높이는 15장(45m), 동서가 16장(48m), 남북은 17장(51m), 대불의 높이는 6장 3척(19m), 나라의 대불보다 더 훌륭하게 완성되었다. 아울러 종도 만들기로 했기에 1만 7천 관(82t)짜리 커다란 종도 뒤이어 주조했다. 그 종이 완성된 것은 케이초 19년(1614)의 봄이었다. 이렇게 해서 대불과 불당과 종이 완성되었기에 마침내 대불의 개안공양[開眼供養]을 그해 8월 3일에 행하기로 했다. 드디어

호코지 종의 명문

때가 왔다며 이에야스는 그 동안 걸어두었던 덫을 힘껏 잡아당겼다. 그 덫을 어떻게 잡아당겼는가 하면, 우선 종의 명문에 <국가안강[國家安康], 군신풍락[君臣豐樂], 자손은창[子孫殷昌]>이라는 구절이 있다는 사실을 문제 삼았다. 이는 학식이 높은 세이칸(淸韓)이라는 승려가 지은 글이었는데 이에야스가 주장한 바에 의하면,

"이거 참으로 괘씸하구나. 이는 토쿠가와의 멸망을 비는 저주의 글이다. 용서할 수 없다."라는 것이었다49). 이런 말들을 이에야스에게 귀띔해준 것은 역시 학자인 하야시 도슌(林 道春)이라는 자였다. 학자도 이렇게까지 양심을 팔 수 있구나 벌어진 입이 다물어지지

---

49) '군신풍락, 자손은창'이라고 쓴 것은 토요토미(豐臣)를 주군으로 삼아 즐긴다는 의미로 토요토미 씨의 영화를 축하한 것이며, '국가안강'에서 이에야스(家康) 2글자를 따로따로 떼어놓아 쓴 것은 바로 이에야스의 목과 몸통을 둘로 가르겠다는 뜻이라며 트집을 잡았다고 한다.

않을 정도다.

이에 이에야스는,

"이대로 개안공양을 해서는 안 된다."며 그것을 중단케 했다. 그 시기 또한 기가 막힌 것이었다. 모든 준비가 끝나서 1천 명이나 되는 스님들이 도착했으며 수만 명이나 되는 구경꾼들이 쿄토로 몰려든 8월 2일, 그러니까 행사 전날에 중단을 명령한 것이었다.

일을 맡아서 진행하고 있던 카타기리 카쓰모토가 깜짝 놀라서, "종의 명문은 결코 그런 의미로 쓴 것이 아닙니다. 그에 대한 말씀은 차후에 드릴 터이니 하다못해 내일의 공양만이라도 행하게 해주십시오."라고 청했으나 토쿠가와 쪽에서는 이를 허락하지 않았다. 히데요리와 요도키미가 안타까워한 것은 너무나도 당연한 일이었으며 카쓰모토는 할복이라도 하고 싶은 심정이었으나, 지금 죽는다는 것은 아무런 도움도 되지 않는 일이었다. 그 글을 쓴 세이칸과 함께 서둘러 시즈오카로 가서 이에야스에게 변명을 하려 했다.

그러나 이에야스는 일부러 그들을 만나주지 않았으며, 전에 미쓰나리에게,

"그대는 대장의 마음을 모른다."는 말을 들었던 혼다 마사즈미가 두 사람 앞으로 나섰다. 세이칸이 우선,

"이건 참으로 뜻밖의 말씀이십니다. 히데요리 공은 말할 것도 없고, 저희 모두 토쿠가와 가에 아무런 원한도 없습니다. 그런데 어찌 말씀하신 것과 같은 불길한 명문을 지었겠습니까? 만약 '국가안 강'이라는 구가 이에야스 공을 저주하는 말이라고 한다면, 그 다음에 오는 '군신풍락'이라는 글도 토요토미 가를 저주하는 말이라고 생각

하지 않으면 안 됩니다. 토요토미 가가 토요토미 가를 저주하는 어리석은 짓은 하지 않을 것입니다. 모쪼록 깊이 헤아려주시기 바랍니다."라고 말했으나 마사즈미는,

"아니, 그런 뜻이 아닌 듯합니다. '군신풍락, 자손은창'은 토요토미를 주군으로 삼아 그 자손의 은창을 즐긴다는 뜻인 듯합니다."라며 아무래도 수긍을 해주지 않았다. 카쓰모토도,

"세이칸 화상의 말씀대로 토요토미 가에 토쿠가와 가와 불화하겠다는 마음은 조금도 없습니다."라고 말했으나 이에야스는,

"그렇다면 토쿠가와 가에 대해서 토요토미 가가 아무런 격의도 없다는 사실을 보여주면 되겠군."이라고 마사즈미를 통해서 말하게 했다. 카쓰모토가,

"그를 위해서는 어찌하면 좋겠습니까?"라고 묻자 마사즈미는,

"그것은 그대들 쪽에서 정하시면 될 것입니다."라고만 말했을 뿐 이렇다 할 대답은 하지 않았다.

오오사카에 있는 히데요리와 요도키미도 이 소식을 듣고는 크게 걱정이 되어 요도키미의 어렸을 적 유모였던 오오쿠라노쓰보네(大蔵局)와 쇼에이(政栄)라는 비구니 2사람을 시즈오카로 보내서,

"여러 가지로 심려를 끼쳐드려서 죄송합니다."라고 사과를 하게 했다. 그러자 이에야스는 곧바로 2사람을 만나서,

"그렇게 걱정할 일도 아닐세. 그건 그렇고 히데요리 나리와 요도키미께서는 건강하신가? 흠, 그거 다행이군. 토요토미와 토쿠가와는 떼려야 뗄 수 없는 인척관계 아닌가? 히데요리에게 나쁜 마음이 없다는 사실은 아주 잘 알고 있네. 그래, 그러니 너무 걱정하지 말고

토요토미 히데요리

에도라도 천천히 구경한 뒤에 돌아가도록 하게"라고 보란 듯이 생글
생글 웃으며 2사람을 돌려보냈다. 2사람도 마음을 놓고 거기에서
에도로 들어가 구경을 한 뒤에 오오사카로 돌아갔다.

이에야스가 이 2사람을 생글생글 웃으며 대한 것도 전부 음흉한
마음을 품고 있었기 때문으로, 카쓰모토에게는 여전히 매정하게 윽박
지르는 듯한 태도였기에 카쓰모토도 어쩔 수 없이,

一. 요도키미를 에도로 보낸다.

二. 히데요리가 에도에서 산다.

三. 히데요리가 오오사카 성에서 나온다.

위의 3가지 가운데 어느 것이 좋겠느냐고 물었다. 그러자 마사즈미
는,

"그 3가지 가운데 어느 하나를 행한다면 이에야스 공의 노여움도

풀리리라 여겨집니다."라고 말했다. 이에 카쓰모토는 오오사카로 돌아가서 어찌 하시겠느냐고 상의를 해보겠다며 시즈오카에서 나왔다.

길을 가는 도중에 오오쿠라노쓰보네를 만났기에 카쓰모토가 이 일을 이야기하자 두 사람 모두 놀라지 않을 수 없었다. 두 사람은 카쓰모토보다 먼저 오오사카로 들어가서,

"저희가 이에야스 공을 만났을 때 그러한 말씀은 조금도 하지 않으셨습니다. 이는 아마도 카쓰모토가 토쿠가와 편으로 돌아서서 토요토미 가를 멸망시킬 생각으로 그런 약속을 한 것인 듯합니다."라고 히데요리 모자에게 말했다. 그러자 요도키미는,

"카쓰모토만큼 얄미운 자도 없구나. 나를 여자라고 우습게 보아 에도로 보내려 하다니, 이 무슨 일이란 말이냐."라고 화를 냈다. 히데요리도,

"어머니를 에도로 보낼 바에는 이 성을 무덤으로 삼아 싸우다 죽는 편이 낫다."라며 화를 냈다. 그러한 사실은 알지도 못한 채 카쓰모토는 오오사카로 돌아왔으나 요도키미가 만나주려 하지 않았다. 히데요리도 그런 말은 들어줄 수 없다며 상대를 해주지 않았다. 카쓰모토가 어찌해야 좋을지 몰라하던 차에 오오쿠라노쓰보네의 아들인 오오노 하루나가(大野 治長) 등이 카쓰모토를 살해하자고 말을 꺼냈기에 카쓰모토는 어쩔 수 없이 자신의 성인 이바라키(茨木)로 돌아가버리고 말았다.

오오사카에게 있어서 카쓰모토는 중요한 가신이었을 뿐만 아니라 지혜가 있고 분별력도 뛰어난 사람이었기에, 우선은 카쓰모토를 오오

사카에서 내몰아 그 세력을 약화시키기 위해서 이에야스도 이런 음모를 꾸민 것이었다.

딱하게도 오오사카의 운명은 풍전등화와도 같은 것이 되어버리고 말았다.

6. 떨어진 오동나무 잎

오오사카에서는 마침내 병사들을 모아 토쿠가와와 싸우기로 결정했다. 우선 카토, 후쿠시마, 모리, 쿠로다, 이케다, 마에다, 시마즈 등 토요토미 가와 연이 깊은 다이묘들에게 편지를 보내고, 또 전국에 흩어져 있는 로닌50)에게로 오오사카로 모이라고 널리 포고했다. 그러나 다이묘들은 세키가하라 전투 이후 모두 토쿠가와 씨를 따르게 되었으며, 또 전쟁과 성의 공사에 돈을 전부 써버렸기에 누구 하나 오오사카 편에 서려는 자가 없었다. 단, 세키가하라 전투 이후 로닌이 되어버린 사무라이들이 속속 오오사카로 모여들기 시작했다. 사나다 유키무라(真田 幸村), 고토 모토쓰구(後藤 基次), 반 나오유키(塙 直之), 스스키다 카네스케(薄田 兼相) 등 9만 명. 하나같이 나야말로 천하의 호걸이라 생각하고 있는 자들이었기에 그 기세가 예사롭지 않았다.

이에야스는 일이 뜻대로 풀렸다며 10월에 시즈오카에서 나와 쿄토의 니조 성으로 들어갔다. 히데타다도 11월 11일에 후시미 성에 도착했다. 그리고 두 사람은 15일에 쿄토를 출발하여 스미요시(住吉)까지 나아갔다.

오오사카 성에는 로닌들뿐이었으나 그렇다고 쉽게 볼 만한 상대는

---

50) 浪人. 특별히 섬기는 주군 없이 떠돌던 무사.

아니었다. 그 가운데 사나다 유키무라라는, 전투에 매우 능한 자가 있었다. 이에야스는 어떻게 해서든 이 유키무라를 아군으로 만들고 싶었기에 그에게 사람을 보내서,

"토쿠가와 쪽으로 돌아선다면 예전처럼 시나노의 1만 섬을 주겠소."라고 말하게 했다. 이 사나다 유키무라는 세키가하라 전투 때 토쿠가와 타다히데가 3만 8천 명의 병사들을 이끌고 나카센도를 통해서 세키가하라로 가려는 것을, 아버지인 마사유키와 함께 신슈의 우에다 성에서 저지하여 끝내는 그 전투에 참가하지 못하도록 한 이력이 있는 자였다. 세키가하라 전투 이후 키슈(紀州와카야마 현 및 미에 현 남부.키이노쿠니,상국,근국)의 쿠도야마(九度山)에서 한거하고 있었는데, 이번 싸움에서도 오오사카 편에 서서 토쿠가와 쪽과 있는 힘껏 싸워야겠다고 생각하고 있었다.

그랬기에 이에야스가 보낸 사자를 만나서도 유키무라는,

"저는 이미 토요토미 가에 가담하여 어엿한 대장으로까지 임명을 받았습니다. 그러니 이번 부름에는 응할 수가 없습니다."라는 거절의 말을 건넸다. 이에야스는,

"그렇다면 시나노 1개 쿠니를 줄 테니 우리 편으로 와주게."라고 말했으나 그래도 유키무라는,

"감사한 말씀입니다만 이익 때문에 약속을 어긴다면 무사의 체면이 서지 않을 것입니다. 만약 양 군이 화목한다면 시나노 1개 쿠니도 필요 없습니다. 그저 먹고살 수 있을 정도의 것만 받을 수 있다면 그것으로도 충분할 것입니다. 그때까지는 설령 일본의 절반을 주신다 할지라도 받을 수 없습니다."라고 거절했다. 여기에는 이에야스도

달리 방법이 없었다.

그러는 동안에도 토쿠가와 군은 점점 성으로 다가갔다. 그러나 일본 제일의 성은 좀처럼 쉽게 떨어지지 않았다. 게다가 사나다, 고토처럼 지용을 겸비한 자들이 있었기에 싸우면 싸울수록 아군의 손실만 커져갈 뿐, 앞으로 나아갈 수도 없었으며 그렇다고 해서 그대로 물러나 돌아갈 수도 없는 일이었다. 그러자 세상 사람들은,

〈동쪽 무사들 깨진 수레처럼 끌려해도 끌 수 없고 타려 해도 탈 수 없네〉

라는 노래를 지어 그들을 비웃었다. 이에 이에야스는 다른 방법을 생각해냈다. 우선 총포를 잘 쏘는 자들로 하여금 성의 텐슈카쿠를 향해 쉴 새 없이 탄환을 쏘게 했다. 성 안에는 요도키미를 비롯하여 수많은 여자들이 있었기에 탄환이 머리 위로 날아가기도 하고 망루에 맞기도 하자 비명을 지르며 두려워했다. 이렇게 해서 충분히 겁을 준 뒤에 이에야스는,

"지금부터 텐슈카쿠 쪽으로 구멍을 파서 성을 무너뜨리겠습니다. 그 전에 얼른 화목하시기 바랍니다."라는 말을 오오사카 쪽에 건넸다. 안 그래도 두려움에 떨고 있을 때 화목을 권하는 사자가 왔기에 요도키미는 앞뒤 가릴 것도 없이 화목을 해야 한다고 말하기 시작했다. 히데요리도 달리 방법이 없었기에,

"토요토미의 영지와 오오사카 성은 지금까지와 다름없이 히데요리의 소유로 둘 것 성으로 모인 병사들도 그대로 둘 것"이라는, 토요토미 가에게 조금도 손해될 것이 없는 조건을 제시했다.

그런데 이에야스는 그 다음 계획을 전부 세워놓았기에 다른 어떤

말도 하지 않고 그 조건을 전부 수용했다. 12월 21일에 토쿠가와 쪽에서 토요토미 쪽으로 이 약속을 위한 증서를 보냈으며, 22일에는 토요토미 쪽에서도 토쿠가와 쪽으로 증서를 보냈다. 토요토미 쪽에서 보낸 사자는 이름 높은 키무라 나가토의 카미였다.

이에야스의 다음 계획이란, 예전에 히데요시로부터,

'이 오오사카 성은 소보리(総壕바깥쪽 해자)만 메우면 바로 떨어질 걸세.'라는 말을 들은 적이 있었기에 그것을 실행에 옮기겠다는 것이었다. 그러나 그러한 내용을 강화 조건에 넣으면 오오사카 쪽에서 승낙하지 않을 것은 자명한 일이었기에 담판을 할 때에는 일부러 대수롭지 않은 일인 양,

"저희도 칸토에서 일부러 여기까지 왔는데 아무런 소득도 없이 화목한다는 것은 조금 그러니 뭔가 성의를 보여주셨으면 합니다. 다행히 화목이 성립되어 양쪽 모두 전쟁을 할 일도 없을 듯하니 성의 소보리를 메워주십시오. 물론 오오사카의 손을 번거롭게 할 수 없으니 저희 쪽에서 메우도록 하겠습니다."라고 천연덕스럽게 말했다. 성의 바깥쪽 해자를 메운다는 것은 중대한 일이었기에 오오사카 쪽에서는 물론 받아들일 수 없다고 말하려 했으나 요도키미가 하루라도 빨리 화목하지 않으면 언제 또 총포로 공격할지 모른다며 두려워했기에 그 제안을 승낙해버리고 말았다.

이 전투는 겨울에 벌어졌기에 이를 오오사카의 겨울 전투(大阪冬の陣)라고 부른다.

오오사카에서 승낙하자 그 이튿날부터 혼다 마사즈미의 지휘로 소보리를 메우는 일이 시작되었다. 이 소보리란, 성의 가장 바깥쪽에

있는 해자를 말하는 것인데 마사즈미는 수만 명의 병사들에게 명령하여 해자를 메우게 했으며, 소보리를 메우고 나자 이번에는 우치보리(内壕안쪽의 해자)까지 메우기 시작했다. 이를 본 오오사카 쪽에서,

"이건 약속과 다르지 않소. 안쪽 해자를 메우겠다는 약속은 없었소."

라고 말하자 마사즈미는 시치미를 떼며,

"소보리(總壕)란, 모든 호리(해자)를 말하는 것 아닙니까? 저는 그렇게 알고 있습니다."라고 말했다. 오오사카 쪽에서,

"그런 말도 안 되는 소리가 어디 있소. 소보리란 바깥쪽의 해자를 말하는 것이오."라고 따지듯 말했으나 마사즈미는,

"어쨌든 이번 일은 저희 아버지와 말씀을 나누시기 바랍니다. 저는 아버지의 명령에 따라서 메우고 있는 것이니."라고 대답한 뒤 거침없이 안쪽 해자를 메워나가갔다. 오오사카 쪽에서 당장 사람을 쿄토로 보내 마사즈미의 아버지인 마사노부를 만나 그 이야기를 하자,

"그렇습니까? 저희 아들놈이 어리석어서 그런 짓을 한 듯합니다. 당장 이에야스 공에게 여쭙고 그 대답을 들려드리고 싶습니다만, 이에야스 공께서 마침 감기에 걸리셔서 얼마 전부터 누워 계시니 죄송한 말씀입니다만 이삼일만 기다려주시기 바랍니다."라며, 이에야스는 조금도 감기에 걸리지 않았는데, 이렇게 대답해서 사람을 기다리게 했다. 그러는 사이에 마사즈미는 오오사카 성의 안쪽 해자까지도 전부 메워버리고 말았다. 오오사카 쪽에서는 어처구니가 없어서 말도 나오지 않았다. 이에야스 쪽에서는 모든 일이 뜻대로 되었다며 기뻐했다.

이후 마사노부로부터 이 이야기를 들은 이에야스는 짐짓 진지한 표정으로,

"그렇다면 오오사카 쪽에서 화가 많이 났겠군. 그대가 얼른 가서 히데요리 공께 사과를 하고 오게"라고 말했으나, 마사노부가 오오사카로 갔을 때는 해자 전부가 완전히 메워진 뒤로 인부 하나 남아 있지 않았다. 마사노부는,

'그래, 그래. 이 정도면 충분하다. 얼마든지 사과를 해도 상관없겠어.'라고 생각했다.

"참으로 못할 짓을 했습니다. 이 모든 것이 제 아들놈의 착각에서 비롯된 일로 뭐라 드릴 말씀이 없습니다. 하지만 벌써 이렇게 메워버렸으니 다시 파낸다는 것은 매우 커다란 일입니다. 이번에 양 집안이 화목하셨으니, 이는 틀림없이 양 집안의 화목이 오래도록 이어질 것이라는 전조인 듯합니다. 잘못에 대해서는 제가 거듭거듭 사과를 드릴 테니 모쪼록 아량을 베풀어주시기 바랍니다."라고 몇 번이고 머리를 조아린 뒤 뒤돌아서서는 빙그레 웃음을 지으며 오오사카에서 나왔다.

오오사카 쪽에서는 그제야 비로소 이에야스의 음모임을 깨달았으나 이제 와서 어떻게 해볼 수도 없는 일이었다. 그대로 울분을 삼킬 수밖에 없었다.

그렇게 울분을 삼키기는 했으나 아무래도 끓어오르는 마음을 진정시킬 수는 없었다. 그 이듬해에 히데요리는 다시 병사들을 불러모았다. 부름에 응한 자는 총 15만. 그러나 해자가 없는 성은 갑옷을 입지 않은 무사와 다를 바 없었다.

사나다 유키무라

그 소식이 칸토에 전해지자 이에야스는 기다리고 있었다는 듯,

"이번에야말로 토요토미를 멸망시키겠다."고 기뻐하며 그해 4월에 히데타다와 둘이서, 이쪽도 역시 15만 대군을 이끌고 가서 오오사카를 공격하기 시작했다. 오오사카 쪽의 사나다 유키무라, 고토 모토쓰구, 스스키다 카네스케, 키무라 시게나리 등이 곳곳에서 있는 힘껏 싸웠으나 이제는 겨울의 전투 때만큼의 힘도 없었기에 고토, 스스키다, 키무라 모두 전사하고 말았다. 이에 유키무라도,

"이렇게 된 이상 마지막 전투를 펼쳐 토요토미 가의 운명을 결정짓기로 하자."라고 각오를 다졌다. 그리고,

'최후의 결전을 치르기 위해서는 히데요리 공의 출진이 필요하다.

만약 히데요리 공이 말을 몰아 앞으로 나아간다면 설령 동군(이에야스) 편에 섰다 할지라도 토도, 다테 등 토요토미 가의 은혜를 입었던 자들은 마음껏 싸우지 못할 것이다. 그 틈을 이용해서 이에야스의 본진으로 공격해 들어가 그 하얗게 샌 머리를 취하겠다.'라고 생각했다.

그러나 이에야스 쪽에서도 만약 히데요리가 출진한다면 일이 어려워지리라 생각하고 있었다.

"만약 히데요리가 직접 싸움에 나선다면 히데요리 편으로 돌아서는 자나 나올지도 모른다. 다행히 그쪽으로 돌아서지는 않는다 할지라도 히데요리에게 길을 터줘서 우리의 본진 가까이까지 들어오게 할지도 모른다. 그렇게 된다면 죽음을 각오하고 날뛰는 오오사카 쪽에, 이 지친 병사들로는 이기지 못할 것이다."라며 이번에도 다시 한 가지 꾀를 내어,

"오오사카 쪽에는 히데요리 공에게 출진을 청하여 자신의 목숨을 구하려는 자가 있는 듯하다. 히데요리 공은 나의 손녀사위이니 더 없이 사랑스러운 분이시다. 어떻게 해서든 구해드리고 싶으나, 만약 직접 출마하신다면 구해드리고 싶어도 구해드릴 수가 없다. 그러니 무슨 일이 있어도 출진하셔서는 안 된다."라는 편지를 써서 오오노 하루나가에게 보냈다. 오오노 하루나가는 조금도 훌륭한 인물이 아니었으나 요도키미의 마음에 들었기에 오오사카에서는 커다란 권력을 휘두르고 있는 자였다. 그런 오오노 하루나가가 이에야스의 덫에 덜컥 걸려버려서,

"사나다는 토쿠가와 쪽으로부터 자신의 목숨을 구하기 위해서

히데요리 공을 출진케 하여 토쿠가와 쪽에 건네주려는 심산인 듯하다."
라며 히데요리의 출진을 완고하게 말렸다. 그런 것이 아니라고 유키무
라가 여러 가지로 설득했으나 하루나가가 받아들이지 않았기에 더는
어쩔 수 없다며 분전을 펼치다 전사하고 말았다.

오오사카가 지금까지 대등하게 맞설 수 있었던 것은 이 유키무라
한 사람의 계략 덕분이었는데 그 유키무라가 세상을 떠났으니 이제는
하루도 버틸 수가 없었다. 그러던 중, 성 안의 사람 가운데 이에야스
쪽에 붙은 자가 성에 불을 질렀기에 그 이튿날, 즉 5월 8일에 성이
떨어져버리고 말았다. 히데요리와 요도키미는 모두 자결해버리고
말았다. 이때 히데요리의 나이는 23세였다.

떠오르는 아침 해와 같던 토요토미의 세력도 여기서 마침내 최후를
맞이하고 말았다. 훌륭한 오동나무 잎 문양도 오오사카에 떨어지고
만 것이었다.

유일하게 목숨을 건진 것은 히데타다의 딸로 히데요리의 아내였던
센히메(千姫)뿐이었다. 그녀는 성이 떨어지기 전에 이미 동군(이에야스)
쪽에 건네졌었다.

이 전투가 끝나고 난 이후, 이에야스는 쿄토에 있는 히데요시의
신사를 파괴해버렸다. 참으로 매정한 짓이었으나 그 신사를 남겨두면
히데요시를 추억하는 자가 나타날지도 모를 일이라고 생각했기 때문
이었으리라.

그 이듬해(1616)에 이에야스는 75세의 나이로 시즈오카에서 세상
을 떠났다. 튀긴 도미를 먹고 탈이 났기 때문이었다.

(1) 토요토미 히데요시의 뒤를 이어 일본을 통일한 것은 토쿠가와 이에야스였다.

(2) 이에야스는 미카와 사람으로 오카자키의 성주였다.

(3) 어렸을 때부터 여러 가지 어려움을 겪었으나 매우 영리한 사람이었다.

(4) 이마가와 씨에 속해 있었으나 요시모토가 죽은 이후 노부나가에게로 돌아섰으며, 그 후에는 히데요시를 따랐고, 칸토를 영유하게 되어 무사시의 에도 성으로 거처를 옮겼다.

(5) 히데요시가 세상을 떠난 이후, 이시다 미쓰나리는 이에야스의 세력을 견제하기 위해 우에스기 카게카쓰 등과 상의하여 이에야스를 치려했다.

(6) 이에야스가 미노의 세키가하라에서 미쓰나리 등에게 승리를 거두어 마침내는 일본 전체가 그를 따르게 되었다. 이는 케이초 5년(1600)의 일이었다.

(7) 세키가하라 전투 이후 이에야스는 세이이타이쇼군이 되어 에도에 막부를 열었다.

(8) 쇼군이 된 뒤에도 이에야스는 오오사카에 있는 토요토미 히데요리가 마음에 걸렸다.

(9) 이에야스는 히데요리를 없애기 위해 쿄토에 대불을 짓게 하기도 하고 종을 만들게 하기도 하여 오오사카의 돈을 쓰게 했을 뿐만 아니라 종의 명문으로 트집을 잡아 히데요리로 하여금 군대를 일으키게 했다.

(10) 오오사카 전투는 겨울의 전투와 여름의 전투, 2차례에 걸쳐서 벌어졌는데 그 전투로 인해서 토요토미 씨는 마침내 멸망하고 말았다.

(11) 토요토미 씨가 멸망한 이듬해, 이에야스도 편안한 마음으로 시즈오카에서 눈을 감았다. 당시의 나이는 75세였다.

제21장 토쿠가와 이에미쓰

1. 태어날 때부터 쇼군

2대 쇼군인 히데타다에게는 타케치요와 쿠니치요(国千代)라는 두 아들이 있었다. 형 타케치요는 성격이 참으로 너그러워서 그 어떤 일에도 좀스러운 구석이 없었다. 그러나 쿠니치요는 매우 영리하고 약삭빨라서 무슨 일에나 빈틈이 없었고 붙임성도 좋아 히데타다 부부도,

"타케치요보다는 쿠니치요가 훨씬 영리한 듯하오. 3대 쇼군으로는 쿠니치요가 좋을 듯하오."라는 말을 주고받았다. 부모가 이렇게 생각하고 있으니 가신과 하인들 모두가 타케치요보다 동생인 쿠니치요를 더 중히 여겨 쿠니치요 도련님, 쿠니치요 도련님 하며 애지중지한 것은 당연한 일이었다.

그런데 타케치요의 유모 가운데 카스가노쓰보네(春日局)라는 현명한 여자가 있었다.

'만약 쿠니치요 도련님이 집안을 잇게 된다면 집안이 어지러워지는 원인이 될 것이다. 그것은 곧 천하가 어지러워지는 원인이 될지도

모른다. 이렇게 된 이상 할아버님의 힘을 빌려 후계자를 정하게 하는 것 외에 방법이 없다.'라고 생각하여 이세로 참배를 간다고 말하고 에도에서 나와 은밀히 시즈오카로 들어갔다. 그리고 이에야스에게 그러한 사실들을 이야기했다. 그러자 이에야스는,

"그건 좌시할 수 없는 일이야. 당장 에도로 가서 히데타다 부부를 잘 타일러야겠군."이라며 사전에 아무런 통보도 없이 에도로 들어갔다. 전혀 생각지도 못했던 이에야스의 방문이었기에 에도 성 전체가 당황하고 있는 사이에 이에야스가 혼마루로 불쑥 모습을 드러냈다. 놀란 히데타다가 맞이하자 이에야스는,

"갑자기 생각이 나서 이렇게 왔다만 너도 놀랐겠구나. 특별히 볼일이 있는 것은 아니다. 그저 오래도록 얼굴을 보지 못했기에 타케치요가 보고 싶어서 온 것이다. 그래, 건강하게 잘 지내고 있겠지? 바로 불러오도록 해라. 나이를 먹으니 무엇보다 손자가 가장 사랑스럽구나."라며 평소와 특별히 다른 모습도 보이지 않았기에 히데타다도 안도의 한숨을 내쉬며 타케치요 형제를 불러오라고 사람을 보냈다. 잠시 후, 타케치요와 쿠니치요가 어머니와 함께 이에야스가 있는 곳으로 들어왔다. 그때 이에야스와 히데타다는 다른 곳보다 한 단 더 높게 만들어놓은 자리에 앉아 있었다. 이 한 단 더 높은 자리는 가신들이 오를 수 없는 곳이었기에 쇼군 외의 사람은 그 아래의 낮은 자리에서 쇼군을 만나 이야기를 들어야만 했다.

타케치요와 쿠니치요도 그 한 단 아래에 마련된 자리에서 머리를 조아려 인사했다. 그러자 이에야스가,

"타케치요야, 그래 많이 자랐구나. 자, 이리로 오너라."라며 자신이

앉아 있는 윗자리로 타케치요를 불렀다. 타케치요가 그 윗자리로 오르자 쿠니치요도 함께 오르려 했다. 그러자 이에야스는,

"아아, 얘야."하고 손을 흔들며,

"쿠니는 거기에 있어라. 여기는 쇼군이 앉는 자리다. 쿠니는 여기에 올라서는 안 된다."라고 야단을 쳤다. 그 말을 들은 히데타다 부부는 깜짝 놀랐다. 특히 부인은 갑자기 가슴이 미어지는 듯한 기분이었다. 이에야스도 그러한 사실을 전부 알고 있었으나 짐짓 모르는 척 타케치요를 자신의 옆 가까이에 앉힌 뒤,

"자, 할아버지가 과자를 집어주마. 옳지, 예의도 아주 바르구나. 그래, 그래, 여기서 먹어도 된다."라고 기뻐하며 다시 다른 종이에 과자를 3개쯤 싸서,

"쿠니도 거기서 형과 함께 먹도록 해라."라며 그 과자를 던져주었다. 그러자 부인의 눈에는 눈물이 고이기 시작했다. 거기에는 신경도 쓰지 않고 이에야스는,

"타케치요야, 너도 곧 쇼군이 될 게다. 어떠냐, 공부는 잘 하고 있느냐? 뭐? 검술을 배우고 있다고. 그거 아주 기특한 소리로구나. 그래서 이렇게 차분하구나. 너의 이름은 이 할아버지의 어렸을 적 이름이었다. 그걸 네게 물려준 게야. 너도 그걸 알고 있었느냐?"라며 여러 가지로 이야기를 나누었다.

이후 히데타다 부부와 함께 밥을 먹으며 이에야스는,

"너희는 쿠니치요를 매우 아낀다고 들었다만 아무리 아낀다 할지라도 쇼군만은 그 아이에게 물려주어서는 안 된다. 순서를 지키지 않으면 나라가 어지러워지는 원인이 될 게다. 이 사실만은 명심해두었으면

한다."라고 주의를 주었다. 그랬기에 히데타다 부부도 어쩔 수 없이 타케치요를 후계자로 삼았다. 그러자 하인들도 곧,

"그래서 난 옛날부터 타케치요 도련님이 더 훌륭하다고 말했었어."

"맞아, 나도 그렇게 생각하고 있었어."라며 더는 쿠니치요 도련님이 더 영리하다고 말하는 사람은 아무도 없었다. 어느 시대에나 세력이 더 큰 쪽에 붙으려는 것은 어리석은 사람들의 마음이다.

그 후에도 카스가노쓰보네는 타케치요를 훌륭히 키우기 위해 최선의 노력을 기울였다. 그랬기에 타케치요는 3대 쇼군이 되자, 이 쓰보네를 오오오쿠51)의 총감독(取締)으로 삼았으며, 그녀의 세력은 다이묘를 능가할 정도가 되었다. 훗날 쓰보네는 종2위에까지 올랐다.

타케치요는 17세 때 관례식을 치르고 이름을 이에미쓰(家光)로 바꾸었다. 겐나(元和) 9년(1623)에 이에미쓰는 스무 살의 나이로 쇼군 직에 올랐는데, 카스가노쓰보네의 엄격한 교육을 받았기에 참으로 훌륭한, 그리고 강단 있는 쇼군이 되었다.

지금까지 토쿠가와 씨는 이에야스가 쇼군이 되었고 히데타다가 쇼군이 되었는데, 원래부터 토쿠가와의 가신이었던 다이묘는 걱정할 것이 없었지만, 그렇지 않은 수많은 다이묘(원래부터 토쿠가와의 가신이었다가 다이묘가 된 자들을 후다이다이묘(譜代大名)라고 불렀으며, 히데요시나 노부나가 시대, 혹은 그 이전부터 다이묘였던 자들은 토자마다이묘(外樣大名)라고 불렀다.), 즉 토자마다이묘들은 토쿠가와의 세력이 강해졌기에 어쩔 수 없이 그를 따르고는 있었으나 원래는

---

51) 大奧. 에도 성에서 쇼군의 부인, 하녀들이 거처하던 곳.

이에야스나 히데타다의 친구이거나 혹은 토쿠가와보다 더 강했던 다이묘들이었기에 이에야스가 쇼군이 된 이후에도 무슨 일에나 그들에게 신경을 쓰지 않을 수 없었다. 그랬기에 그런 다이묘들이 에도로 들어올 때면 쇼군 쪽에서 시나가와(品川)나 센주(千住)까지 마중을 나가지 않을 수 없었다. 시나가와의 야쓰야마(八ッ山) 위에 있던 어전이나, 코이시카와(小石川)의 하쿠산(白山) 어전 등은 그를 위해서 사용하던 건물이었다고 한다.

그런데 이에미쓰가 쇼군의 자리에 오른 해 가을의 일이었다. 이에미쓰가 토자마다이묘들을 성 안으로 불러들여,

"저희 아버지와 할아버지는 당신들과 옛날부터 친구였으며, 천하를 평정할 때도 당신들의 힘을 빌렸기에 여러 가지로 당신들을 배려할 수밖에 없었을 테지만, 저는 태어났을 때부터 쇼군이었으니 더는 당신들께 특별히 신경 쓰지 않고 후다이다이묘와 똑같이 대하려 합니다. 만약 그것이 싫으시다면 지금부터 3년 동안의 유예를 드릴 테니 각자 쿠니로 돌아가셔서 싸울 준비를 하시기 바랍니다. 이 이에미쓰가 상대를 해드리도록 하겠습니다."라고 단호하게 말했다. 그러자 지금까지 마음속으로는 토쿠가와를 두려워하지 않던 다이묘조차도,

'그럼 지금부터 싸울 준비를 해주겠다.' 고 생각한 자는 아무도 없었다. 모두 두려운 마음으로 그 자리를 떠났다.

두려운 마음이 들었기에 이후부터는 괜한 짓을 해서 막부로부터,

"그대는 막부의 말을 듣지 않았으니 영지를 몰수하겠소."라는 말을 들어서는 큰일이라고 생각하여 어떻게 해서든,

"저는 결코 막부의 뜻에 맞지 않는 생각은 가지고 있지 않습니다."라

토쿠가와 이에미쓰

는 사실을 내보이고 싶었기에 묘한 일들을 하기 시작했다. 그것은 산킨코타이(參勤交代)라는 것이었다. 이 산킨코타이라는 것은, 자신의 처자를 에도에서 살게 하고 1년은 자신도 처자와 함께 에도에서 생활하다 그 다음 해 1년 동안은 처자를 에도에 남겨둔 채 쿠니로 돌아가는 것을 말한다. 물론 온 나라의 다이묘가 한꺼번에 에도에 머물렀다가 그 다음 해에 모두가 쿠니로 돌아가서는 안 되었기에, 절반쯤의 다이묘가 에도에 있는 동안 다른 절반쯤의 다이묘는 쿠니에 있었으며, 그 쿠니에 있던 다이묘들이 이듬해에 에도로 들어올 때쯤이면 그때까지 에도에 있던 다이묘들이 쿠니로 돌아갔다.

　이는 세키가하라 전투 이후 카가의 마에다 토시나가(前田 利長)가 자신의 어머니를 에도에 두어 인질로 삼게 한 일에서 비롯되어 다음으로는 사쓰마52)의 시마즈 이에히사(島津 家久)가 처자를 에도에 두어 토쿠가와에게 두 마음을 품고 있지 않다는 사실을 내보인 일에서 시작되었는데, 그 이후 다른 다이묘들도 점차 목숨이 아까워지고 영지가 소중해진 것인지 두 사람의 예를 따르는 자가 점점 늘어나서 이에미쓰 시대에 모든 다이묘가 그렇게 해야만 한다는 규칙으로 굳어버린 것이다.

이 산킨코타이를 행하면 무엇보다 다이묘가 쿠니로 돌아가서 모반을 꾀할 여유가 없어진다. 둘째로 모반을 꾀하면 자신의 사랑스러운 처자의 목숨을 잃게 된다. 셋째로 1년마다 먼 쿠니에서 수많은 가신을 데리고 에도에 왔다갔다하려면 그에 따라서 돈도 들기에 돈이 필요한 전쟁은 할 수 없게 된다. 따라서 막부에게 있어서는 매우 유리한 일이어서, 토쿠가와 막부가 250년이나 계속될 수 있었던 것은 이 산킨코타이 덕분이라고 해도 좋을 것이다.

다이묘들이 토쿠가와 막부에 반기를 들 수 없었던 또 하나의 이유는 다이묘의 배치에 있었다. 토자마다이묘는 가능한 한 에도에서 먼 곳에 두었으며, 또 토자마다이묘와 토자마다이묘 사이에 후다이다이묘를 끼워두어서 늘 감시를 할 수 있게 했기에 혹시 어떤 다이묘 하나가 모반을 생각했다 할지라도 그것을 실행에 옮길 수는 없게 했다.

---

52) 薩摩. 17세기 무렵부터 바쿠한(幕藩막번) 체제가 점차 자리를 잡기 시작했다. 사쓰마한(薩摩藩)은 지금의 카고시마·미야자키·오키나와 현에 이르는 지역.

2. 바다를 넘어서

일본인은 예로부터 매우 활발한 기상을 가지고 있었다. 높은 산을 넘어서도, 먼 바다를 건너서도 어디에나 자신들의 삶의 터전을 마련했다. 그런데 무로마치(室町) 막부 시절이 되자 일본 국내에서는 뜻을 이루지 못한 무사들이 각자 무리를 형성하여 조그만 배를 타고 한반도에서부터 중국, 더 멀리로는 남양[南洋] 부근까지 곳곳의 해안에서 해적질을 한 적이 있었다. 그러한 배에 '하치만다이보사쓰(八幡大菩薩)'라는 깃발을 꽂았기에 중국 부근에서는 '하치만 선'이 왔다며 그 배의 그림자만 봐도 두려움에 떨었다고 한다. 왜냐하면 배에 타고 있는 사람은 이삼십 명에서부터 많아야 이삼백 명에 지나지 않았으나 일본도를 휘두르며 매우 잔혹하게 사람들을 죽였기 때문이었다.

그런데 무로마치 막부 말기쯤이 되자 세계의 항로가 점점 열리기 시작해서 서양에서부터도 무역을 위해 멀리 일본까지 배를 타고 오게 되었다.

텐분 12년(1543)에 포르투갈의 배가 처음으로 일본에 들어왔다. 처음에는 사쓰마로 들어왔으나, 곧 히젠의 영주인 마쓰라 타카노부(松浦 隆信)가 히라토(平戶)라는 항구를 열어 활발하게 무역을 행했다. 이와 같은 대외무역은 상당한 이익을 가져다주는 것이었기에 같은 히젠의 오오무라 스미타다(大村 純忠)라는 다이묘도 사세보(佐世保)

만 초입에 항구를 열어 포르투갈의 배를 불러들였다.

일본에 화승총이 처음으로 전해진 것도 이 무렵의 일이었다. 텐분 12년(1543), 오오스미의 타네가시마로 포르투갈의 배가 흘러들어왔는데 그때 일본에 화승총을 전해준 것이다. 그런 이유로 예전의 화승총은 타네가시마 총이라고 부른다.

이와 동시에 일본사람들도 역시 외국무역에 나섰다. 그런데 그 전에 일본의 하치만 선이 곳곳의 해안에서 도적질을 했기에 일본의 배가 무역을 하기 위해 찾아가도 역시 하치만 선의 일종일 것이라며 그 어디에서도 상대를 해주지 않았다. 이에 히데요시는 이들 무역선에 '무역을 위해서 출항한 배'임을 증명하는 증서를 주었는데 그 증서에 커다란 슈인[53]을 찍었기에 이러한 증서를 가진 배를 '슈인센(朱印船)'이라고 불렀다.

이와 같은 슈인센이 중국에서부터 남양 방면, 안남[安南베트남], 시암(태국) 부근까지 가서 활발하게 무역을 행했다. 따라서 그들 지방에서도 일본인이 살게 되어 곳곳에 일본인 마을이 형성되었다.

그 무렵에 외국으로 건너갔던 사람들을 두어 명 소개해보겠다.

텐지쿠 토쿠베에(天竺 德兵衛); 이 사람은 연극으로도 만들어졌을 만큼 유명한 사람으로 태어난 곳은 하리마노쿠니(播磨효고 현 남서부.반슈대국,근국)의 타카사고(高砂)였다. 그때 스미노쿠라 료이(角倉 了以)의 아들인 요이치(与一)라는 사람이 슈인센을 가지고 있었는데, 15세

---

53) 朱印. 인주를 묻혀 찍은 도장.

때 그 배에 탔으며 2번이나 멀리 인도까지 무역을 위해 갔었다. 당시 인도 부근을 텐지쿠(天竺)라고 불렀기에 사람들이 그를 텐지쿠 토쿠베에라고 부르게 되었다.

야마다 나가마사(山田 長政); 이 사람은 스루가의 시즈오카 출신이다. 젊었을 때 염색집의 데릴사위로 들어갔는데 천을 염색하려고도, 실을 염색하려고도 하지는 않고 검술을 배우기도 하고, 병법을 공부하기도 하는 등 집안일에는 조금도 도움이 되지 않았다. 그러더니,

"일본 같은 나라에 있어봐야 출세는 할 수 없다. 외국으로 건너가서 대장부다운 일을 한번 해보고 싶다."고 말하기 시작했다. 염색집의 장인은 일이 참으로 난처하게 되었으나 나가마사는 조금도 신경 쓰지 않고 당시 시즈오카에 있던 타키 사우에몬(瀧 佐右衛門), 오오타 지우에몬(太田 治右衛門)이라는 두 상인이 커다란 배를 건조하여 대만으로 건너가려 하고 있다는 말을 듣고는 당장에 두 사람을 찾아가서,

"저도 대만으로 같이 데려가주시기 바랍니다."라고 청했다. 그러나 두 사람은 그처럼 일도 하지 않고 상법도 모르는 나가마사 같은 자를 데리고 가봐야 아무런 도움도 되지 않을 것이라 생각했기에,

"니자에몬(仁左衛門나가마사) 씨, 그런 엉뚱한 일을 생각하기보다는 장인어르신의 일을 돕는 게 어떻겠수? 우리는 장사를 위해서 가는 거지만, 당신은 아무런 목적도 없이 타카사고(대만)에 가는 것이니 뭐 하나 좋은 일은 없을 거요."라고 말했으나 나가마사는 무슨 일이 있어도 가고 싶어서 견딜 수가 없었다. 몰래 오오사카로 가서 타키와

오오타가 대만으로 타고 갈 배로 숨어들어 짐 사이에 가만히 몸을 감추고 있었다. 그런 줄도 모르고 타키와 오오타 두 사람은 모든 준비를 마친 뒤 배에 올라 닻을 올리고 서쪽을 향해 달리기 시작했다. 그 도중에 나가마사가 짐 사이에서 먼지투성이가 된 몸으로 나왔다. 두 사람 모두 나가마사의 집념에 놀라기도 했으며, 또 이제 와서 돌려보낼 수도 없었기에 어쩔 수 없이 대만으로 데리고 갔다.

배가 대만에 도착하자 나가마사는 자신의 고향에라도 돌아온 사람처럼 기뻐하며 뭍에 올랐다. 타키와 오오타는,

"정말 이상한 사람이로군. 대체 어쩔 생각인 겐지."

"이곳 사람들에게 살해당할지도 몰라."라는 등의 이야기를 주고받으며 자신들의 용무를 마친 뒤 다시 일본으로 돌아갔다.

뒤에 남은 나가마사는 섬을 한 바퀴 돌아보았으나 생각했던 것보다 작은 섬이었기에 도저히 자신의 명성을 쌓을 수 있을 것처럼은 여겨지지 않았다.

"여기는 안 되겠군 하지만 이제 와서 일본으로 돌아갈 수도 없으니 다른 곳으로 가보아야겠다."라며 마침 배편이 있었기에 이번에는 시암(태국)으로 건너갔다.

그런데 그때 시암에서는 국왕의 동생이 왕위를 찬탈하려 했기에 소동이 벌어져 있었다. 어느 날, 왕이 병사들을 이끌고 전장으로 향하고 있었다. 나가마사는 전쟁이 하고 싶어서 온몸이 근질거리는 사람이었기에 일부러 도중에서 기다렸다가 왕이 출진하는 모습을 바라보았다. 그런데 병사들이 영 엉성한 모습으로 행군하고 있었기에 나가마사는 자신도 모르게 커다란 목소리로 껄껄 웃었다. 그러자

그것을 본 왕이 화를 내며,

"무례한 놈. 무엇을 그리 웃는 게냐!"라고 외쳤다. 나가마사가 두려워하는 기색도 없이,

"병사들의 모습을 보니 규율도 잡혀 있지 않아 도무지 싸움에서 이길 것 같지가 않습니다. 그래서 웃었습니다."라고 대답했기에 왕은 더욱 화가 나서,

"보아하니 타국 사람 같은데, 그런 타국 사람이 나의 군대를 비웃다 니 있을 수 없는 일이다. 용서할 수 없다."라며 신하들에게 명령하여 나가마사를 묶어다 감옥에 가두도록 했다. 그런 다음 전쟁을 시작했는 데 몇 번을 싸워도 도저히 이길 수가 없었다. 왕은 어찌해야 좋을지 몰랐기에 감옥에 있던 나가마사를 불러와서,

"그대는 싸움에서 이길 방법을 알고 있는가?"라고 물어보았다. 좋은 기회라고 생각한 나가마사는,

"네, 제가 병사들을 이끌고 나가서 싸운다면 틀림없이 대승을 거둘 것입니다."라고 대답했다. 왕도 여기서 까딱 잘못했다가는 왕위 를 빼앗길 위험이 있었기에,

"그렇다면 병사들을 빌려줄 테니 한번 싸워보도록 하게"라고 말했 다. 나가마사는,

'내가 지금까지 공부해온 병법이 오늘에야 도움이 되겠구나.'라고 매우 자신감에 차서 당장 시암에 있는 일본인 마을로 갔다.

"나와 함께 전장으로 갈 자 누구 없소? 이번에 힘을 빌려주신다면 보답은 원하는 대로 얼마든지 해드리겠소."

마을의 일본인 가운데 용맹한 자들이,

"나를 데리고 가시오."

"나도 가겠소."

"내 한번 가주기로 하지."라며 몰려들어 꽤나 많은 지원병들이 모였다. 나가마사는 그 병사들과 시암의 병사들을 합쳐 모두에게 일본의 갑옷을 입히고,

"왕을 돕기 위해 일본에서 병사들이 왔다."는 소문을 퍼뜨리게 했다. 그 소문을 들은 적은 얼마간 두려운 마음이 들었다.

그런 다음 나가마사는 우선 병사들을 셋으로 나누어 1개 부대는 바닷가에, 1개 부대는 산속에 숨겨둔 뒤, 자신이 나머지 1개 부대를 이끌고 적을 향해 나아갔다. 적들은 얼마나 많은 일본 병사들이 왔는지 기다리고 있었는데 얼마 되지도 않는 병사들이 다가오고 있었기에,

"겨우 저 정도의 병사들에게 겁을 집어먹을 이유는 어디에도 없다." 며 우르르 몰려나왔다. 나가마사는 세워둔 계략이 있었기에 적당히 싸우는 척하다 때를 가늠해서 달아나기 시작했다. 적의 병사들이 뒤를 쫓으려며 추격에 나섰다. 나가마사는 정신없이 달아나는 척하다가 적군이 생각한 곳까지 왔다 싶은 순간,

"지금이다!"하고 신호를 보냈다. 그러자 산과 바다 쪽에 숨어 있던 복병들이 동시에 나타나 적병을 양쪽에서 협공했으며, 지금까지 달아는 척하던 병사들도 갑자기 방향을 바꾸어 세 방향에서 감싸고 공격했기에 적은 크게 패해 달아났고, 그 소동도 별 어려움 없이 평정할 수 있었다. 여기에는 왕도 크게 기뻐하며 나가마사를 군의 대장으로 삼고 높은 관위를 내렸다.

그 이후 말레이 반도의 남쪽에서 모반이 일어났을 때도 나가마사가

일본인 의용군

병사들을 이끌고 정벌에 나서서 커다란 승리를 거두었다. 이에 왕은 나가마사를 그 말레이 반도 남쪽에 있는 리골이라는 곳의 왕으로 삼았다.

그렇게 출세한 나가마사였으나 그래도 일본이 그리웠는지 겐나 7년(1621)에 사람을 일본으로 보내서 쇼군인 히데타다에게 시암의 물건을 선물로 바쳤다.

한편 예전에 나가마사를 대만까지 데려다주었던 타키와 오오타 두 사람은, 그 후 나가마사가 시암에서 이처럼 출세한 줄도 모르고 칸에이(寬永) 3년(1626)에 무역을 위해 시암으로 들어갔다. 그 소식을 들은 나가마사는 두 상인에게로 사람을 보내서 그들을 불러오게 했다. 리골에서 왕이 보낸 사자가 왔기에 두 사람은 행여나 사람을 잘못 안 것이 아닐까 걱정하면서도 일단은 예를 갖추어 궁궐로 찾아갔다. 마침내 왕이 된 나가마사가 수많은 신하들을 좌우에 거느리고 모습을 드러냈다. 두 사람은 왕이 나가마사인 줄은 꿈에도 몰랐기에 그저 머리를 조아린 채 납작 엎드려 있었다. 그러자,

"이보게 사우에몬 씨, 지우에몬 씨. 날세, 니자에몬일세."라고 귀에 익은 듯한 목소리가 들려와 가만히 얼굴을 들어 바라보니 다름 아닌 나가마사였기에,

"아이고 이거, 야마다 씨 아닙니까?"라며 놀랐다고 한다. 나가마사는 두 사람을 극진히 대접한 뒤,

"내가 이런 자리에 오를 수 있었던 것도 모두 그대들 덕분일세"라며 그 은혜에 감사의 말을 전하고 여러 가지 선물을 주어 돌려보냈다. 그 후 두 사람이 일본으로 돌아갈 때가 되자 나가마사는 시암의 군함이 그려진 그림을 액자에 담아,

"이것을 아사마(浅間) 신사에 바쳐주게"라며 건네주었다. 일본으로 돌아간 두 사람은 시즈오카에 있는 아사마 신사에 그것을 봉납했다. 그 액자는 오랜 세월 신사에 걸려 있었으나 텐메이(天明) 8년(1788)의 화재 때 불타버리고 말았다. 하지만 그것을 그대로 모사한 그림이 지금도 신사에 걸려 있다.

그후 나가마사는 시암의 왕을 도와 정치에까지 영향력을 행사했으나 왕이 세상을 떠난 이후, 카우한이라는 자가 나가마사를 거추장스럽게 여겨 독살했다고 한다.

하마다 야헤에(浜田 弥兵衛); 이 사람은 나가사키(長崎)의 무역상인 스에쓰구(末次)라는 사람의 배를 타고 칸에이 5년(1628)에 대만으로 건너가서 일본의 무역을 방해하던 네덜란드 사람을 혼내준 씩씩한 자였다.

예전에 대만은 누구의 영토인지 아직 정해져 있지 않았다. 그런데

이에야스가 쇼군의 자리에 오른 이듬해쯤에 네덜란드 사람들이 배를 타고 대만에 도착하여 지금의 안핑(安平) 항을 자신들이 드나드는 항구로 삼아야겠다고 생각했다.

그리고 칸에이 시절이 되자 타이난(臺南) 부근에 성을 쌓고 그곳을 근거지로 대만의 이익을 독점해야겠다고 생각하기에 이르렀다. 일본의 배들은 그 이전부터 이미 그 부근을 왕래하고 있었기에 네덜란드 사람들이 어떤 생각을 가지고 있든 전과 다름없이 그곳을 드나들었다. 그러나 네덜란드 사람들에게 그곳을 드나드는 일본의 배는 걸리적거리는 존재일 뿐이었다. 바로 그러한 때에 하마다 야헤에가 탄 배가 대만으로 들어갔다.

그러자 네덜란드 사람들이 야헤에가 탄 배를 비롯하여 다른 일본의 배에 실려 있던 화물을 전부 빼앗아버렸다. 야헤에 등이 그 부당함에 항의하며 몇 번이고 담판을 벌였으나 네덜란드 사람들의 세력이 꽤나 강해서 어떻게 해볼 수가 없었다. 달리 방법이 없었기에 일단은 일본으로 돌아와 막부에 그 사실을 알리고 주인인 스에쓰구 헤이조(平蔵)와 상의한 뒤 복수를 위해서 다시 대만으로 향했다. 이때 친척들과 친구들이,

"야헤에, 복수를 하겠다지만 상대방은 성까지 만들어놓고 견고히 지키고 있다고 하지 않았는가? 게다가 자네는 무사도 아니고 싸우는 방법도 모르지 않는가?"라며 말렸으나 야헤에는,

"아니, 나도 사내일세. 일에 성공할지 어떨지는 모르겠지만 이대로 그냥 내버려둔다면 무엇보다 일본이라는 이름에 먹칠을 하게 되는 셈 아닌가. 할 수 있는 데까지는 해볼 생각일세. 말리지 말게."라며

동생인 코자에몬(小左衛門)과 자신의 아들 등과 함께 배를 타고 칸에이 5년(1628) 3월 3일에 나가사키 항구를 출발했다.

그렇게 안핑 항구에 도착하자 네덜란드 사람들이 야혜에 등을 잡아다 바로 성 안으로 데리고 들어갔다. 야혜에 등은 사로잡히기 위해 간 것은 아니었으나 어차피 목숨을 버리겠다는 생각으로 거기까지 간 것이었기에 조금도 주눅 들지 않고 그들을 따라서 성으로 들어갔다. 성 안에는 네덜란드의 태수인 노위츠라는 자가 있었다. 야혜에 등 10여 명이 이 노위츠를 만나,

"어째서 우리를 잡아온 것이오. 만약 불경한 자들이라 여겨진다면 당장 본국으로 돌려보내면 될 것 아니오."라고 말했으나 노위츠는 단지,

"돌려보낼 수 없소."라고만 말하며 상대하려 들지도 않았다. 그러자 야혜에가 갑자기 노위츠에게로 달려들어 그의 가슴에 칼을 들이대고,

"자, 이래도 돌려보낼 수 없다는 말이냐?"라고 깜짝 놀랄 만큼 커다란 목소리로 외쳤다. 노위츠 곁에 있던 네덜란드 사람들은 놀라서 달아나버리고 말았다. 그와 동시에 성 안의 병사들에게,

"소동을 진압하라."라고 외쳐 창밖에서 총을 쏘아 야혜에 등을 사살하려 했다. 그러나 야혜에는 더없이 침착했다.

"그래, 어디 한번 쏘아보아라. 내가 총알에 맞아 죽기 전에 너희들 대장의 가슴을 꿰뚫어놓을 테니."라고 말했기에 노위츠도 가만히 있을 수는 없었다.

"모두 총을 쏘아서는 안 된다. 나의 목숨이 위태롭다."라고 병사들을 제지한 뒤 야혜에에게,

"미안하게 됐네. 빼앗은 물건도 전부 돌려주겠네."라고 말했다. 야헤에는,

"목숨이 아까워서 사과하는 자의 말 따위는 믿을 수 없다. 빼앗은 물건을 전부 되돌려줄 때까지는 네놈을 놓아줄 수 없다."라며 노위츠를 꽁꽁 묶어버렸다. 노위츠는,

"거짓말이 아닐세. 나의 아들과 부하 4명을 인질로 맡기겠네."라고 약속했다.

야헤에는 돌려받은 물건 전부를 배에 싣고 노위츠의 아들과 부하 4명도 배에 실은 뒤 그제야 노위츠의 묶인 몸을 풀어준 다음 마침내 나가사키로 돌아왔다.

하라다 마고시치로(原田 孫七郎) ; 이 사람은 히젠 사람으로 역시 해외무역을 하던 자였다. 텐쇼 시절에 루손(필리핀)으로 건너가 남양 방면의 사정에 밝았기에 히데요시에게,

"남양에는 이렇다 할 전쟁 준비가 되어 있지 않습니다. 정벌하여 일본의 영토로 삼는 것이 어떻겠습니까?"라고 권했다. 히데요시는 당장 마고시치로를 사자로 보내서,

"매해 일본에게 공물을 바치도록 하라. 그렇게 하지 않으면 정벌하겠다."라는 편지를 전달하게 했다. 당시 필리핀 군도는 에스파냐의 것이었기에 마닐라에 있던 에스파냐의 태수는 이 편지를 보고 깜짝 놀랐으나 사자가 일개 상인이었기에 그것을 좋은 구실로 삼아 적당히 문제되지 않을 정도의 대답을 하며 우물쭈물하고 있는 사이에 히데요시가 조선을 침공하기 시작했기에 남양 쪽에는 더 이상 신경을 쓰지

못하게 되었다.

　　우오야 스케자에몬(魚屋 助左衛門) ; 이 사람은 이즈미 사카이(堺)
의 상인으로 역시 남양 무역을 하던 자였다. 그랬기에 사람들은 그를
루손 스케자에몬(呂宋 助左衛門)이라고 불렀다. 많은 돈을 벌어서
루손에도 광활한 토지를 소유했으며 여러 가지 통쾌한 일을 한 사람이
었다.

3. 키리시탄

해외와의 교통이 활발해지자 그와 동시에 외국에서 진기한 물건도 들어왔을 뿐만 아니라 사람들도 들어왔고 키리시탄[54]이라는 종교도 함께 들어왔다.

그것은 토쿠가와 시대보다도 훨씬 전의 일이었는데, 텐분 시절 (1532~1555)에 카고시마(鹿児島)에 료사이(了西)라는 사람이 있었다. 하루는 친구와 싸움이 벌어져 그 친구를 살해해버리고 말았다. 료사이는 참으로 해서는 안 될 짓을 했다고 후회했으나, 아무리 후회를 해봐야 친구가 살아돌아오는 것도 아니니 어떻게 해야 좋을지 몰라 당시 카고시마에 와 있던 포르투갈 사람과 이야기를 나누었다. 그러자 그 포르투갈 사람이,

"그럼 인도로 가보시기 바랍니다. 인도에는 프란치스코 하비에르라는, 신처럼 훌륭한 분이 계십니다. 그분을 만나보시기 바랍니다."라고 가르쳐주었다. 이에 료사이는 포르투갈 배를 타고 인도로 갔다. 이 프란치스코 하비에르라는 사람은 예수회의 선교사였는데 그를 만난 이후 료사이는 기독교 신자가 되었다.

얼마 후, 하비에르는 료사이와 함께 카고시마로 들어갔다. 하비에르는 번주[55]인 시마즈 타카히사(島津 貴久)를 만나 카고시마에서의

---

54) 切支丹. 포르투갈어로 기독교도를 일컫는 말. 영어의 크리스천과 같은 말이다.

기독교 포교를 허락해달라고 청했다. 타카히사도 무역이 커다란 이익을 가져다준다는 사실을 알고 있었기에 무역을 활성화하기 위한 방안으로 이를 허락했다. 이는 텐분 18년(1549)의 일로, 그 이듬해에 사쓰마에서 100명 정도의 신도가 생겼다. 이렇게 해서 일본에 처음으로 기독교가 건너오게 되었다. 그때 이 기독교를 키리시탄이라고 불렀다.

그 이후 포르투갈의 배가 히젠 히라토의 영주인 마쓰라 타카노부에게 총포를 팔았기에 시마즈는 기독교의 포교를 금지시켰다. 그로 인해서 기독교 선교사들이 대부분 히라토로 옮겨갔다.

그 이후 하비에르는 인도로 돌아갔으나 그 뒤를 이어서 다른 선교사들이 와서 활발하게 포교활동을 했기에 분고(豊後오오이타 현 호슈,상국,원국)와 히젠 등에 상당히 많은 신도들이 생겨났다.

나가사키 항구가 번성하게 된 것도 이 무렵부터의 일로, 처음에는 히젠의 히라토가 활발한 무역의 장으로 이용되어 세상에서는 '서쪽의 도읍'이라고까지 불렀는데, 그곳의 영주인 마쓰라 씨는 영내의 백성들에게 기독교 신자가 되는 것을 허락하기는 했으나 자신은 그 신자가 되지 않았다. 그런데 같은 히젠의 오오무라라는 다이묘는 사세보 만에 요코세(横瀬)라는 항구를 열어 무역을 했을 뿐만 아니라 스스로도 기독교 신자가 되었다. 선교사들이 크게 기뻐하며 요코세 쪽으로 갔으나 그 항구는 배를 대기 불편했기에 무역선은 여전히 히라토 쪽으로 갔다. 이에 오오무라 씨는 후쿠다(福田)라는 곳에 항구를

---

55) [藩主한슈]. 지역 단위였던 번(한)의 영주.

만들었으나 그곳도 파도가 높아서 배들이 모여들지 않았다. 그러자 곳곳을 찾아다닌 끝에 이 후쿠다에서 동쪽으로 10리(4㎞)쯤 떨어진 곳에 위치한 후카에(深江)라는 곳에서 항구로 쓰기에 적당한 땅을 찾아냈다. 이 후카에는 삼면이 산으로 둘러싸여 있고 파도도 높지 않았으며 배를 대기에도 매우 편리한 곳이었다. 이에 그곳을 무역항으로 삼고 나가사키라고 이름을 바꾸었다. 이후부터 배도 이곳으로 모여들었으며 선교사들도 모여들었기에 무역이 활발하게 행해짐과 동시에 기독교도 이곳을 중심으로 하여 사방으로 퍼져나갔다.

그 선교사들이 마침내는 쿄토로까지 들어가게 되었다. 그때는 마침 오다 노부나가가 활약하던 때였는데 노부나가 자신이 기독교를 믿은 것은 아니었으나 히에이잔(엔랴쿠지)이나 혼간지의 승려들이 노부나가의 말을 전혀 듣지 않았기에 그 스님들을 견제할 수단으로 기독교의 포교를 허락했다. 그렇게 해서 쿄토에 난반지(南蛮寺)라는 커다란 기독교회당이 생기게 되었으며 아즈치에도 교회와 학교가 세워져 기독교도의 활동이 점점 활발해지게 되었다.

그 당시에는 오오토모(大友), 오오무라, 아리마(有馬) 등 큐슈 지역의 다이묘들이 기독교를 믿었을 뿐만 아니라, 코니시 유키나가, 이시다 미쓰나리, 쿠로다 요시타카(黒田 孝高), 호소카와 타다오키 등도 모두 신자가 되었다.

텐쇼 10년(1582)에는 오오토모 소린(大友 宗鱗)이 오오무라와 아리마 두 집안과 상의하여 이탈리아의 로마 교황에게로 사자를 보냈다. 사자는 이토 만쇼(伊東 マンショ), 치지와 미겔(千々石 ミゲル), 나카우라 줄리앙(中浦 ジュリアン), 하라 마르티노(原 マルチノ)

등으로 모두가 13세에서 15세까지의 소년들이었다. 아름다운 옷으로 차려입은 이 소년들은 각자 하인들을 데리고 1월 28일에 나가사키를 출발하여 인도양을 지나 아프리카 남단을 돌아서 이듬해 7월, 포르투갈의 수도인 리스본에 도착했다. 리스본에서 커다란 환영을 받았으며 거기서 국왕을 만난 뒤 1585년 3월에 비로소 로마로 들어갔다. 거기서 교황을 만나고 다시 일본으로 돌아온 것은 1590년 7월이었다.

일본에서 교황에게로 보내진 사자가 한 명 더 있었다. 이는 훨씬 뒤의 일로 오슈의 다테 마사무네가 케이초 18년(1613) 9월에 자신의 가신인 시쿠라 쓰네나가(支倉 常長)라는 자를 사자로 보냈다.

센다이(仙台)를 출발한 쓰네나가는 우선 태평양을 횡단하여 멕시코로 건너갔다. 그리고 거기서 에스파냐로 들어갔다. 그때는 겐나 원년(1615)이었다. 쓰네나가는 교황을 만나 일본에 선교사를 보내달라고 청하고, 에스파냐와 무역을 하고 싶다고 말했다. 그러나 당시는 일본에서 기독교를 금지하고 있던 때였기에 선교사도 올 수 없었으며, 무역 쪽도 에스파냐가 일본과 직접적으로 무역을 하면 루손과 일본의 무역이 쇠퇴할지도 모른다고 생각했기에 이도 승낙하지 않았다. 이렇게 해서 사자로 갔던 쓰네나가의 임무는 2가지 모두 실패하고 말았다. 쓰네나가가 다시 태평양을 건너서 일본으로 돌아온 것은 겐나 6년(1620) 8월의 일이었다. 그러나 일본인이 조그만 배로 태평양을 횡단했다는 것은 틀림없이 용감한 행동이었다.

이야기를 다시 앞으로 되돌려서 토요토미 히데요시는 기독교를 어떻게 여겼는가 하면,

'이는 위험한 종교다.' 라고 생각했다. 그 이유는 서양 국가는 이

기독교를 전파함과 동시에 그것을 전파한 나라를 점령해버린다고 생각했기 때문이었다. 그랬기에 텐쇼 13년(1585)에 쿄토에 있던 난반지를 허물어버렸다. 난반지는 허물어졌으나 선교사들이 나가사키를 중심으로 하여 각지로 들어가 열심히 포교활동을 했기에 그 세력은 좀처럼 줄어들지 않았다.

그런데 케이초 원년(1596)에 시코쿠의 토사노쿠니(土佐国코치 현도슈중국,원국)로 에스파냐의 배가 흘러들어왔다. 그때 그 배 안을 살펴보니 세계지도가 있었다. 그 지도에는 에스파냐의 영지가 전부 그려져 있었다. 그리고 선장의 말에 의하면,

"에스파냐가 이처럼 넓은 영지를 소유할 수 있었던 것은 외국으로 선교사를 보내 각지에 기독교도들을 만들어두고 그 지역민들을 따르게 하여 그곳을 자신들의 땅으로 만들었기 때문이다."라는 것이었다. 이를 들은 히데요시는,

"역시 내가 생각했던 대로였군. 그냥 둘 수 없어."라며 기독교를 금하고 그 신자들을 처단하기로 했다.

이에야스는 외국과의 무역이 국가의 이익에 도움이 된다는 사실을 알았기에 무역을 허락했으나, 기독교에 대해서는 히데요시와 마찬가지로 엄격하게 통제했다. 그러나 무역을 하면 선교사들도 자연스럽게 들어올 수 있었기에 그 신자의 숫자는 역시 늘어날 뿐이었다.

히데타다 역시 기독교를 엄하게 금지하여 일본 전역의 절에 신도들의 명부를 제출하게 했으며, 절의 신도 명부에 들어 있지 않은 자는 그들을 엄밀히 조사해서 기독교 신자임이 밝혀지면 전부 처형해버렸다.

그러던 중인 겐나 3년(1617)에 중대한 사실이 발견되었다. 네덜란드 배가 어느 날 포르투갈 배를 한 척 데리고 나가사키로 들어왔다. 그 배 안에 포르투갈 본국에서 일본에 있는 선교사에게 보내는 편지가 실려 있었다. 그 편지에,

〈일본 기독교의 신도가 일본인의 절반 이상이 되면 바로 통보할 것. 곧 수많은 군함을 보내겠다.〉

라고 적혀 있었다. 이에 히데타다는 한층 더 엄격하게 기독교를 금했다.

3대 쇼군인 이에미쓰 때에도 히데타다 때와 마찬가지로 신도를 발견하는 즉시 사형에 처했다. 또한 신도를 색출해내는 방법으로 예수의 어머니인 마리아 상을 종이에 그리거나 나무에 새기거나 동판에 새겨, 사람들에게 그것을 밟게 했다. 이는 만약 신도가 아니면 그것을 아무렇지도 않게 밟을 테지만, 신자인 경우에는 그것을 밟지 못했기에 신도를 쉽게 색출해낼 수 있었기 때문이었다. 그런데 그것 때문에 큐슈에서 커다란 소동이 벌어지고 말았다.

4. 시마하라의 난

기독교가 큐슈 부근에 널리 퍼졌을 때의 일이었다. 한 선교사가 스에카가미(末鏡)라는 글을 지었다. 그 가운데,

〈지금으로부터 20년쯤 후에 폭군은 죽을 것이며, 신동 하나가 일본에 태어날 것이다. 그는 일본의 구세주가 될 것이다. 그해에는 나무에서 때 아닌 꽃이 피고, 하늘은 핏빛으로 물들 것이다.〉

라는 내용이 적혀 있었다. 그런데 그로부터 20년쯤 뒤의 일이었다. 큐슈의 아마쿠사지마(天草島섬)에 신비한 소년 하나가 나타났다. 아버지는 코니시 유키나가의 신하였던 마스다 요시쓰구(益田 好次)라는 자였다. 소년의 이름은 마스다 시로, 나이는 16세였는데 참으로 훌륭한 미소년이었으며 글솜씨도 뛰어났고 지혜로웠을 뿐만 아니라 사람들이 하지 못하는 일까지도 했다.

한번은 비둘기를 자신의 손바닥에 앉히더니 알을 낳게 했다. 또 한번은 알 속에서 성경을 꺼내 사람들을 놀라게 하기도 했다. 또 어떨 때는 참새가 앉아 있는 대나무 가지를 꺾었는데도 참새는 달아나지 않고 그대로 앉아서 지저귀기도 했다.

그런데 칸에이 14년(1637)에는 큐슈에 커다란 가뭄이 계속되었다. 그 때문이었는지 며칠 동안이나, 해가 서쪽으로 기울 무렵이 되면 하늘 전체가 핏빛으로 물든 것처럼 새빨갛게 보였다.

그것뿐만이 아니었다. 그해 가을에는 여러 가지 나무에 때 아닌 꽃들이 피었다. 사람들은,

"이건 예삿일이 아니다. 무언가 변이 일어날 징조다."라고 수군거렸다. 거기에 좋지 않은 일이 어떻게 그렇게 한꺼번에 일어날 수 있는 것인지 쇼군 이에미쓰가 병에 걸렸다. 그 소문이 큐슈까지 오는 동안 '쇼군이 죽었다.'는 말로 변해버리고 말았다.

이걸 재미있는 일이라고 해야 할지, 난처한 일이라고 해야 할지. 시로라는 신동, 붉은 하늘, 때 아닌 꽃, 쇼군의 죽음. 이와 같은 일들이 겹쳐지자 20년 전의 예언이 맞아떨어지는 듯했다. 아마쿠사 부근은 특히 기독교 신도들이 많은 지역이었다. 그 신도들이,

"드디어 구세주가 나타나셨다."

"예수님의 재림이다. 이건 의심의 여지도 없다. 우리는 지금 이분의 손에 의지하여 구원을 얻지 못하면 결코 구원을 얻지 못할 것이다."라고 떠들어대기 시작했다.

그것도 평소 같았으면 설령 그 예언이 맞았다 할지라도 이처럼 크게 떠들어대지는 않았을 테지만, 이 아마쿠사 지방의 영주이자 사람들에게 기독교를 믿으라고 권했던 아리마 씨가 막부에 의해서 다른 곳으로 옮겨지고 당시 그 지방을 다스리던 자는 키리시탄을 싫어하는 마쓰쿠라 시게마사(松倉 重政)라는 자였다. 이 시게마사라는 자는 기독교 신자만 보면 산 채로 바다 속에 빠뜨리기도 하고 태워 죽이기도 하고 때로는 신자를 분화구에 던져넣기도 하고, 좀 더 잔혹할 때에는 대나무로 만든 톱으로 신자의 목을 자르는 등, 듣기만 해도 소름이 돋을 정도의 끔찍한 짓들을 했다. 이와 같은

일을 당하면 제아무리 온화한 신자들이라 할지라도 가만히 앉아서 죽을 날이 오기만을 기다릴 수는 없는 법이다.

"살아남기 위해서는 반기를 들 수밖에 없다. 모두 각오를 하기로 하자."라고 한 사람이 말하자,

"신께 기도를 올리는 것도 오로지 행복한 일생을 보내기 위해서다. 그 행복을 빼앗으려 하는 자를 따를 수는 없다."라고 다른 한 사람이 말했다. 이러한 생각이 신도들 사이에서 차례차례로 퍼져나가기 시작했다.

그때 신자들 가운데 유키나가의 가신이었던 오오야노 마쓰우에몬(大矢野 松右衛門)이라는 자가 있었다. 세키가하라 전투 이후 토쿠가와에 대한 원한도 있었을 것이며, 막부가 기독교 신자를 대하는 태도에도 불만을 품고 있었던 것이리라. 마스다 시로의 이름으로,

〈지금 드디어 때가 왔다. 목숨을 바쳐 기독교를 위해 진력하라. 그렇게 해서 예전의 자유로운 몸으로 다시 돌아가자.〉
라는 내용의 밀서를 적어 시마하라(島原) 반도에서부터 아마쿠사지마까지의 신자들에게 돌렸다.

신자들은 시로를 그리스도의 재림이라 여기고 있던 때였다. 옛 선교사의 예언이 적중했다고 믿고 있던 때였다. 막부의 행태에 화가 나 있던 때였다. 영주 마쓰쿠라의 잔혹한 처사에 눈물을 흘리고 있던 때였다. 그 밀서에 흔쾌히 응해서 모두가 일어났다. 그렇게 해서 칸에이 14년(1637) 11월 23일에 사람들이 시마하라의 하라(原) 성으로 몰려들었다. 남녀 합쳐서 3만 7천 명. 하라 성은 원래 아리마 씨가 소유하고 있던 곳으로 바다 가운데 솟아 있는 절벽 위에 세워졌기

에 공략하기 매우 어려운 곳이
었다.

　이 소동에 대한 소식이 가
장 먼저 오오사카에 도착했
다. 오오사카에 있던 막부의
신하가 서둘러 큐슈의 나베시
마와 호소카와 등의 다이묘에
게 명령하여 그들을 정벌케
했다.

마스다 시로

　그리고 그 사자가 에도에 도착하자 막부에서는 이타쿠라 시게마사
(板倉 重昌)를 대장으로 삼아 큐슈로 향하게 했다. 그러나 에도에서
대군을 이끌고 간 것은 아니었다. 큐슈로 가서 큐슈의 다이묘들을
모은 뒤 그들의 총대장이 되라고 보낸 것이었다. 그런데 이 이타쿠라
시게마사는 미카와의 조그만 다이묘였기에 설령 큐슈로 간다 해도
나베시마, 호소카와 등처럼 세력이 큰 다이묘에게 명령을 내릴 만한
인망을 가지고 있지는 못했다. 그럼에도 막부에서 그를 파견한 것은
이번 소동을 농민들의 봉기로밖에 생각하지 않았기 때문이었다.

　그러나 막부에도 이번만은 만만치 않은 싸움이 될 것이라고 생각한
자가 있었다. 타지마의 카미(장관)인 야규(柳生)는 그 말을 듣고는,

　"이번 소동은 쉽사리 평정되지 않을 것이다. 시게마사 정도로는
진정시키기 어려울 것이다. 아무래도 관위가 높은 자를 보낼 필요가
있다. 얼른 가서 시게마사에게 이번 역할을 고사하라고 해야겠다."라
며 혼자 말을 달려 시게마사의 뒤를 따라갔으나 시나가와까지 가도,

카와사키(川崎)까지 가도 끝내는 따라잡지 못했으며, 그러는 사이에 날이 저물어 어쩔 수 없이 돌아오고 말았다.

그날 밤, 타지마의 카미는 이에미쓰 앞으로 나가서 자신의 의견을 상세히 들려준 뒤,

"허락을 해주신다면 다시 한 번 뒤를 따라가서 시게마사를 데리고 돌아오도록 하겠습니다. 만약 훗날이 되어 대장을 교체하신다면 시게마사는 자신의 책임이라고 생각하여 틀림없이 전장에서 목숨을 버릴 것입니다."라고 말했다. 이에미쓰도 자신의 생각이 조금 깊지 못했다는 사실을 깨닫고 후회했으나, 이제 와서 명령을 다시 내릴 수도 없는 일이었기에 그대로 내버려두었다.

큐슈에 도착한 시게마사는 마쓰쿠라의 병사에 나베시마, 호소카와 등의 병사 2만을 합쳐서 12월 8일부터 하라 성을 공격하기 시작했으나, 신도들은 결사의 각오를 다진 뒤였을 뿐만 아니라 신을 위해서 죽는 것은 명예로운 일이자 감사한 일이라고까지 생각하고 있었기에 매우 견고하게 지키며 그 사기가 떨어질 줄 몰랐다. 이에 시게마사는,

"섣불리 공격하여 병사들을 죽게 하기보다는 적의 식량이 떨어지기를 기다리는 편이 낫겠다."라며 그때부터 싸움은 중단하고 그저 성 안의 식량이 떨어지기만을 기다렸다. 그러나 성 안에는 5천 섬의 식량이 쌓여 있었기에 난처한 듯한 모습도 보이지 않고,

"이봐, 어떻게 된 거야. 이 겁쟁이 사무라이야."

"마쓰쿠라는 세금 걷을 때만 강하고 싸움에는 약하구먼."

"기독교 신자가 돼봐, 조금은 더 강해질 거야."

"1만 5천 섬의 대장으로 우리 성을 떨어뜨리겠다고? 어림도 없는

소리지."라며 매일 성을 포위하고 있는 병사들에게 야유를 퍼부었다. 이를 들어야 하는 마쓰쿠라 세력을 비롯하여 공격군들은 분해서 견딜 수가 없었다. 하지만 대장의 명령이었기에 싸울 수도 없는 일이었다. 대장인 이타쿠라 시게마사도 안타깝기는 했으나 성 안 병사들의 사기가 떨어지기만을 가만히 기다렸다.

이러한 사실이 에도에 전해지자 에도 쪽에서도 그냥은 내버려둘 수 없었기에 로주56)인 마쓰다이라 노부쓰나(松平 信綱)를 새로이 대장으로 삼아 큐슈로 내려보냈다. 노부쓰나는 매우 지혜로운 자여서 그러면 큐슈의 어떠한 다이묘 위에 서서도 훌륭하게 명령을 내릴 수 있을 것이라 여겨졌다. 그러나 그 노부쓰나가 큐슈로 간다는 것은 앞서 대장이 되어 갔던 이타쿠라 시게마사에게는 참으로 딱한 일이 아닐 수 없었다. 이때도 오오쿠보 히코자에몬(大久保 彦左衛門)은,

"이거 참, 이타쿠라만 가엾게 되었군. 그는 전장에서 목숨을 버리고 말 거야."라고 말했다.

두 번째 대장인 마쓰다이라 노부쓰나는 12월 3일에 에도를 출발하여 큐슈로 향했다. 이를 들은 이타쿠라 시게마사는,

"새로이 로주가 온다는 것은 나의 전법이 좋지 않다는 것이겠지. 나는 가능한 한 병력의 손실을 피하기 위해 일부러 싸움을 하지 않았던 것인데, 이렇게 된 이상 더는 가만히 앉아 있을 수만은 없다."라며 칸에이 15년(1638) 정월 첫날에 총공격을 시작했으나 적이 여전히 완고하게 맞섰기에 히코자에몬 등이 걱정한 대로 이 축하할 만한

---

56) 老中. 에도 막부 최고 직명. 정원은 4, 5명이었으며 쇼군에 직속되어 정무 일반을 총리했다.

날에 시게마사는 그만 전사하고 말았다. 이날 공격군 쪽에서는 3천 8백 명의 사상자가 나왔으나, 성 안 병사들의 사상자는 겨우 7명밖에 되지 않았다고 한다. 이것만 봐도 신도들의 기세가 얼마나 높았는지를 알 수 있다.

노부쓰나는 정월 4일에 시마하라에 도착했다. 적의 모습을 살펴보니 역시 공격하기는 쉽지 않을 듯했기에 시게마사가 한 것처럼 적의 식량이 떨어지기를 기다릴 수밖에 없었다.

시게마사가 패했다는 소식이 막부에 전해지자 이에미쓰는 에도에 와 있던 큐슈의 다이묘들에게,

"당장 돌아가서 시마하라를 돕도록 하게."라는 명령을 내렸다. 그렇게 해서 공격군의 숫자가 점점 늘어나 총 12만여 명이나 되었다. 노부쓰나가 성 안을 향해서 항복하라고 권했으나 성 안 사람들은 듣지 않았다. 하는 수 없이 성 안으로 땅굴을 파서 병사들을 들여보내려 했으나, 성 안에서도 땅굴을 파서 그 굴로 연기를 보내 공격군이 성 안으로 들어오지 못하게 했다. 그런데 그러는 사이에 성의 식량이 점점 떨어져가기 시작했다. 그 사실을 안 노부쓰나는 2월 26일부터 총공세를 펼쳐 28일에 마침내 성을 떨어뜨렸다.

이때 성 안에 살아 있던 자들은 마스다 시로를 비롯하여 모두 책형에 처해지고 말았다. 그 모습이 너무나도 잔혹했기에 당시 일본에 몰래 숨어들어와 있던 선교사들 모두 두려움에 일본을 떠나고 말았다.

5. 쇄국

히데요시 이후 일본에서는 기독교를 금했으나 신자는 점점 더 늘어날 뿐이었으며 특히 큐슈 부근에는 수많은 신자들이 있었다. 토쿠가와 이에미쓰가 쇼군이 된 뒤에도 어떻게 해서든 이를 금지시키기 위해서 여러 가지로 방법을 동원했으나 수를 쓰면 쓸수록 일이 더욱 어려워지기만 해서 결국에는 시마하라의 난이라는 커다란 소동까지 일어나게 된 것이었다. 이제는 막부에서도 기독교에 두려움을 느끼게 되었다.

'이처럼 좋지 않은 종교가 국내에 들어온 것은 외국과 교통하기 때문이다. 무역은 커다란 이익을 가져다주는 것이지만, 그 때문에 이처럼 끔찍한 전쟁이 일어나서는 무역의 이익은 아무런 가치도 없는 것이 되어버리고 만다. 가치가 없을 뿐만 아니라 자칫 잘못했다가는 나라까지 빼앗겨버리고 말 것이다.'라고 생각했다. 이러한 생각은 너무나도 소심한 것이었으나 이에미쓰는 칸에이 13년(1636)에,

"일본 사람은 바다를 건너 외국으로 나가서는 안 된다."는 규칙을 만들었다. 그래도 마음을 놓을 수 없었는지 칸에이 15년(1638)에는,

"500섬 이상을 실을 수 있는 배를 건조해서는 안 된다."는 규칙까지 만들었다. 이렇게 커다란 배를 만들지 못하게 하면 자연히 외국으로는 나갈 수 없게 되기 때문이다.

그리고 이듬해에는 쇄국령을 내렸다.

"네덜란드 사람 이외의 서양인은 일본에 와서는 안 된다."라고 선언한 것이었다. 어째서 네덜란드 사람에게만 입국을 허락했는가 하면, 네덜란드 사람들만은 일본에 기독교를 전파하려 하지 않았을 뿐만 아니라, 에스파냐 등은 일본에 기독교를 전파한 후 일본을 취하려 는 음모를 품고 있다는 사실을 네덜란드 사람들이 일본에 알려주었기 에 네덜란드 사람들만은 중국과 마찬가지로 일본에 들어와도 된다고 허락을 해준 것이었다. 그러나 이 네덜란드 사람과 중국인에게도 단지 무역만을 허락했을 뿐, 나가사키 이외의 항구로는 들어오지 못하게 했고, 그 나가사키에조차도 마음대로 상륙하지 못하게 했다. 나가사키에 상륙을 해야 할 때면 일본인 관리들이 그들을 바싹 따라다 녔다.

이렇게 해서 일본인은 외국의 책도 볼 수 없었으며, 외국의 형세도 알 수 없게 되어 마치 문을 꽁꽁 닫은 채 집 안에만 들어앉아 생활하는 꼴이 되어버리고 말았다.

그랬기에 집 밖에 제아무리 좋은 일이 있어도, 그 어떤 변화가 있어도 그러한 것들은 전혀 알지 못한 채 조그만 섬 안에 들어앉아서,

"일본은 좋은 나라다."

"이렇게 훌륭한 나라는 세상 어디에 가도 없을 것이다."

"가장 현명한 자들이 살고 있는 나라다."라고 제 좋을 대로만 생각하며 오랜 세월을 보냈다.

그러는 사이에 세상에서는 여러 가지로 진보된 기계들이 나왔으며, 깊은 학문이 연구되었다. 이러한 사실들은 전혀 알지 못하는 채로

마침내 흑선57) 두어 척이 시나가와 앞바다에 모습을 드러내자 거기에 놀라 밤에도 잠을 자지 못할 정도의 소동이 벌어지고 말았다.

일본이 이처럼 세계의 발전적 발걸음에 뒤떨어지게 된 원인은 기독교에 있었다고 해야 하는 건지, 쇄국령에 있었다고 해야 하는 건지, 어쨌든 그 언저리 어디쯤에 원인이 있었다고 해야 할 것이다.

(1) 3대 쇼군 이에미쓰는 태어날 때부터 이미 쇼군의 신분을 가지고 태어난 자였다.

(2) 토자마다이묘도 후다이다이묘와 똑같이 취급했다.

(3) 고나라 천황 시절쯤부터 외국의 배가 활발하게 일본으로 들어왔다.

(4) 외국인이 들어옴과 동시에 일본에 기독교가 전파되었다.

(5) 히데요시, 이에야스, 히데타다 모두 기독교를 금했다.

(6) 이에미쓰 때 기독교 신자들이 시마하라에서 난을 일으켰다.

(7) 막부는 기독교를 금지하기 위해 네덜란드 사람 이외의 서양인이 일본에 들어오는 것을 금했으며, 일본인이 외국에 나가는 것도 금했다.

---

57) [黑船쿠로후네] 에도 시대 말기에 서양의 배를 이르던 말.

제22장 고코묘 천황

1. 불손한 막부

토쿠가와 이에야스도 역시 노부나가나 히데요시처럼 조정을 존중하여 황거를 만들고 물품을 바쳤으나, 사실은 일본 정치의 권리를 자신의 손에 넣었다는 마음에서 그렇게 한 것이었다.

이에야스뿐만이 아니었다. 토쿠가와 막부는 언제나 겉으로는 조정을 존중하는 듯하면서도 뒤에서는 조정의 권력을 억누르려 했다. 막부의 이러한 자세는 막부의 세력을 점점 강하게 만들어주기는 했으나, 토쿠가와 막부가 무너지는 원인이 되기도 했다. 그러니 너무 방자하게 굴어서는 안 되는 법이다. 그 방자한 행동을 두엇 들어보기로 하겠다.

2대 쇼군인 히데타다는 자신의 딸 카즈코(和子)를 고미즈노오(後水尾) 천황의 황후로 만들었다. 겉으로는 막부와 조정의 친밀한 관계를 유지하기 위해서인 듯했으나 사실은 세상에 막부의 위세를 내보여야겠다고 생각했기 때문이었으며, 그 혼례를 기회로 카즈코에게 사무라이 수십 명을 붙여서 어소에 들어가 살게 했다. 명목상으로는 황후의 뒷바라지를 위한 것이라고 했지만, 혹여 조정에서 막부에 대해 좋지 않은 일을 꾸미지나 않을까 늘 감시를 하기 위해서였다.

또한 쿄토에 쇼시다이[58]라는 관리를 두어 자유로이 어소에 드나들며 조정의 여러 가지 일들에 관여하게 했다.

한편, 카즈코를 황후의 자리에 앉힌 막부에서는 그 카즈코가 천황의 아들을 낳았으면 좋겠다고 기원하고 있었다. 그 보람이 있었는지 카즈코는 곧 오키코(興子) 내친왕[59]을 낳았다. 토쿠가와 쪽에서는 더없이 기뻐했다. 그러더니 다시 2년 뒤(1626)에는 황자인 스케히토(高仁) 친왕을 낳았다. 막부에서는 한층 더 기뻐하며 예전에 후지와라 씨가 그랬던 것처럼 스케히토 친왕이 황위에 오르면 토쿠가와 씨도 외척이 되어 마침내는 세상을 자신들의 뜻대로 주무를 수 있게 될 것이라고 생각했다. 따라서 그때까지는 가능한 한 천황의 환심을 사두어야겠다고 생각했기에 황자가 태어난 해 여름에 히데타다와 이에미쓰가 함께 쿄토로 들어가서 니조 성에 머물렀다. 그리고 그곳으로 천황이 행행해주기를 청했다. 이에 그해 9월에 천황은 중궁 카즈코와 함께 니조 성으로 갔다. 히데타다 부자는 천황을 닷새 동안이나 머물게 하며 가능한 한 극진하게 대접했다.

그런데 이때 쇼군과 함께 쿄토로 들어온 자 가운데 스덴(崇傳)이라는 스님이 있었다. 스덴은 막부의 고문이었기에 꽤나 세력이 컸으며, 거기에 절과 신사를 단속하는 역할을 맡고 있었기에 쿄토로 들어가자마자 쿄토에 있는 절과 신사를 둘러보았다. 그런데 쿄토의 커다란

---

58) 所司代. 에도 시대에 쿄토의 경비와 정무를 처리하던 자.
59) [内親王] 친왕의 자격을 갖춘 자 가운데 여자.

절에 있는 스님 중에 천황이 하사한 자줏빛 가사를 받은 자가 상당수 있었다. 스덴이 이 사실을 막부에 알리자 막부에서는 이렇게 생각했다.

'절은 만만하게 볼 수 없을 정도로 세력이 크다. 혹시 천황이 막부를 미워하여 싸움을 일으켰을 때, 그 스님들이 천황 편에 서게 된다면 또 하나의 골칫거리가 될 것이다. 그런 가사는 거두어들이는 편이 좋겠다.'

그리고 그 이듬해에,

"조정이 쇼군과 아무런 상의도 없이 승려에게 직접 자줏빛 가사를 내려서는 안 됩니다. 지금까지 내리신 가사도 막부에서 전부 거두어들이겠습니다."라고 말했다. 조정의 신하들이,

"천황께서 하신 일에 쓸데없는 참견을 하는 것은 옳지 않다. 앞으로는 그렇게 한다 할지라도 이미 하사하신 것은 그대로 두는 것이 좋을 듯하다."라고 말했으나, 쿄토의 쇼시다이는 막부의 명령이니 어쩔 수 없다며 그간 스님들에게 내렸던 가사를 억지로 거두어들였다. 그때 스님 가운데 다이토쿠지(大德寺)의 타쿠안60) 화상 등 가사를 돌려주지 않은 스님이 두어 명 있었기에 막부에서는 그들을 에도로 데려갔으며, 마침내는 오우 쪽으로 유배를 보내버렸다.

이 소식을 들은 천황은 화가 난 나머지 황위를 스케히토 친왕에게 물려주고 자신은 물러나려 했다. 그러자 막부에서는,

"그것은 참으로 황공한 일이옵니다."라고 말했으나, 뒤에서는 황공해하기는커녕 갑자기 천황이 위에서 내려온 뒤에 머물 어전을 짓기

---

60) 沢庵. 타쿠안 화상이 단무지(다쿠앙)를 고안했다는 설, 칸사이에서 먹던 음식을 칸토에 전파했다는 설 등이 있다.

시작했다. 그런데 그해에 스케히토 친왕이 3세의 나이로 세상을 떠나 버리고 말았다. 막부에서는 소중하고 소중한 보물을 잃은 것처럼 안타까워했으나 그래도 어전 짓는 일을 중단하지는 않았다. 그렇게 해서 완성된 어전이 센토(仙洞) 어소다. 천황은 막부의 이와 같은 불손한 태도를 보자 더욱 화가 나서 마침내는 황위를 오키코 내친왕에게 물려주겠다고 막부 쪽에 말했다. 그 말을 들은 막부는, 이번에는 황공스러워하는 기색도 없이 그렇게 하겠느냐며 실례가 되는 대답을 했다. 그리고 카스가노쓰보네를 곧장 쿄토로 올려보내서 천황이 정말 그런 말을 했는지를 묻게 했다. 이는 참으로 불손한 일로, 지금까지는 카스가노쓰보네를 현명한 여자인 것처럼 이야기했으나, 이런 일을 도맡아한 것을 보면 현명하기는커녕 참으로 불손한 여자였던 듯하다. 그런데 아무리 막부의 명령이라고는 하지만 이 쓰보네는 천황 앞에 나설 만한 신분이 아니었다. 이에 막부는 참으로 무례하게도 카스가노 쓰보네를 한 공경의 여동생으로 삼게 한 뒤 종2위의 관위를 억지로 내리게 하여 천황 앞에 나서게 했다. 사태가 여기에까지 이르자 천황도 더는 참지 못하고 그해 11월에 갑자기 위에서 물러나 이제 겨우 6세가 된 오키코 내친왕에게 자리를 물려주었다. 쇼토쿠(稱德) 천황 (764~770) 이후 거의 900년 동안 끊겼던 여황이 황위에 오르게 된 것이었다. 이를 메이쇼(明正) 천황이라고 부른다.

메이쇼 천황은 15년 동안 위에 머물다 이복동생인 고코묘(後光明) 천황에게 자리를 물려주었다.

2. 여기에서 배를 가르게

고코묘 천황은 11세에 황위에 올랐는데 학문을 깊이 닦았으며 시가에도 능했다. 이 천황은 어렸을 때부터 천둥번개를 매우 무서워했다. 그러나 어떻게 해서든 그러한 성격을 고쳐야겠다고 생각한 천황은,

"이는 내 스스로가 고칠 수밖에 없다."며 한번은 요란하게 천둥이 치며 비가 내리는 날 툇마루 가까이에 자리를 잡고 앉아 두려움을 참았고 이후부터는 어떤 벼락이 쳐도 두려워하지 않게 되었다고 한다.

이처럼 영명한 천황이었기에 막부에 대해서도 그 방자함은 조금도 용납하지 않았다.

어느 날, 아버지인 고미즈노오 상황이 병에 걸렸다. 천황은 상황이 있는 센토 어소로 문병을 가려 했다. 그러자 쇼시다이인 이타쿠라 시게무네(板倉 重宗)가 불손하게도,

"폐하가 어소 밖으로 나가시는 일에 대해서는 일단 막부와 상의를 하신 뒤 행하시기 바랍니다."라고 말했다. 그러자 천황은,

"아들로서 병이 드신 아버지의 문안을 가겠다는데 무슨 문제라도 있는 것인가? 만약 내가 어소에서 밖으로 나가서는 안 되는 것이라면, 어소에서 센토까지 기다란 복도를 만들도록 하게. 내 그 복도를 지나서 문안을 가도록 하겠네."라고 말했다. 거기에는 제아무리 시게무네라

할지라도 뒤로 물러나지 않을 수 없었다. 그렇게 뒤로 물러나 있는 사이에 천황은 센토 어소를 향해 출발했다.

천황은 학문을 닦았을 뿐만 아니라 무예에도 정진했다. 그런데 막부 입장에서 보자면 천황이 그렇게 여러 방면에서 훌륭한 모습을 보인다는 것은 근심거리가 아닐 수 없었다. 쇼시다이인 시게무네가 어소로 당장 달려가서,

"폐하, 폐하께서 무예를 닦으시는 것은 쿠게핫토[61]에서 금하고 있는 일입니다. 모쪼록 중단하시기 바랍니다."라고 말했다. 그러자 천황은,

"그런가? 그런데 그 쿠게핫토라는 건 대체 누가 만든 것인가?"라고 물었다. 시게무네는,

"네, 그것은 겐나 원년(1615) 7월 17일, 니조 성에서 이에야스 공이 칸파쿠 이하의 공경들에게 내보이신 규칙입니다."

"그렇다면 이에야스는 조정에 관한 일까지 제멋대로 정해도 된다는 말인가?"

여기에는 시게무네도 대답할 말을 찾을 수가 없었다. 설령 쇼군이라 할지라도 일천만승[一天萬乘]의 임금의 자유를 빼앗는다는 것은 물론 있을 수 없는 일이었다. 게다가 이 쿠게핫토를 이에야스가 제정한 것은 가능한 한 조정이 일을 하지 못하게 하기 위해서, 가능한 한 조정의 세력을 약화시키기 위해서였기에 시게무네가 대답할 말을

---

61) 公家法度. 킨추나라비니쿠게쇼핫토(禁中並公家諸法度)의 약칭. 에도 막부의 법령으로 1615년에 제정되었다. 17개 조로 이루어져 있으며 황실, 공가, 사원 등에 대한 규정.

찾지 못한 것은 당연한 일이었다. 하지만 쿄토에 머물며 조정을 제어하는 것이 쇼시다이의 일이었기에 을러서 안 되면 울며 매달리기라도 해야 했다.

"하지만 폐하, 이제 와서 제게 쿠게핫토의 옳고 그름을 말씀하셔봐야 제게는 어찌해볼 힘이 없습니다. 저는 그저 막부의 명령대로 폐하께 말씀 올리고 있는 것일 뿐입니다. 만약 폐하께서 앞으로도 무예를 닦으신다면 저는 저의 책임도 있고 하니, 할복을 할 수밖에 없습니다." 라며 막부가 아닌 자신의 부탁이라는 식으로 말하여 천황의 무예 연마를 말리려 했다. 그러나 시게무네와 같은 자 때문에 뜻을 꺾을 천황이 아니었다.

"그거 마침 잘 됐군. 나는 아직 무사가 할복하는 모습을 본 적이 없네. 그대가 할복을 해야 한다면 시신덴의 뜰에 자리를 마련하여 할복을 하도록 하게. 내 한번 봐야겠으니." 라고 말했기에 애초부터 할복할 마음이 전혀 없었던 시게무네는 완전히 기가 꺾이고 말았다.

천황이 이처럼 걸출한 인물이었기에 막부 쪽에서도 어찌해야 좋을지 애를 먹었으나 그 천황이 22세라는 젊은 나이에 세상을 떠나버리고 말았다. 막부 쪽에서는 틀림없이 안도의 한숨을 크게 내쉬었을 것이다.

(1) 이에야스는 조정을 존중했으나 정치의 권력을 자기 손에 넣기 위해 쿄토에 쇼시다이를 두어 조정을 압박했다.

(2) 히데타다는 자신의 딸인 카즈코를 고미즈노오 천황의 황후로 삼아 막부의 권위를 더했다.

(3) 토쿠가와 씨가 점점 전횡을 일삼기 시작했기에 화가 난 고미즈노오

천황은 위를 카즈코와의 사이에서 낳은 메이쇼 천황에게 물려주었다.

(4) 고코묘 천황은 영명한 사람으로 늘 막부의 방자함을 막으려 했다.

제23장 토쿠가와 미쓰쿠니

1. 배움의 정원

수백 년 동안 일본 전역의 곳곳에서 싸움이 그치지 않아 칼날의 빛에서, 창의 그늘에서 부는 피비린내 나는 바람이 한시도 멈출 줄을 몰랐다.

토쿠가와 이에야스는 천하를 자신의 것으로 삼은 이후, 학문을 활성화시켜 전쟁을 멈추게 해야겠다고 생각했다. 이는 참으로 훌륭한 생각이었다. 전국시대는 물론 그 이전부터 무사네, 대장이네 하는 사람들 가운데는 사실 학문이라는 것을 모르는 자가 아주 많았다. 그랬기에 그저 무력만을 앞세울 뿐, 세상 이치에 어둡고 옳고 그름에 대한 분별도 없어서 때로는 도리에 어긋나는 일을 하는 경우도 많았다. 그런데 이에야스가 학문을 권장함에 따라서 이름 높은 학자가 차례로 나타나기 시작했으며, 그런 학자들의 숫자가 많아지자 세상 일반에서도 학문이 널리 행해지게 되었다.

히데요시 시절에 후지와라 세이카(藤原 惺窩)라는 자가 쿄토에 살았다. 이 사람은 일본의 시가집인 『햐쿠닌잇슈(百人一首)』를 편찬

한 후지와라 사다이에(藤原 定家)라는 사람의 자손으로 중국의 학문에 밝았다. 이에야스는 히데요시가 살아 있을 때부터 이 세이카에게서 여러 가지로 이야기를 들었다. 세이카가 세상을 떠난 이후부터는 그의 제자인 하야시 도슌이라는 사람이 막부에서 일을 했다.

하야시 도슌도 역시 쿄토 사람으로 어렸을 때 켄닌지(建仁寺)라는 절에 들어가서 학문을 닦았는데 기억력이 좋아서 읽은 책 전부를 외우고 있었기에 사람들 모두 그의 장래를 기대하고 있었다. 그런데 도슌은 단순히 기억력만 좋은 것이 아니었다. 거기에 자신의 생각도 새로이 덧붙였다. 그랬기에 젊은 시절부터 중국의 주자[朱子]라는 사람의 학문에 대한 자신의 의견을 확립하여 그것을 제자들에게 가르쳤다. 그러자 한 나이 든 학자가 그런 새로운 설을 주장하는 것은 죄가 된다고 말했으나 도슌은 그래도 역시 자신의 생각을 가르쳤다.

그런데 후지와라 세이카도 주자의 학문을 깊이 연구하여 거기에 대한 자신의 생각을 완전히 정립해두었으나, 아직 대외적으로는 그것을 발표하지 않았다. 어느 날 도슌이 세이카를 만나 그의 이야기를 들어보니 자신보다 훨씬 더 뛰어난 점이 있었기에 도슌은 곧 세이카의 제자가 되었다. 도슌이 이에야스를 섬기게 된 것은 케이초 11년(1606)의 일이었다.

이에미쓰 시절에 에도의 시노부가오카(忍ヶ岡)를 도슌에게 주었다. 도슌은 거기에 학교를 세웠다. 또한 공자[孔子]의 묘도 그곳에 세웠다. 도슌은 그곳에 머물며 제자들을 가르쳤는데, 막부가 일본 내 무가들의 계보를 살펴보라고 그에게 명령했다. 3년쯤 지나 그것이

완성되자 이번에는 일본의 역사를 살펴보게 했다. 그런데 그 책이 완성되기 전에 도슌이 세상을 떠났기에 그의 아들인 하루카쓰(春勝)가 역시 막부의 명령을 받아 계속해서 일본의 역사를 조사했다. 그것이 칸분(寬文) 10년(1670)에 완성되었다. 이 책을 『본조통감[本朝通鑑]』이라고 한다. 먼 옛날부터 케이초 16년(1611)까지의 일본에 관한 사정을 적은 책이다.

5대 쇼군인 쓰나요시(綱吉)는 학문을 좋아했기에 도슌의 손자인 노부아쓰(信篤)에게서 가르침을 받았다. 쇼군이 이처럼 학문에 정진했기에 다이묘들도 모두 자신의 가신들에게 학문을 권했다. 이처럼 학문이 일어나자 시노부가오카에 있는 학교가 좁아지게 되었다. 이에 쓰나요시는 겐로쿠(元禄) 3년(1690)에 학교와 공자의 묘를 오늘날의 오차노미즈(御茶ノ水)로 옮기게 하고 훌륭한 건물을 지었다.

2. 여러 학자들

막부에서는 하야시 씨가 다이가쿠(大学)의 카미(頭장관)라는 직위에 머물며 학문을 가르쳤다. 이 에도를 중심으로 학문이 일본 전역으로 퍼져나갔다.

그 무렵 오우미에 나카에 토주(中江 藤樹)라는 학자가 있었다. 이 사람은 중국의 왕양명[王陽明]이라는 사람의 학문을 연구하여 지행합일[知行合一]을 가장 중히 여기는 가르침을 펼쳤다. 이는 아는 것과 행하는 것은 언제나 일치해야 한다, 알고서도 행하지 않는다면 학문을 닦은 보람이 없다는 가르침이었다. 그랬기에 시골에 있었음에도 불구하고 일본 전국에서 제자들이 모여들었다. 사무라이뿐만 아니라 농민과 상인까지 그의 가르침을 받아 토주가 사는 마을은 물론 그 근방에는 단 1명도 좋지 않은 짓을 하는 자가 없었다. 이에 세상 사람들은 토주를 오우미의 성인이라고 불렀다.

비젠의 번주인 이케다 미쓰마사(池田 光政)가 토주의 이름을 듣고 어떻게 해서든 그를 불러들였으면 좋겠다고 생각했으나 토주는,

"아직 어머니께서 살아계시기에 다른 곳으로 가서는 효를 다할 수가 없습니다."라고 말하고 가난한 중에도 어머니에게 효도를 다했다. 그런데 미쓰마사가 거듭 사람을 보내 청했기에 자신의 제자인 쿠마자와 한잔(熊沢 蕃山)을 미쓰마사에게로 보냈다.

한잔은 학문이 깊었을 뿐만 아니라 그 학문을 실제에 잘 활용했다. 그가 한 일을 보면 효자, 열부에게 상을 내리고 논밭의 수리시설을 정비하고 학교를 세우는 등 다른 한(藩)에서는 하지 않는 일을 했기에 이케다의 한은 사람들이 살기에 매우 좋아졌다.

토주와 비슷한 시대, 토사노쿠니에 타니 지추(谷 時中)라는 학자가 있었다. 그의 제자 가운데 노나카 켄잔(野中 兼山)이라는 사람이 있었는데 한슈인 야마노우치(山內) 씨를 섬기며 여러 가지 일을 했다.

또한 쿄토에 이토 진사이(伊藤 仁斎)라는 학자가 있었다. 이 사람도 처음에는 하야시 씨와 마찬가지로 주자를 공부했으나 훗날에는 스스로 하나의 학문을 열어 수많은 제자들을 가르쳤다. 그의 아들인 토가이(東涯)라는 사람 또한 이름이 높은 학자였다.

그 무렵 에도에는 오규 소라이(荻生 徂徠)라는 사람이 있었다. 이 사람도 처음에는 주자학을 공부했으나 이후 주자학의 좋지 않은 점을 들었으며 또한 이토 진사이의 학문까지 공격했다.

야마가 소코(山鹿 素行)라는 학자도 있었다. 이 사람은 병법 학자였는데 어렸을 때는 하야시 도슌 밑에서 주자학을 배웠다. 그런데 이 사람도 40세쯤 되었을 때 주자학에 옳지 않은 점이 있음을 알고, 그 옳지 않은 점을 세상에 발표했다. 한편 쇼군 이에미쓰의 동생인 아이즈의 한슈 호시나 마사유키(保科 正之)는 야마자키 안사이(山崎 闇斎)를 스승으로 삼아 주자학을 배우고 있었는데, 소코가 주자학에 대해서 좋지 않은 말을 하는 것이 마음에 들지 않았기에 막부에 말해서 소코를 잡아들여 아코우한(赤穗藩)에 맡겨버리고 말았다.

소코는 그 전에도 아코우한에서 학문을 가르친 적이 있었는데, 그때 아코우의 사무라이들은 소코에게서 병법을 배우고 학문을 배웠다. 훗날 아코우 사건에 가담한 47명 가운데 우두머리였던 오오이시 요시오(大石 良雄) 등도 소코에게서 학문을 배웠다.

호시나 마사유키의 스승인 야마자키 안사이는 어렸을 때 승려였으나, 성장한 이후 토사의 노나카 켄잔 밑으로 들어가 학문을 닦았다. 안사이는 또한 신도[62]도 공부했다. 불교, 유교, 신도 모두에 정통한 사람이었다. 이 사람의 제자 가운데 아사미 케이사이(浅見 絅斎)라는 자가 있었다. 이 사람은 오우미 사람으로 존왕론[63]의 선구가 된 자였다.

키노시타 준안(木下 順庵)도 쿄토가 낳은 대학자였다. 처음에는 카가의 마에다 토시쓰네(前田 利常)를 섬겼으나, 훗날 막부를 섬기며 유관[儒官]이 되었다. 그의 제자 가운데에는 아라이 하쿠세키(新井 白石), 무로 큐소(室 鳩巣) 등 유명한 사람들이 많았다.

---

62) 神道. 일본 고유의 민족적 신앙체계.
63) [尊王論] 황실을 신성한 것으로 존경할 것을 주장한 사상.

3. 사쿠라노바바

미토(水戸)의 한슈인 토쿠가와 미쓰쿠니(德川 光圀)는 요리후사(賴房)의 아들로, 이에야스의 손자였다. 어렸을 때의 이름을 치요마쓰마로(千代松麿)라고 했는데 9세 때 관례식을 치르고 쇼군 이에미쓰의 이름 가운데서 한 글자를 받아 미쓰쿠니라고 부르게 되었다. 어렸을 때부터 재기가 있고 용기도 있어서 주위 사람들을 놀라게 하곤 했다.

한번은 저택에서 4, 5정(500m)쯤 떨어진 사쿠라노바바(桜の馬場)라는 곳에서 죄인의 목을 벤 적이 있었다. 옛날에는 무거운 죄를 진 사람의 목은 그 죄과를 적어 효수했는데, 그날도 그 죄인의 목을 거기에 매달아두었다. 얘기를 듣는 것만으로도 소름이 돋을 정도이니 실제로 본다면 틀림없이 섬뜩한 기분이 들 것이다. 따라서 밤이 되면 죄인의 목을 내건 곳에는 아무도 지나는 사람이 없었다. 그런데 그날 밤 요리후사가 7세가 된 미쓰쿠니를 불러,

"지금부터 사쿠라노바바로 가서 죄인의 목을 가져오너라."라고 말했다. 요리후사는 애초부터 그런 목이 필요했던 것이 아니었다. 단지 미쓰쿠니의 담력을 시험해보고 싶었을 뿐이었다. 그러자 미쓰쿠니는 조금도 무서워하지 않고 바로, "네."라고 대답한 뒤 그대로 집에서 나왔다. 그 사쿠라노바바까지는 이삼십 분이면 충분히 다녀올 수 있는 거리였는데 아무리 기다려도 미쓰쿠니는 돌아오지 않았다.

자신이 보내기는 했으나 요리후사도 걱정이 되지 않을 수 없었다. 무슨 일이 있는 걸까 걱정하던 차에 미쓰쿠니가 돌아왔다.

"왜 이리 늦은 게냐."라고 묻자,

"날이 어두워서 길이 잘 보이지 않았습니다. 게다가 목이 무거워서 들 수 없었습니다. 질질 끌고 오다 두어 번 쉬었기에 이렇게 늦었습니다."라고 겁을 먹은 빛도 없이 대답했다. 요리후사는,

'아아, 나의 아들이지만 참으로 장하구나. 미토 가를 이 아이에게 물려주어야겠다고 생각한 나의 판단에 잘못은 없었다.'라고 기뻐하며 상으로 칼을 주었다고 한다.

미쓰쿠니는 성장함에 따라서 학문에 몰두했다. 그리고 학문의 깊이를 더해감에 따라서 세상의 일을 잘 이해할 수 있게 되었다. 미쓰쿠니가 18세가 되던 해의 어느 날, 중국의 『사기[史記]』라는 책을 읽었다. 그 책의 가장 앞부분에 「백이전[伯夷傳]」이라는 것이 있다. 그 내용은,

〈백이와 숙제[叔齊]는 고죽[孤竹]의 군자다. 아버지가 동생인 숙제를 아껴 그에게 자신의 뒤를 잇게 해야겠다고 생각하고 있었으나 그를 후사로 삼기 전에 세상을 떠나버리고 말았다. 숙제는 아버지가 돌아가시고 난 후 형인 백이에게 왕위에 오를 것을 권했다. 그러나 백이는 아버지의 뜻이니 네가 왕위에 올라야 한다며 그대로 나라 밖으로 떠나버리고 말았다. 그러자 숙제도 역시 형의 뒤를 따라서 나라 밖으로 나가버렸다. 이에 나라 사람들이 상의하여 중자[仲子]를 그 나라의 왕으로 세웠다.〉

라는 것이었다.

이를 읽은 미쓰쿠니의 얼굴에는 갑자기 당혹스럽다는 듯한 빛이

감돌기 시작했다. 미쓰쿠니에게는 형이 하나 있었는데 그 형이 미토 가를 잇지 않고 사누키(讚岐国카가와 현산슈,상국,중국)로 가서 타카마쓰의 성주가 되었기 때문이었다. 그랬기에 미쓰쿠니는,

'나는 형이 있는데도 가독의 자리에 올랐다. 숙제에 비하자면 참으로 부끄러운 일이다.' 라고 생각했다. 사마천[司馬遷]이 『사기』라 는 책을 지을 때 이 백이라는 사람의 이야기를 가장 앞에 둔 것은, '나라의 어지러움, 집안의 불화는 형제간의 다툼이 원인이다. 형제가 서로 양보해야 일가가 화합하고 국가가 태평해진다.' 고 생각했기 때문이었다. 미쓰쿠니가 미토 가의 후계자가 된 것은 그가 겨우 6세 때의 일이었기에 형이 있는데도 동생이 후계자가 되는 것이 좋은 일인지 나쁜 일인지조차 알 수 없었으나, 지금은 그 사실을 알게 되었기에 괴로운 마음이 들어 견딜 수가 없었다. 칸분 원년(1661)에 아버지 요리후사가 세상을 떠나자 형의 아들을 자신의 양자로 삼아 미토 가를 양보하겠다고 약속했다. 그리고 겐로쿠 3년(1690)에 63세 의 나이로 은거에 들어가면서 형 요리시게(賴重)의 아들인 쓰나에다 (綱条)에게 그 집안을 물려주었다. 자신의 아들인 요리쓰네(賴常)는 타카마쓰의 성주로 삼아 마쓰다이라 가의 뒤를 잇게 했다.

4. 대일본사

미쓰쿠니는 학문을 닦음에 따라서,

'책이 없었다면 예전의 좋은 글도 읽을 수가 없고, 역사를 읽지 않는다면 옛날의 일들도 알 수 없을 것이다.'라는 생각이 들었기에 무슨 일이 있어도 훌륭한 일본의 역사서를 만들어야겠다고 마음먹게 되었다.

이에 메이레키(明曆) 3년(1657)에 지금의 토쿄에 역사 연구소를 두고 옛날부터 전해오던 수많은 책을 모았으며, 또 여러 학자들을 불러들여 함께 그에 관한 연구를 시작했다. 아버지 요리후사가 세상을 떠나고 난 뒤에는 그 연구소를 지금의 미토에 있던 카미야시키(上屋敷)로 옮기고 그 연구소를 쇼코칸(彰考館)이라고 불렀으며, 이후 그 연구에 더욱 정진했다.

이 책을 훗날 『대일본사[大日本史]』라고 부르게 되었다. 미쓰쿠니는 자신의 손으로 『대일본사』를 완성시키지는 못했다. 미쓰쿠니가 70세가 되었을 때 진무 천황[64]에서부터 고코마쓰(後小松) 천황까지 73권의 원고가 완성되었다. 그리고 그로부터 1년 후에는 황족의 전기 32권이 완성되었다. 그런데 미쓰쿠니가 73세의 나이로 세상을 떠나버리고 말았다. 이때 신하에 대한 전기 일부도 조금은 완성되어

---

64) 神武天皇. 일본 1대 천황으로 전설상의 인물.

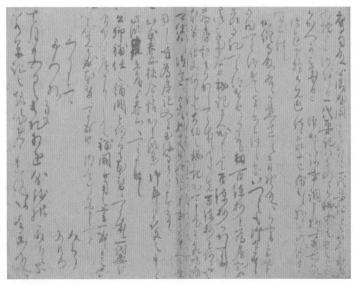

『대일본사』

있었다. 미쓰쿠니는 애초부터 자신의 손으로 이 작업을 마무리 지을
수 있으리라고는 생각지 않았다. 이후 미토 가에서 대대로 이 작업에
관여하여 쿄호(享保) 5년(1720), 미쓰쿠니가 세상을 떠난 지 20년째
되던 해에 총계 250권을 책으로 엮어 막부에 바쳤다. 그리고 코카쿠(光
格) 천황(1780~1817) 시절에 조정에도 바쳤다. 그 이후에도 미토 가에서
그에 대한 연구를 계속 진행하여 『대일본사』 전 430권이 완성된
것은 메이지(明治) 39년(1906)으로, 미쓰쿠니가 이 일을 시작한
지 250년 뒤의 일이었다. 어떤 일이든 이 정도로 계속해서 노력을
기울이면 훌륭한 성과를 거둘 수 있는 법이다.

　이전까지의 일본 역사와 비교해서 『대일본사』의 뛰어난 점은 진구
(神功) 황후를 천황이 아니라 황비[皇妃]로 보고, 코분(弘文) 천황의
아들인 오오토모(大友)를 천황으로 간주하여 역대 천황의 계보에

넣었다는 점이다. 이렇게 해서 남조를 정통한 천황이라고 인정했다. 이후의 역사는 대부분 이 『대일본사』에 바탕을 두고 만들어진 것이다.

5. 오호, 충신

미쓰쿠니는 『대일본사』를 저술하여 일본의 역사를 밝히고 천황과 백성의 다름을 분명히 하여 황실을 존경해야 한다는 사실을 사람들에게 알렸다. 뿐만 아니라 매해 첫날이 되면 이른 아침에 예복을 갖추고 멀리 서쪽에 있는 쿄토를 바라보며 천황에게 절을 올렸다. 또한 가신들에게도 언제나,

"일본의 주인은 천황폐하시다. 토쿠가와 쇼군은 우리 집안의 친척에 불과하다. 그대들도 이 사실을 깊이 새겨 만일의 경우에라도 그릇된 마음을 품지 않도록 하라."라고 말했다.

토쿠가와 막부 시절에는 남조와 북조 가운데 어느 쪽이 정통성을 가지고 있는 것인지 판단하지 못했기에 쿠스노키 마사시게가 충신인지, 아시카가 타카우지가 충신인지도 알지 못했다. 뿐만 아니라 타카우지가 쇼군이었기에 막부에서는 그 쇼군에 맞선 쿠스노키 마사시게 쪽을 매우 좋지 않은 사람이라 생각하고 있었다. 이에 미쓰쿠니는 사람을 코베(神戸)에 있는 쿠스노키데라(楠寺_{쿠스노키데라})로 보내서 마사시게의 위패와, 그와 관련된 서적 등을 살펴보게 하여 마사시게의 무덤을 찾아내서는 거기에 훌륭한 비석을 세웠다. 무덤의 토대는 예전에 마사시게의 영지였던 셋쓰·카와치·이즈미에서 돌을 가져오게 하여 쌓았으며, 비석에 <오호, 충신 난시(楠子)의 무덤>이라는 자를 새겨서,

마사시게가 일본의 커다란 충신임을 세상에 밝혔다. 비석의 글자는 미쓰쿠니 자신이 직접 썼다. 비석의 뒷면에는 중국 명나라의 충신인 주순수[朱舜水]가 지은 글을 새겨넣었다.

쿠스노키 마사시게를 충신으로 세상에 널리 알린 것만이 아니었다. 자기 영내의 효자와 열녀, 충성스러운 하인 등을 하나하나 찾아내 상을 내려 충효의 도를 세상에 권하기도 했다.

6. 미토 코몬

미쓰쿠니는 63세 때 집안을 양자인 쓰나에다에게 물려주고 자신은 미토의 니시야마(西山)라는 곳에서 은거했다. 이때, 조정에서 미쓰쿠니를 곤추나곤(權中納言)에 임명했으나 미쓰쿠니는,

"저처럼 조정에 드나든 적도 없으며, 또한 이처럼 은거하고 있는 자가 그와 같이 높은 관위를 받는다는 것은 참으로 황공한 일입니다." 라며 사양했다. 그런데 막부 사람들이,

"미토 가에서 대대로 그 관위를 받게 될 터이니 받아야 합니다."라고 권했기에 미쓰쿠니도 어쩔 수 없이 감사한 마음으로 그것을 받았다. 그러나 미쓰쿠니는 높은 관위를 받는 것이 천황에 대한 충성이라고는 생각지 않았기에,

〈관위의 산 오르기도 힘든 늙은 몸은 기슭의 마을에서 사는 것이 좋으리라〉

라는 노래를 읊으며 여전히 『대일본사』 편찬에 임했다.

이 니시야마는 미토에서 북쪽으로 50리(20km)쯤 떨어진 곳에 있는데 그의 집은 참으로 소박한 것이었다. 그가 역사를 조사하던 방도 겨우 3첩65)짜리 방이었으며, 책상 앞의 창 밖에는 매화나무 한 그루가 자라고 있었다. 봄이 올 때마다 미쓰쿠니는 작업에서 오는 피로를

---

65) [畳] 일본의 전통 바닥재인 다다미를 세는 단위로 1첩은 약 1.62㎡.

토쿠가와 미쓰쿠니

이 매화를 보며 위로받았으리라. 그가 은거했던 곳은 훗날 불에 타서 후대에 다시 지은 것이지만, 그 매화나무만은 옛날 그대로 남아 있는 것이라고 한다.

미쓰쿠니는 그곳에서 사는 동안, 천하의 후쿠쇼군(副将軍)인 미토가의 은거자인 듯한 모습은 전혀 보이지 않았으며, 옷도 거친 것을 입고 높은 신분인 양 행세하지도 않고 때로는 부근의 밭을 가는 농부들과도 허물없이 이야기를 나누었다. 이러한 때면 미쓰쿠니는 정말 농가의 은퇴한 농민이라 여겨질 정도로 소박한 모습이었다고 한다. 그랬기에 영내의 사람들뿐만 아니라 전국의 사람들 모두가 그를 미토 코몬(水戸 黄門) 나리라고 부르며 한층 더 존경했다. 코몬이란 일본의 추나곤이라는 직명이 중국의 코몬에 해당했기에 이처럼 부른 것이었다.

미쓰쿠니는 73세를 일기로 세상을 떠났다. 이에 오오타마치(太田町) 북쪽에 있는 즈이류지(瑞龍寺)라는 절에 장사지내고 기코(義公)라는 시호를 내렸다. 이후 조정에서는 기코에게 종2위 곤다이나곤을 내렸다.

(1) 학문으로 세상을 다스려야겠다고 생각한 이에야스는 하야시 도슌 등을 불러 가신들에게 학문을 가르치게 했으며, 또한 책을 조사하게 했다.

(2) 막부가 학문을 일으키자 일본 전국에서 학문이 활발히 연구되었다.

(3) 토쿠가와 미쓰쿠니는 미토의 한슈로 학문을 권했으며, 여러 학자들을 불러모아 일본의 역사를 조사하게 했다. 그 결과물로 태어난 것이 『대일본사』라는 책이다.

(4) 미쓰쿠니는 『대일본사』를 편찬하여 백성은 황실을 존중해야 한다는 사실을 사람들에게 밝혔다.

(5) 미쓰쿠니는 검약을 권했으며, 니시야마에 은거할 때도 매우 검소하게 생활했다.

제24장 오오이시 요시오

1. 이누쿠보 나리

5대 쇼군인 쓰나요시는 이에미쓰의 아들로 형인 이에쓰나(家綱)의 뒤를 이어서 쇼군의 자리에 올랐다. 학문을 좋아해서 어렸을 때부터 하야시 노부아쓰(林 信篤)에게서 학문을 배웠으며, 쇼군이 된 뒤에도 스스로가 사람들에게 학문에 대한 강의를 하기도 했다.

쓰나요시는 학문을 좋아했을 뿐만 아니라 진심으로 조정을 존중해서 한동안 끊어졌던 조정의 의식을 다시 일으켰으며 황실을 번성케 했다. 레이겐(靈元) 천황(1663~1687)은 황자인 아사히토(朝仁) 친왕을 황태자로 삼았으나 황실의 재정이 궁핍하여 입태자 의식조차 치를 수가 없었다. 입태자 의식을 치르지 못한 것은 이때만이 아니었다. 남조 때부터 의식이 끊겨버리고 말았다. 이에 쓰나요시는 친왕을 위해서 입태자 의식을 치를 수 있게 해주었다. 또한 이 친왕이 천황의 자리에 올랐을 때도, 고카시와라(後柏原) 천황(1500~1526) 때부터 대략 200년가량 끊겼던 다이조사이66)를 부흥시켰다.

---

66) 大嘗祭. 천황이 즉위 후 처음으로 거행하는 니이나메사이(新嘗祭). 니이나메사이

그리고 이전까지 3만 6천 섬이었던 천황의 영지를 쓰나요시가 5만 2천 섬으로 늘려주었다. 그러나 다이묘 1명이 수십만 섬, 수백만 섬의 영지를 차지하고 있는 경우도 있는데 천황이 겨우 그 정도의 영지밖에 얻지 못했다는 것은 참으로 안타까운 일이 아닐 수 없다.

또한 쓰나요시는 역대 천황의 무덤이 황폐해진 채 방치되어 있던 것을 수리하는 등 토쿠가와 시절에서는 예를 찾아볼 수 없을 정도로 황실을 존중하는 모습을 보였다.

이처럼 쓰나요시는 학문과 정치 모두에 힘을 기울였을 뿐만 아니라, 한편으로는 불교를 믿는 마음이 두터워서 비용에는 전혀 신경 쓰지 않고 고코쿠지(護国寺호국사)네 고지인(護持院호지원)이네 하는 커다란 절을 지었다. 칸다바시(神田橋) 부근에 고지인이라는 커다란 절을 지은 것은, 뒤를 이을 아들이 없다는 사실에 슬퍼하여 아들을 빌기 위해서였다. 그러나 아들이 태어나지 않는 것을 신이나 부처님께 빌어봐야 아무런 소용도 없는 일이라는 것은 너무나도 자명한 사실이다. 그러자 이번에는 고지인의 승려로 쓰나요시로부터 두터운 신임을 얻고 있던 류코(隆光)라는 자가,

"쇼군께 후사가 태어나지 않는 것은 전생에 수많은 생물을 죽인 업보 때문입니다. 그러하오니 후사를 원하신다면 일본의 백성들에게 살생을 금하도록 하시면 될 것입니다. 그리고 쇼군께서는 술년[戌年개의 해]에 태어나셨으니 개를 중히 여기시면 될 것입니다."라고 거짓말인 듯도 하고 참말인 듯도 한 말을 했다. 그러자 쓰나요시는 당장에

란 그해에 수확한 곡물을 신에게 바치고 천황 자신도 그 곡물을 먹는 행사.

그 말을 믿어 우선은 사냥을 해서는 안 된다는 규칙을 만든 것을 시작으로, 개나 원숭이 등의 생물을 구경거리로 삼아서는 안 된다, 새나 물고기 등을 길러서는 안 된다는 등의 규칙을 만들었다. 그리고 더 나아가서는 새나 짐승의 이름을 사람의 이름에 붙여서는 안 된다는 규칙까지 만들었다. 그랬기에 어제까지 쓰루키치[67]라고 불리던 사람이 하루아침에 센키치(千吉)나 마쓰키치(松吉)라고 이름을 바꾸지 않으면 안 되었으며, 카메조[68]는 만조(万造)나 우미조(海造)로 이름을 바꾸지 않으면 안 되는 웃지 못할 상황이 벌어지고 말았다. 그런데 이 정도는 그나마 괜찮은 편으로 나이 든 농부가 자신의 논에 앉은 참새를 쫓았다는 이유로 감옥에 들어가기도 했으며, 부엌일을 하던 하녀가 부엌에 들어온 도둑고양이를 때렸다는 이유로 시골로 쫓겨나기도 하고, 비둘기에게 돌을 던졌다는 이유로 에도에서 쫓겨나는 사람들이 곳곳에서 나왔다. 이래서는 날짐승과 길짐승의 세상이 되어버리고 만다. 까마귀는 먹고 싶은 만큼 감을 먹을 수 있었다. 솔개는 유유하게 원을 그리며 날다 먹고 싶은 것이 있으면 얼마든지 그것을 채갈 수 있었다. 개는 기세 좋게 돌아다니며 생선가게의 생선을 마음껏 먹을 수 있었다. 그러나 농부나 생선장수는 그들을 내쫓을 수도 때릴 수도 없었다. 하물며 누구도 개를 죽일 수 없었기에 에도 거리는 개로 가득 넘쳐났으며 그들이 사람에게 달려들어도 사람 쪽에서 '이거 죄송하게 됐습니다.' 하고 달아나지 않으면 안 되었다.

  그러나 그러한 상황이 되어서도 쓰나요시는 여전히 만족하지 않았

---

67) 鶴吉. 쓰루는 학을 일컫는다.
68) 龜造. 카메는 거북이를 일컫는다.

토쿠가와 쓰나요시

다. 오오쿠보(大久保) 부근에 2만 5천 평이나 되는 개의 사육장을 마련해서 들개들을 기르기 시작했다. 그런데 그곳이 곧 만원이 되어버리자 이번에는 나카노(中野) 부근에 16만 평짜리 사육장을 지었다. 그랬기에 밤이고 낮이고 멍멍, 컹컹, 오오쿠보와 나카노 부근 사람들은 밤에도 잠을 잘 수가 없었다. 이런 상황이었기에 당시 사람들은 쓰나요시를 이누쿠보[69] 나리라고 불렀다.

기껏 나타났던 학자 쿠보 나리가 이누쿠보 나리가 되어버린 것만 해도 안타까운 일인데 쓰나요시는 슬슬 정치에도 신물이 나기 시작했다. 그러더니 요곡[謠曲]을 배우기 시작했다. 그로부터 얼마 지나지

---

69) 犬公方. 이누는 개, 쿠보는 쇼군을 일컫는다.

않아서 이번에는 노70)를 배우기 시작했다. 쇼군이 노를 시작했기에 다이묘와 사무라이들도 오~, 아~하며 춤을 추기 시작했다.

이처럼 절을 세우기도 하고 놀이에 심취하기도 하면 점점 돈이 부족해지는 법이다. 그러자 지금까지 유통되던 금화와 은화를 녹여 금화 속에는 은을, 은화 속에는 동이나 주석을, 더 심한 경우에는 납을 넣어 질이 좋지 않은 돈을 아주 많이 만들었다. 그랬더니 이번에는 물건의 가격이 올라가기 시작했다. 그런데 물건의 가격이 올라가면 어려움을 겪는 것은 농민이나 일반 백성들일 뿐, 다이묘나 사무라이들은 녹봉을 쌀로 받기에 쌀의 가격이 오르면 오를수록 더욱 부자가 되어 모두가 사치스러운 생활을 하기에 이르렀다.

무사들이 매일 놀며 사치스러운 생활을 하면, 백성들도 왠지 무사들을 따라하고 싶어지는 법이다. 이에 사람들 모두가 사무라이에게도 지지 않을 만큼 아름다운 옷을 입기 시작했다. 그리고 무사가 노를 본다면 우리는 연극을 보겠다며 매일 연극을 보러 가곤 했다.

이렇게 되자 일본 전체가 위아래 할 것 없이 사치에 빠졌기에 참으로 한탄스러운 세상이 되어버리고 말았다. 이 무렵의 연호가 겐로쿠였기에 이 시대를 겐로쿠 시대라고 부르는데, 오늘날까지도 좋지 않은 평판을 듣고 있다.

---

70) 能. 일본 전통의 가면극.

2. 아코우의 의사

위아래 할 것 없이 사치와 유타[遊惰]에 빠져서 무사는 금은 가루로 장식한 가느다란 칼을 허리에 차고 무예에 관해서는 완전히 잊은 채 시가네, 요곡이네 떠들썩하게 돌아다녔으며, 일반 백성은 아름다운 옷을 입고 꽃놀이네, 연극이네 놀러 다니기만 했다. 그랬기에 일본은 그저 여자들만 모아놓은 것처럼 조금의 강인함도 용맹스러움도 찾아볼 수 없는 나라가 되어버리고 말았다. 바로 그러한 때에 사람들을 깜짝 놀라게 만든 사건이 벌어졌다. 그것은 반슈(播州하리마노쿠니) 아코우(赤穂)의 로시71) 47명이 주인의 원수를 갚은 일이었다.

사건은 겐로쿠 14년(1701) 3월에 천황과 상황이 보낸 사자가 막부에 온 일에서부터 시작되었다. 그 사자는 특별한 일이 있어서 온 것이 아니라 매해 정월이면 막부에서 조정에 돈과 그 외의 여러 가지 물건들을 바쳤기에 그에 대한 답례로 조정에서도 매해 막부로 칙사를 보냈는데 이때의 사자도 그러한 사자였다. 막부에서는 매해 그 사자를 가능한 한 극진하게 대접했다. 막부에서도 물론 코우케(高家)라는 관리를 두어 의식이나 접대를 담당하게 했으나, 이 칙사에 대한 접대에는 그 외에도 따로 향응을 담당하는 자를 뽑아 그들로 하여금 접대케 했다. 이 향응 역할을 맡게 된 자는 자신의 돈으로

71) 浪土. 섬길 영주를 잃은 무사.

그 임무를 수행해야 했다. 비용이 상당히 많이 드는 임무였으나 누가 뭐래도 명예로운 역할이었기에 향응 역할을 맡게 된 다이묘는 정성껏 그 임무를 수행했다.

이때 향응 역할을 맡게 된 자는 반슈 아코우의 성주이자 타쿠미(内匠)의 카미(頭)인 아사노 나가노리(浅野 長矩)와 이요노쿠니(伊予国 에히메 현 요슈,상국,원국) 요시다의 성주인 다테 무네하루(伊達 宗春)였다. 그런데 이 향응 역할을 맡게 된 자는 모든 일을 코우케의 필두[筆頭]인 키라 요시나카(吉良 義央)와 상의해서 임무를 수행하게 되어 있었다.

아사노 나가노리는 아사노 나가마사(浅野 長政)의 자손으로 영지는 5만 3천 섬이었으나 본가가 히로시마의 42만 섬을 소유하고 있었기에 그 비용을 대는 데 어려움은 조금도 없었다. 그래도 일단은,

"이처럼 명예로운 역할을 맡겨주신 것은 더할 나위 없이 영광스러운 일입니다만, 저는 예법에 익숙지 않기에 혹여라도 예법에 어긋나는 행동을 해서는 쇼군께도 죄송한 일이 되니 모쪼록 그 방면에 밝으신 분께 이번 역할을 명하시기 바랍니다."라고 사양했으나 로주들이,

"그 일이라면 염려할 것 없네. 무슨 일이든 코우케이신 키라 코즈케의 스케(차관) 나리께서 알고 계시니 그대는 하나하나 키라 나리와 상의하여 행하시기만 하면 충분히 임무를 다하실 수 있을 걸세"라고 말했기에 아사노는 그대로 임무를 맡기로 했다.

코즈케의 스케인 이 키라라는 사람의 집안은 아시카가 시절부터 이어져온 훌륭한 가문으로 녹봉은 미카와와 코즈케 가운데서 겨우 4천 2백 섬밖에 받지 못했으나 오랜 세월 막부를 섬기며 의식과 예법에 관한 일에 밝아서 관위는 종4위, 사콘에[72]의 쇼쇼(차관)에까지

올랐으며, 코우케의 필두를 맡고 있었다.

그런데 이 키라 요시나카는 매우 탐욕스러운 자여서 지금까지 자신에게 돈이나 선물을 가지고 온 사람들에게는 무슨 일이든 친절하게 가르쳐주었으나, 그렇지 않은 사람에게는 제대로 대답조차 하지 않았다. 그랬기에 요시나카는 이번에도,

'아사노는 재산이 풍족하니 틀림없이 많은 돈을 가지고 올 것이다.' 라며 기대를 하고 있었다. 아사노 쪽에서는,

"신분이 높으신 분께 많은 선물을 가지고 가서 일을 청하는 것은 뇌물을 가지고 가는 것과 바를 바 없는 일이다. 단지 실례가 되지 않을 정도로만 인사를 해두고 오너라."라며 자신이 정직한 만큼 그저 가신을 보내서 인사만 해두게 했다. 키라 쪽에서는 커다란 착각을 하고 있었기에,

"아사노라는 놈은 참으로 인색한 놈이로구나. 만약 인색한 것이 아니라면 매우 무례한 놈이다. 네놈이 그럴 생각이라면 내게도 다 생각이 있다."라며 크게 화를 냈다. 나가노리는 그런 줄도 모르고 이번에는 자신이 직접 요시나카를 찾아가서,

"이번에 향응 역할을 명령받기는 했으나 워낙 시골의 사무라이인지라 예법에 관해서는 아무것도 모릅니다. 하나에서부터 열까지 전부 지도를 해주시기 바랍니다."라고 인사를 했으나 요시나카는 화가 나 있던 참이었기에,

"칙사의 향응에 대해서는 저도 아는 바가 없기에 도움을 드릴

---

72) 左近衛. 우콘에와 함께 궁중의 경비 및 행행 시의 수행 등을 맡던 관청.

수 없을 듯합니다. 무슨 일이든 나리의 생각대로 행하시기 바랍니다. 그저 나리의 마음 가는 대로."라며 상대조차 하려들지 않았다. 나가노리는,

"이번 일에 관해서는 하나에서부터 열까지 나리의 지도를 받으라고 로주께서 명령하셨습니다. 그런 말씀 마시고 잘 좀 가르쳐주시기 바랍니다."라며 거듭 머리를 숙여 청했다. 키라는,

"그렇게까지 청을 하시니 드리는 말씀입니다만, 무엇보다 중요한 건 진상품입니다. 천황께서 보내신 사자에게도, 상황께서 보내신 사자에게도, 그리고 그 외의 사람들에게도 말입니다. 하하하하, 아시겠습니까?"라며 비열하게도 뇌물을 재촉하는 말을 에둘러서 했다. 그러나 아사노는 정직한 사람이었기에,

'진상품이라니 조금 이상한데. 그런 것까지 해야 하는 건가?' 라는 생각이 들어 나중에 로주 가운데 한 사람에게 그에 대해서 물어보자 로주는,

"진상품을 바치는 일은 예전부터 없었습니다."라고 대답했다. 이 사실이 다시 키라에게 알려지자,

"아사노는 참으로 발칙한 놈이로구나. 사람이 은밀히 건넨 이야기를 로주에게 하다니."라며 더욱 화를 냈다.

한편, 상황이 보낸 사자의 향응 역할을 맡은 다테 사쿄[73]의 스케(亮, 차관)는 키라의 탐욕스러움을 잘 알고 있었기에 돈을 잔뜩 보내두었다. 이에 키라는 크게 기뻐하며 여러 가지 일들을 흔쾌히 알려주었다.

---

73) 左京. 쿄토의 동쪽 지역. 궁궐에서 봤을 때 왼쪽 지역에 해당하기에 이렇게 불렀다. 쿄토의 서쪽, 즉 오른쪽 지역은 우쿄(右京).

각각의 칙사들이 머물 장소도, 다테 쪽에는 새로 수리도 하고 벽도 새로 바르고 다다미도 전부 갈아야 한다고 미리 알려주어 진작부터 그 준비를 할 수 있게 해주었으나, 아사노 쪽에는,

"그저 청소만 해두면 됩니다."라고만 말했기에 아사노 쪽에서는 그저 청소만 해두었을 뿐이었는데, 칙사가 도착하기 하루 전날이 되어서야 그래서는 예법에 어긋난다는 사실을 알았기에 아사노는 갑작스럽게 목수를 부르기도 하고 미장이를 부르기도 하고 다다미를 갈기도 하는 등 한바탕 소동을 벌이지 않을 수 없었다. 그때 아사노는 하룻밤 사이에 200여 첩이나 되는 다다미를 갈았다고 한다. 그것만 해도 큰일이었는데, 벽은 하룻밤 사이에 마를 리가 없었다. 하는 수 없이 숯불로 벽을 말렸다. 그를 위해서 쓴 돈만 해도 상당한 액수에 이르렀다. 이 소식을 들은 키라는,

'아주 고소하구나. 그래, 돈이 좀 많이 들게다.'라며 혼자서 미소를 지었다.

3월 11일이 되어 각각의 사자들이 마침내 에도에 도착했다. 그때도 아사노는 사자를 마중하기 위해 시나가와까지 가야 하는 건지 가지 않아도 되는 건지 알 수가 없었기에 키라에게 문의했으나, 키라는 일부러 실수를 하게 만들려고 가야 하는 것을 가지 않아도 된다고 대답했다. 나중에야 가야 한다는 사실을 알게 된 아사노가 황급히 달려갔으나 이미 늦어버리고 만 뒤였다. 아사노도 마침내,

'키라는 내가 실수하기를 바라고 있구나.'라는 사실을 깨닫고 참으로 안타깝게 여겼다. 그러나 지금 화를 내서는 중요한 역할을 수행할 수 없다고 생각했기에 그대로 가만히 참고만 있었다.

칙사의 임무는 첫째 날에 천황과 상황의 말을 쇼군에게 전하고, 둘째 날에는 막부의 접대를 받고, 셋째 날에는 쇼군의 봉답을 듣는 예식, 그리고 조조지(增上寺)와 칸에이지(寬永寺)로 참배를 가는 것이었다. 그 첫 번째 날은 그럭저럭 잘 넘어갔다. 아사노는 키라의 악의 담긴 태도 때문에 더할 나위 없이 불쾌했으나 그날은 그냥 집으로 돌아갔다. 그 이튿날 조그만 사건이 일어났다. 키라가 보이는 악의 담긴 태도에 칼로 베어버리고 싶다는 생각까지 들었으나,

'이제 하루만 더 참으면 된다.'는 마음이 들었기에 가만히 참았지만 그래도 치밀어오르는 울화는 가라앉지 않았다. 그런데 칙사를 위해 내준 음식에 대해서 키라가,

"다테 나리는 아직 젊으시나 여러 가지로 세심하게 신경을 쓰셨습니다. 아사노 나리께서는 아무리 아코우 바닷가의 염전에서 자라셨다고는 하나 조금은 예법을 알아두시는 것도 그리 나쁘지는 않을 듯합니다."라며 여러 사람들 앞에서 창피를 주었기에 올곧기만 한 아사노는,

'이놈, 가만두지 않겠다.'라고 생각했으나 그때 마침 뒤에서,

"아사노 나리."라고 부르는 사람이 있었다. 아사노가 돌아보니 시모쓰케의 카미인 토자와(戸沢)라는 사람이었다. 토자와가 조그만 목소리로,

"아사노 나리, 참으시기 바랍니다. 중요한 순간입니다."라고 다정하게 말해주었다. 아사노도 그 말이 기뻤기에 그날도 자신의 임무를 마친 뒤 조용히 집으로 돌아갔다.

그날 밤, 토자와가 아사노의 집으로 직접 찾아왔다. 아사노가 기꺼이 그를 맞아들인 뒤,

"오늘은 여러 가지로 주의를 주셔서 참으로 감사합니다."라고 인사를 하자 토자와는,

"그 일 때문에 이렇게 다시 찾아뵈었습니다. 화가 나실 테지만 모쪼록 참으시기 바랍니다. 저도 몇 년 전에 닛코(日光)에서 칙사를 향응하는 역할을 맡았었는데 그 탐욕스러운 키라 때문에, '이놈 단칼에 찔러 죽이겠다.'고 마음먹은 적이 한두 번이 아니었으나 간신히 참고 또 참으며 마음을 다스려 오늘에까지 이를 수 있었습니다. 한때의 노여움에 이성을 잃는다면, 가문도 잃게 되어 조상들 뵐 면목이 없어지게 될 뿐만 아니라 가신들에게까지 피해를 주게 됩니다. 이제 하루만 더 참으시면 되니, 그때까지는 임무에 충실하시기 바랍니다. 쓸데없는 참견이라 하실지 모르겠으나, 그 마음을 잘 알기에 드리는 말씀입니다."라고 친절하게 충고를 해주었다. 아사노도,

"이렇게 일부러 찾아오셔서 더없이 친절한 말씀을 들려주시다니, 참으로 감사합니다. 반드시 주의하도록 하겠습니다."라고 말했기에 토자와는 안심하고 집으로 돌아갔다.

14일이 되었다. 오늘로 모든 일정이 끝날 터였다. 쇼군이 칙사를 만나는 곳은 하쿠쇼인(白書院)이라는 방, 향응을 맡은 자와 그 외의 사람들은 마쓰노로카(松の廊下)라는 곳에서 각 사자들이 오기를 기다렸다.

악의를 품은 키라가 아사노를 괴롭히는 모습을 보자 곁에 있던 사람들도 딱한 마음이 들었다. 그랬기에 그때 부젠의 카미인 시나가와라는 사람이 곁에 있다가 더는 가만히 있지 못하고,

"아사노 나리, 오늘의 의식에 대한 순서지가 로주에서 나왔습니다

만, 혹시 그걸 보셨습니까? 그걸 보시지 않는다면 오늘의 임무를 다하실 수 없을 것입니다."라고 주의를 주었다. 아사노는 당장 키라를 찾아가서,

"키라 나리, 오늘의 순서지가 나왔다고 들었습니다만, 그걸 가지고 계시는지요?"라고 물었다. 키라는 그 순서지를 다테에게는 전부 보여주었으나, 아사노에게는 아직 보여주지 않았다. 뿐만 아니라 아사노가 이렇게까지 물어보았는데도,

"그렇습니다. 그것이 나오기는 했으나 딱히 보여드릴 필요는 없을 듯합니다. 나리께서는 전부를 잘 알고 계시는 것 같으니."라며 시치미를 떼고 엉뚱한 소리를 했다. 아사노가,

"아니, 저는 아무것도 모릅니다. 그것을 알지 못하면 임무를 수행할 수 없다고 들었습니다. 그러니 반드시 보여주셔야……."

"반드시 보여달라니, 이 무슨 실례의 말씀을."

"무례함은 사과를 드리도록 하겠습니다. 모쪼록 꼭 좀 보여주셨으면 합니다."라고 말하고 있을 때, 하타모토[74] 가운데 카지카와 요소베에(梶川 与惣兵衛)라는 사무라이가 쇼군의 어머니인 케이쇼인(桂昌院)의 말을 전하기 위해 아사노를 찾아와서,

"식이 끝난 후에 케이쇼인께서도 칙사를 뵙고 싶다고 하십니다. 모쪼록 그 시각을 제게 알려주시기 바랍니다."라고 말했다. 아사노가,

"알겠습니다."라고 대답하자 키라는,

---

74) 원래는 대장이 있는 본진의 무사를 일컫는 말이었으나, 에도 막부 이후부터는 쇼군에 직속된 무사로 쇼군을 직접 만날 자격이 있는 자 가운데 녹봉이 500섬 이상, 1만 섬 미만인 자를 일컬었다.

"용건이 있으시다면 제게 말씀하시기 바랍니다. 마중의 예법조차 모르는 아사노 나리께서 그 시각을 알고 계실 리 없으니."라며 그대로 몸을 일으켜 다른 곳으로 가려 했다. 여기서 놓쳐서는 안 된다고 생각한 아사노가,

"잠시만 기다려주십시오, 그 순서지를……."이라며 키라의 소맷자락을 잡으려 하자 키라는,

"왜 이러십니까."라며 손에 들고 있던 부채로 아사노의 손을 쳐서 그것을 뿌리치려 했다. 그런데 공교롭게도 그 부채가 아사노가 쓰고 있던 에보시[75]에 맞아 에보시가 바닥에 툭 떨어져버리고 말았다. 옛날부터 전 안에서나 궁중에서 에보시를 떨어뜨려서는 그 역할을 다할 수 없다고 여겨져 왔었다. 아사노도 더는 참을 수 없어서 순간,

"키라, 거기 서라."라며 섬뜩한 목소리로 말하고 돌아보는 키라의 얼굴을 향해 슥 칼을 휘둘렀다. 다행인지 불행인지 칼은 키라가 쓰고 있던 에보시의 철심 부분에 맞아서 얼굴에는 아주 작은 상처만 남겼을 뿐이었다. 그러나 탐욕스러운 데 반해서 겁이 많았던 키라는,

"아사노의 머리가 이상해졌다."라고 커다란 목소리로 외치며 달아나려 했다. 그 순간을 놓치지 않고 아사노가 뒤에서부터 다시 한 번 칼을 휘둘렀으나 이번에는 카지카와가 그를 끌어안아서 말렸다. 카지카와는 하타모토 가운데서도 가장 힘이 센 무사였을 뿐만 아니라 키라와 친밀하게 지내는 사이로,

"전 안입니다."라며 아사노를 제지했기에 두 번째 칼도 살짝 빗나가

---

75) 烏帽子. 무사나 공경이 쓰던 건의 일종.

버리고 말았다. 그때 차보즈76)가 달려와서 아사노의 칼을 낚아챘다.

키라는 흐르는 피에 얼굴을 물들여가며 정신없이 달아나기 시작했는데, 그때 마침 맞은편에서 다가오고 있던 아와지(淡路효고 현의 아와지시마와 누시마탄슈,하국,근국)의 카미인 와키자카와 부딪쳐 얼굴의 피를 와키자카의 옷에 묻히고 말았다. 와키자카도 평소부터 키라를 좋지 않게 생각하고 있었기에 고소하게 되었다며 커다란 주먹을 불끈 쥐어 그의 뺨을 힘껏 후려쳤다. 칼에는 쓰러지지 않았으나 그 주먹을 맞고는 키라도 고꾸라져버리고 말았다. 이후에도 칼에 맞은 상처는 금방 나았으나 뺨에 생긴 혹은 좀처럼 가라앉지 않았다. 키라와 의원 모두, 아사노는 틀림없이 때리지 않은 것 같은데 이 혹은 어째서 생긴 것일까 하며 이상히 여겼다고 한다. 그 말을 들은 와키자카는 틀림없이 남몰래 웃었으리라.

이 소동으로 전 안은 세상을 발칵 뒤집어놓은 것처럼 혼잡해졌다. 이에 아사노가 맡았던 역할은 토다(戸田)라는 다이묘가 뒤이어 맡게 되었다.

아사노는 그 자리에서 우쿄(右京)의 타이후(大夫)인 타무라(田村)라는 다이묘에게 맡겨졌다. 당시 타무라의 저택은 시바(芝)의 아타고(愛宕) 아래에 있었다. 죄인이 되어버린 아사노는 호송용 가마에 실려 그곳까지 보내졌고 바로 뒤에 쇼군으로부터,

"아사노의 오늘 소행은 매우 괘씸한 짓이니, 당일로 할복을 명한다." 는 명령이 내려졌으며, 할복을 감시하기 위해서 쇼다 야스토시(庄田

---

76) 茶坊主. 다도와 관련된 일을 맡던 자.

安利), 타몬 덴파치로(多門 伝八郎) 2사람이 타무라의 저택으로 왔다.

설령 그 어떤 일이 있었다 할지라도 어전 안에서 사람을 베려 했던 것은 아사노의 잘못이었다. 키라는 무서워서 도망을 쳤으면서도 말만은 그럴 듯하게 해서,

"저는 아사노에게 원한을 살 만한 짓은 그 무엇도 하지 않았습니다. 온전히 아사노의 잘못입니다. 그랬기에 저는 아무런 대항도 하지 않았던 것입니다."라고 말했다.

그런데 다이묘가 할복을 할 때에도 거기에 맞는 격식이 있는 법인데, 이 쇼다라는 사람은 키라 쪽을 좋게 생각하는 사람이었기에 쇼군의 명령을 전한 뒤 타무라에게,

"아사노는 쇼군의 노여움을 산 자이니, 다이묘의 격식에 따라서는 안 됩니다. 뜰에서 할복하게 하십시오."라고 말했다. 그러자 타몬이,

"설령 쇼군의 노여움을 샀다 할지라도 한 성의 주인입니다. 그런데 관직도 관위도 없는 일개 사무라이처럼 뜰에서 할복하라니, 그것은 대체 누구의 명령입니까?"라고 물었으나 쇼다는,

"아랫사람이 쓸데없는 참견을 할 필요는 없네."라며 야단을 치고 그대로 뜰에서 할복하게 했다. 그때 아사노의 가신으로 카타오카 겐고우에몬(片岡 源吾右衛門)이라는 자가 타무라의 저택으로 달려와 서,

"이번 생에서의 마지막 인사라도 나누고 싶으니 잠시만이라도 만나게 해주십시오."라고 눈물을 흘리며 청했다. 타몬은 아사노를 측은히 여기고 있었기에,

"아아, 알겠습니다. 그렇게 하십시오."라고 이를 허락했다. 그때

아사노는 툇마루 가까운 곳에 앉아 있었다. 겐고우에몬은 뜰에 두 손을 대고 엎드려 그저 말없이 주인의 모습을 올려다보기만 했다. 아사노도 말없이 가신의 모습을 내려다보고만 있었다. 그리고 그들의 눈과 눈이 마주쳤을 때, 두 사람의 눈에는 눈물이 가득 고여 있었다.

"마음 편히 가시기 바랍니다."

"오오, 잘도 와주었네. 뒷일을 잘 부탁하네."

이미 뜰 구석에서부터 쓸쓸한 어둠이 내리기 시작한 시각이었다. 카타오카는 그대로 그곳을 떠날 수밖에 없었다.

아사노의 사체는 카타오카 겐고우에몬이 또 다른 가신인 이소가이 주로자에몬(磯貝 十郎左衛門)과 둘이서 넘겨받아 타카나와(高輪)의 센가쿠지(泉岳寺)에 장사지냈다.

그 이튿날의 일이었다. 아사노의 본가에서,

"어제 타쿠미의 카미가 뜰에서 할복했다고 들었습니다. 그것은 어떤 분의 지도였습니까?"라고 타무라에게 문의를 해왔다. 이거 난처하게 됐구나 싶어 타무라는,

"그것은 쇼다 나리의 말씀에 의한 일이었습니다만, 어쩌면 로주와 상의를 한 뒤 정한 일일지도 모르니 일단은 자세히 알아본 후에 다시 답하도록 하겠습니다."라고 대답한 다음, 그 자세한 사정을 막부에 문의했다. 막부에서도 곧바로 쇼다를 불러 물어보니 쇼다는,

"제가 잠시 깜빡했습니다."라고 우물쭈물 넘어가려 했으나 타몬이,

"아닙니다. 제가 주의를 주었으나 아랫사람이 쓸데없는 참견을 한다며 야단을 치셨습니다."라고 그때의 일들을 이야기했기에 쇼다는 마침내 면직 처분을 받게 되었다.

아사노의 집안은 단절77), 성과 영지는 막부가 전부 거두어들였으며 타쿠미의 카미의 동생인 다이가쿠(大学)는 폐문78)당했다.

아코우 성을 지키고 있던 자는 오오이시 요시오라는 카로였다. 3월 19일에 아사노가 할복했다는 소식이 아코우 성에도 전해졌다. 이 소식을 접한 요시오는 곧 300여 명의 사무라이들을 성 안으로 불러 앞으로의 일에 관한 상의를 했다. 사흘에 걸쳐서 상의를 했으나 좀처럼 의견이 모아지지 않았다. 요시오와 같은 카로인 오오노 쿠로베에(大野 九郎兵衛) 등은,

"성의 재산은 모두가 나누어가지고, 성은 막부에 넘겨준 뒤, 각자 제 갈 길을 갑시다."라고 말했다. 또 하나의 의견은,

"목숨이 붙어 있는 한 성을 지키며 밀고 들어오는 군세와 맞서 싸우다 깨끗하게 죽어 나리와 함께 길을 가도록 합시다."라는 것이었다. 그러자 요시오는,

"그렇군 농성을 하자니 참으로 장한 각오일세. 나도 거기에 따르도록 하겠네."라고 말했다. 이처럼 커다란 용기가 필요한 쪽으로 이야기가 흘러가자 오오노를 비롯하여 그를 따르던 겁쟁이들은 이후부터의 상의에 그 누구도 모습을 드러내지 않았다. 드디어 죽음을 각오로 싸우자는 마지막 결정이 내려진 자리에는 겨우 60명 정도만이 참석했을 뿐이었다. 그때가 되어서야 요시오는 마침내 자신의 본심을 드러냈다.

---

77) [斷絕단제쓰] 주인(쇼군)과의 관계가 끊어짐을 말한다. 그 결과 가문의 격식을 잃게 되며 영지 등도 몰수당한다.
78) [閉門헤이몬] 에도 시대의 감금형 가운데 하나. 50일에서 100일 동안 밖에서 문과 창문을 잠그고 모든 출입을 금했다.

"죽을 때까지 나리와 함께 하시겠다는 여러분의 각오에는 저도 감복했습니다. 지하에 계신 나리께서도 틀림없이 기뻐하실 것입니다. 그러나 우리 60여 명이 여기서 성을 지키며 싸우다 죽어봐야 그것은 아무런 보람도 없는 일 오히려 세상의 웃음거리가 될지도 모릅니다. 그보다는 막부의 명령대로 이 성을 건네준 뒤, 깨끗하게 할복하여 나리의 뒤를 따르

오오이시 요시오

는 것이 어떻겠습니까?"라고 말했다. 애초부터 충의로운 자 60명만 남은 것이었기에,

"그렇게 하도록 하겠습니다."라고 대답했다. 그러자 요시오는 다시 다짐을 두려는 듯, 죽어도 나리와 같은 길을 가겠다는 사람들의 이름을 적게 한 뒤 거기에 피로 지장을 찍게 했다. 그런 다음 요시오는 다시,

"이렇게 여러분들의 결심을 보았으니 저의 본심을 말씀드리도록 하겠습니다. 저는 막부의 명령을 어기고 싸우겠다고는 조금도 생각지 않았습니다. 단, 괘씸하기 짝이 없는 키라를 저대로 내버려둔다면 틀림없이 나리께서도 크게 안타까워하실 것이라 여겨집니다. 따라서

저희 60명이서, 성을 넘겨준 뒤 모두가 마음을 하나로 하여 키라를 베었으면 합니다만, 여러분들의 생각은 어떠하십니까?"라고 물었다. 일동 모두가,

"그야말로 가신으로서, 무사로서 훌륭한 행동이라고 생각합니다. 모든 일을 나리의 뜻에 맡기도록 하겠습니다."라고 답해, 그 자리에서 참으로 커다란 일이 결정되었다.

상의가 그렇게 마무리 지어지리라고는 그 자리에 참석하지 않았던 가신들도, 다른 세상 사람들도 예상하지 못했다. 단지, 요시오 등은 끝까지 성을 지키며 싸우다 죽을 듯하다는 소문만이 무성할 뿐이었다.

그 소문이 아사노의 친척들에게도 전해지자 그래서는 큰일이라고 생각했으며 아사노의 동생인 다이가쿠도 그들에게 사람을 보내서,

"그것은 막부에 대해서도 좋지 않은 일입니다. 깨끗하게 성을 넘겨주시기 바랍니다."라고 전하게 했다. 이에 4월 11일에 성 안에서 다시 한 번 회의가 열렸다. 이때는 이미 싸움은 하지 않기로 결정이 난 뒤였기에 오오노를 비롯한 겁쟁이 무사들도 모두 성 안으로 들어왔다. 그리고 오오노 등은,

"결국은 이렇게 되지 않았습니까? 아무리 훌륭한 척 말해봐야 어차피 성을 넘겨주지 않을 수는 없는 일이었습니다. 바로 그렇기에 저는 처음부터 그렇게 말씀드린 것이었습니다."

"그렇고말고요."라고 말했다. 요시오 등은 그저 웃고만 있었다. 그들 60명은 이미 마음을 정한 뒤였기에 남들이 비웃든 험담을 하든 전혀 개의치 않는다는 듯한 얼굴로,

"그럼 이 성을 넘겨주기로 하겠습니다."라고 말했다. 그런 다음

성 안을 깔끔하게 정리하기 시작했다. 13일에는 성 안에 남아 있던 재산 전부를 모두에게 나누어주었다. 요시오는 그 재산 가운데서 아사노 가의 재건에 필요한 자금과 아사노의 아내인 요센인(瑤泉院)의 생활비와 절에 기부할 금액을 뺀 나머지를 모두가 나누어갖기로 결정했다. 그리고,

"저희처럼 많은 녹을 받았던 자들은 평소부터 이러한 경우에 대비를 해두었을 테지만, 녹이 적었던 자들은 틀림없이 어려움을 겪게 될 것입니다. 그러니 이번에 돈을 나눔에 있어서 녹을 많이 받았으니 더 많이 받겠다는 생각은 버리시고 모두가 똑같이 나누도록 하시는 것이 어떻겠습니까?"라고 말했다. 올바른 마음을 가진 사람들은,

"그거 참으로 좋은 말씀이십니다."라며 그 제안을 받아들였으나 오오노 등은,

"하지 않아도 될 기부금까지 떼어내고 그 나머지를 모두가 똑같이 나누자니, 그럴 수는 없소. 녹봉에 따라서 분배해야 하오."라고 탐욕스럽게 말했다. 요시오는 이번에도 순순히,

"그렇다면 오오노 씨의 생각에 따르기로 하겠습니다만, 여러분들의 생각은 어떠하십니까?"라고 물었는데, 녹을 많이 받던 자들은 자신의 몫이 커지는 일이었기에 아무런 말도 하지 않았으며, 녹을 적게 받던 자들은 목소리를 내기가 어려워서 그들 역시 아무런 말도 할 수가 없었다. 마침내 재산은 오오노의 생각대로 나뉘게 되었다. 오오노 등은 커다란 돈을 받은 뒤,

"돈도 받았겠다, 이제 이런 곳에는 더 이상 아무런 볼일도 없소. 그럼, 안녕히들 계시오."라며 돌아가버렸다. 자신의 몫을 받은 요시오

는,

"저는 딱히 어렵지 않으니 이것을 모두가 함께 나누도록 하십시오."
라며 녹이 적은 사람들에게 내주었다. 같은 카로였으나 오오노와
오오이시 사이에는 커다란 차이가 있었다.

이때 오카지마(岡島)라는 사람이 돈을 나누었는데 오오노의 언행
에 너무나도 화가 났기에 오오노가 돌아가자마자,

"저처럼 배은망덕하고 탐욕스러운 자를 살려둔다는 것은 아사노
가의 수치다. 살해하겠다."라며 그의 뒤를 쫓았으나, 오오노는 그러한
일이 있을 것이라 미리 눈치를 챘는지 그날 밤 곧장 아들과 함께
어딘가로 달아나버리고 말았다.

4월 18일에 성을 넘겨받기 위해 막부에서 사람이 왔다. 오오이시
요시오는 그 사람에게,

"타쿠미의 카미의 동생이신 다이가쿠 나리께 아사노 집안을 상속하
라는 명령이 내려질 수 있게 힘을 좀 써주시기 바랍니다. 그 명령이
내려지면 저희는 성을 넘겨주고 모두 동시에 자결하여 돌아가신
나리를 따르도록 하겠습니다."라고 청했다. 성을 넘겨받으러 온 자들
도 오오이시의 청을 가엾이 여겨,

"참으로 지당하신 말씀, 제가 한번 청해보도록 하겠습니다."라고
말했으나 이후 그 청은 결국 받아들여지지 않았다.

성을 넘겨주고 난 뒤 아코우의 가신들은 뿔뿔이 흩어졌으나 오오이
시 요시오 등 충의로운 한 무리들은 서로 연락을 주고받으며 복수의
날이 오기를 기다렸다.

요시오는 우선 아내와 아이들을 처가에 맡기고 쿄토 부근의 야마시

나(山科)라는 곳에 주거를 마련했다. 이 요시오의 집을 중심으로 충의로운 사람들은 에도의 상황을 엿보며 때가 오기만을 기다렸다.

한편 키라 쪽의 사정을 살펴보자면 그 일 이후 막부 쪽에서는 아무런 질타도 없었으나 그의 아들인 우에스기 쓰나노리(上杉 綱憲요네자와의 한슈)는 막부에 청해 자신의 자리에서 물러났다. 그리고 키라는 혹시 방심했다가는 아사노의 사무라이들에게 상해를 당할지도 모른다며 집에만 틀어박혀 있었다.

막부 쪽에서도 지금까지 고후쿠바시(吳服橋)에 있던 키라의 집을 혼조(本所)의 마쓰자카초(松坂町)로 옮기게 했다. 키라는 마쓰자카로 옮긴 뒤에도 어딘가 찜찜한 기분이 남아 있었다. 혹시 아사노의 가신들이 원수를 갚으러 오지는 않을까 늘 사방으로 사람들을 보내서 그들의 동정을 살피게 했다. 그리고 자신의 집으로는 우에스기 쪽에서 검술에 능한 자들을 여럿 불러와 자신을 경호케 했다. 입으로는 제아무리 그럴 듯하게 말해도 나쁜 짓을 하면 자신의 마음이 이를 용서하지 않는 법이다. 그것이 가장 무섭다. 자신의 마음이 자신의 몸을 책망하는 것이다.

야마시나로 옮긴 요시오는 일부러 술을 마시는 등, 자신에게 원수를 갚을 마음은 조금도 없는 것처럼 내보였다. 그러나 그러는 동안에도 어떻게든 타쿠미의 카미의 동생이 아사노의 집안을 재흥시킬 수 있도록 명령이 내려지기를 기다렸으나 겐로쿠 15년(1702) 7월에 그 소망마저도 이루어지지 않았으며 봉록마저 거두어들였고 히로시마에 있는 아사노에게 맡겨지게 되었다. 그러자 예전에 동맹을 약속했던 60명 가운데서도 그 동맹에서 이탈하는 자들이 생겨났다. 이에

요시오는 동료인 오오타카 겐고(大高 源五) 등에게 명령하여,

"아사노 가의 재흥을 더는 바랄 수 없게 되었으니 지금까지의
약속도 취소하기로 하겠습니다. 그러니 약속의 증서는 돌려드리도록
하겠습니다."라며 그것을 돌려주고 오게 했다. 이는,

'이렇게 되었으니 드디어 원수를 갚아야 할 때가 왔구나. 그 일에는
확고한 결심을 품은 자만이 참여하지 않으면 안 된다. 모두 어떤
마음을 품고 있는지 다시 한 번 살펴보기로 하자.'라고 생각하여
사람들의 마음을 확인하기 위한 작업이었다. 그런데,

"그렇습니까? 그렇다면"하고 증서를 돌려받은 자도 있었으나 개중
에는,

"이제 와서 어찌 말을 바꾸시는 겁니까? 저희의 결심은 이미 굳건한
것입니다. 오오이시 나리께서 그렇게 생각하셨다면, 저희들끼리라도
원수를 갚도록 하겠습니다."라며 화를 내는 자들도 있었다. 그런
사람들에게 오오타카 겐고는,

"사실은 원수를 갚기 위한 행동으로 들어가기에 앞서 어떤 마음을
품고 계신지 상의를 드리기 위해 찾아뵌 것입니다."라고 자세히 설명
을 해주고 각자 흩어져 에도로 들어가기로 했다.

에도로 들어간 가신들은 키라의 정황을 엿보기 위해 여러 가지로
고심을 했다. 어떤 사람은 막국수장수가 되어 딸랑딸랑 방울을 울리며
마쓰자카초 근방을 맴돌았다. 어떤 사람은 채소장수가 되어 그 부근에
서 장사를 시작했다. 오오타카 겐고 등도 일을 치르기 전날에는 대나무
를 팔며 그 주변을 맴돌았다고 한다. 이제는 키라의 정황도 대부분은
파악이 되었다. 동지들 모두,

"모쪼록 서둘러 에도로 들어오시기 바랍니다."라고 오오이시 요시오에게 거듭 사람을 보냈다. 이에 요시오도 마침내 야마시나를 떠나기로 했다. 그러나 섣불리 자신의 집을 떠났다가,

"오오이시가 에도로 들어왔다."는 소식이 키라 쪽에 알려지게 되어서는 안 되겠기에 일단은 쿄토에 있는 절로 들어가 그곳에서 이름과 모습을 바꾼 뒤, 우선 아들인 치카라(主税)를 에도로 들여보낸 다음, 자신은 카키미 고헤에(垣見 五兵衛)라는 이름으로 에도에 들어갔다. 에도에 도착한 것은 11월 5일이었다. 동지들 모두,

"드디어 대장이 왔다."며 크게 기뻐했다. 그러는 사이에도 키라의 정황을 살폈는데 12월 14일에 다도회를 열 것이라는 정보가 들어왔다. 그렇다면 그날 밤에는 틀림없이 집에 있을 터였다. 그러니 그날 밤에 일을 치르자며 12월 2일 밤에 후카가와(深川)의 하치만 신사 부근에 있는 요리점에 모두가 모여 마지막 회의를 열었다. 그날 밤에 모인 사람은 47명이었다.

키라는 14일 밤에 다도회를 연 뒤, 새해가 찾아올 때까지 아자부(麻布)에 있는 우에스기의 저택으로 잠시 몸을 옮길 생각이었다. 따라서 그날 밤을 놓치면 언제 또 다시 좋은 기회가 찾아올지 알 수 없는 일이었다. 그랬기에 일동은 그날 밤에 키라의 집으로 밀고 들어가 자신들 주인의 원한을 풀기로 했다.

13일에는 눈이 내렸다. 이튿날인 14일은 아사노의 기일이었기에 모두 센가쿠지로 가서 성묘를 했다. 그리고 절의 한 방을 빌려 이튿날 해야 할 일을 분담했다.

47명을 둘로 나누어 23명은 요시오를 대장으로 삼아 대문으로

들어가기로 했으며, 24명은 요시오의 아들인 요시카네(義金치카라)를 대장으로 삼아 뒷문으로 들어가기로 했다.

모이는 장소는 혼조 하야시초(林町)에 있는 호리베 야스베에(堀部 安兵衛)의 집과 거기서 골목 3개를 사이에 두고 있는 스기노 주헤이지 (杉野 十平次)의 집과 골목 2개를 사이에 두고 있는 아이오이초(相生 町)의 칸자키 요고로(神崎 与五郎)의 집 3곳.

시각은 오전 2시.

암호는 '산' 이라고 말하면 '강' 이라고 대답할 것

이 외에도 여러 가지 일들을 논의한 뒤 각자 흩어졌다.

14일 밤, 사람들이 하나둘 약속했던 3곳으로 모여들기 시작했다. 일동은 소방대원과 같은 차림을 하고 4시 무렵에 마쓰자카초로 향했 다. 눈은 그쳤으며 달이 휘황하게 빛나고 있었다. 오랜 세월 동안의 고심이 오늘 밤 드디어 보상을 받는 건가 싶자 차가운 12월 밤의 바람도 시원하게 느껴졌다. 더구나 주인의 원수를 갚겠다며 피가 끓어오르고 있는 사람들이었기에 바람이 불든 눈이 쌓여 있든 조금도 신경 쓰이지 않았다. 칼날이 남아 있는 한 베고 베고 또 베어 주인의 영혼을 위로하겠다고 용감하게 각오를 다진 사람들이었다.

아리아케(有明) 쪽으로 기운 달이 새하얀 에도를 비추고 있었다. 동지들은 미리 약속해둔 대로 대문과 뒷문을 깨부수고 키라의 저택 안으로 들어갔다.

놀라 달려나온 문지기를 묶은 뒤, 그들을 막아서려는 자들을 베어 쓰러뜨리며 안으로 안으로 들어갔다. 그러나 깊숙이 들어가는 것은 그리 쉬운 일이 아니었다. 혹시 이런 일이 벌어지지나 않을까 염려하여

저택 안에 검술이 뛰어난 자들을 여럿 대기시켜 두었기 때문이었다. 그들 모두가,

"드디어 온 것이냐."라며 치열하게 방어전에 나섰다. 47명 모두가 검술에 뛰어난 것은 아니었으나 충의를 위해서 죽음을 각오로 뛰어든 것이었기에 뒤도 돌아보지 않고 싸움에 임했다.

눈 내린 밤의 고요한 저택이 한순간에 아수라장으로 바뀌어 장지문에 튀는 피, 다다미 위로 쓰러지는 시체, 그 끔찍함은 이루 말로 표현할 수 없을 정도였다. 하지만 이 47명에게 있어서는 문지기도 검술사도 가신도 그들의 상대가 아니었다. 노리는 것은 오로지 키라의 목뿐이었다.

"방해하지 말아라."

"물러나라."라며 미리 살펴두었던 키라의 침실까지 밀고 들어갔다.

"이놈."하며 방 문을 열었는데 이부자리는 깔려 있었으나 그 안은 빈 껍데기였다.

"달아난 모양이로구나. 여기까지 와서 놓치다니 오랜 세월의 고심도 물거품이 되었단 말이냐."라며 모두 망연해졌으며, 지금까지 긴장되었던 마음도 맥이 풀려버리는 듯한 느낌이었다.

"어쨌든 찾아보기로 하자."라며 천장에서부터 마룻바닥, 화장실 안까지 찾아보았으나 역시 보이지 않았다.

"우리들의 진심이 하늘에도 부처님께도 닿지 않았단 말이냐."라며 일동은 힘없이 한 곳으로 모여들었다.

"이렇게 된 이상 이 집에 불을 지르고 우리는 그 불 속에서 할복하기로 하자."라는 의견이 나왔다. 그때, 요시다 추자에몬(吉田 忠左衛門)

이라는 나이 든 자가 역시 노련하게,

"서두를 것 없소. 할복은 언제든지 할 수 있소. 일단 배를 가르고 나면 다시 꿰매봐야 아무런 소용도 없소. 우리가 놓친 곳이 있을지도 모르니 다시 한 번 찾아보기로 합시다."라고 말했기에 일동도 옳은 말이라 생각하고 서로 분담하여 집 안을 다시 뒤지기 시작했다. 추자에몬이 부엌을 지나치려 할 때 숯을 쌓아두는 광 같은 곳에서 사람의 목소리가 조그맣게 들려왔다. 밖에서 보면 문이 단단히 잠겨 있어서 그 안에 사람이 들어가 있을 것처럼은 보이지 않았다. 그래도 추자에몬은,

'키라는 틀림없이 여기에 있을 것이다.'라고 생각했다.

"모두, 모이시오."라고 불렀다. 모두가 달려와 문을 깨부수고 안으로 들어서니, 새까만 어둠 속에서 틀림없이 사람의 기척이 느껴졌다. 그러자 광 안쪽에서 한 사람이 달려나왔다.

"에잇!"하고 베어버리자 곧 다른 한 사람이 달려 나왔기에 그도 역시 베어버렸다. 아직 한 사람이 더 남아 있는 듯했다. 그 자는 칼을 빼든 채 사람들이 다가오면 베려고 자세를 취하고 있는 듯했다. 그러자 하자마 주지로(間 十次郎)라는 사람이 그 자를 향해서 창을 내질렀다. 뭔가가 창에 찔렸다 싶은 순간 타케바야시 타다시치(武林 唯七)라는 자가 달려들어 칼로 그 자를 베었다. 숨어 있던 자는 비명을 지르며 그 자리에서 쓰러졌다. 밝은 곳으로 끌어내어 자세히 살펴보니 하얀 옷을 입은 노인이었다.

"평범한 자가 아니다."

"키라가 아닐까?"

"얼굴을 잘 살펴보게 나리의 칼에 맞은 자국이 있는지."라며 살펴보았으나 작년에 아사노에게 맞아 생긴 상처는 어떻게 된 것인지 잘 알아볼 수가 없었다.

"그렇다면 어깨를 보게."라며 어깨를 살펴보니 틀림없이 칼에 맞은 듯한 상처가 남아 있었다.

"키라다, 키라일세."

"코즈케의 스케야."라며 모두가 자신도 모르게 소리를 질렀다.

'아아, 다행이다. 이것으로 오랜 소망을 풀었구나.' 라는 생각이 들자 기쁨의 눈물인지, 슬픔의 눈물인지 모를 것이 모두의 눈에서 흘러내렸다.

잠시 후 오오이시 요시오가 칼을 뽑아들고 앞으로 나섰다. 칼끝이 키라의 목을 깊숙이 찔렀다. 이는 원수를 갚을 때 행하는 행동으로 '숨통 끊기' 라 불리는 것이었다. 그런 다음 하자마 주지로를 돌아보며,

"키라를 가장 먼저 찌르신 주지로 나리, 목을 치십시오."라고 말했다. 주지로가 기뻐하며 그의 목을 베었다.

동지 가운데 부상을 입은 자는 없는가 살펴보니 가벼운 상처를 입은 자가 네다섯 명 있을 뿐, 목숨을 잃은 자는 단 한 명도 없었다. 상처 입은 자를 치료한 뒤 일동은 키라의 저택에서 나왔다. 에코인(回向院) 앞까지 와서 혹시 우에스기 쪽에서 뒤따라오는 자가 있지나 않을지 기다리고 있었으나 그런 조짐은 조금도 보이지 않았기에 일동은 센가쿠지를 향해서 열을 지어 나아갔다. 료고쿠바시(両国橋다리) 위로 접어들었을 무렵 빨간 구름이 드리운 동쪽 하늘에서 해가 떠오르기 시작했다. 길을 가는 도중에 벌써 소문이 전해졌는지 거리에

아사노의 가신들

서 사람들이,

"아사노 나리의 가신들이다."

"키라의 저택으로 복수를 위해 들어갔다가 돌아오는 길인 모양이군."

"저게 키라의 목이야."라며 저마다 한마디씩 했다.

센가쿠지까지 가서 문을 닫고 일동은 아사노의 무덤 앞에 키라의 목을 바친 뒤, 복수에 대한 보고를 했다.

지하에 있는 아사노도 기뻐했으리라. 47명의 의사들도 말로 표현할 수 없을 정도의 기쁨을 느꼈다. 요시오는 아사노의 아내인 요센인에게도, 동생인 다이가쿠에게도 그 사실을 전하게 했다.

요시오 등은 센가쿠지에 머물며 요시다 추자에몬과 토미모리 스케에몬(富森 助衛門)을 막부의 오오메쓰케[79]인 센고쿠(仙石) 호키(伯

着톳토리 현하쿠슈,상국,중국)의 카미(장관)에게 보내, 자신들이 키라의 저택으로 난입하여 키라의 목을 베었다는 사실을 알리게 했다. 그 이야기를 들은 센고쿠는 크게 감동한 듯,

"지금 바로 막부에 고할 테니, 처분이 내려지는 동안 여기서 천천히 쉬고 있도록 하게."라며 두 사람에게 아침밥까지 내주고 정중하게 대접했다. 그리고 자신은 가마꾼을 재촉하여 막부로 들어갔다.

막부의 관리들도 그 소식을 듣고는 기특한 사람들이라며 칭찬했고 쇼군까지도,

"참으로 고심이 컸겠구나."라며 감탄했다.

단, 어떠한 이유에서 그러한 행동을 했든 상부에 보고도 하지 않고 타인의 집에 난입하여 그 집의 주인을 살해했다는 사실은 규칙 위반으로 용서할 수 없는 행동이었다. 이에 오오이시 이하 17명은 쿠마모토(熊本)의 성주인 호소카와 쓰나토시(細川 綱利)에게, 오오이시 치카라 이하 10명은 마쓰야마(松山)의 성주인 히사마쓰 사다나오(久松 定直)에게, 다른 10명은 나가토 초후(長府)의 성주인 모리 쓰나모토(毛利 綱元)에게, 나머지 10명은 오카자키의 성주인 미즈노 타다유키(水野 忠之)에게 맡겼다.

이들을 맡은 다이묘들은, 비록 죄인이기는 하나 평범한 죄인이 아니었기에 가능한 한 친절하게, 그리고 가능한 한 따뜻하게 그들을 대접했다.

키라에게는 요시카네(義周)라는 양자가 있어서 그가 집안을 잇기

---

79) 大目付. 막부의 로주 밑에서 다이묘 및 막부의 정무를 감독하는 자.

로 되어 있었는데 의사들이 난입한 날 밤에 어딘가로 달아나 목숨만은 건졌으나 겐로쿠 16년(1703) 2월 4일에 막부로부터,

"아사노의 유신[遺臣]들이 난입한 날 보여준 그대의 행동은 도리에 어긋난 것이니 영지를 몰수하고 카미스와 타다토라(上諏訪 忠虎)에게 맡기기로 하겠다."라는 처분을 받아, 영지도 몰수당하고 신슈의 타카시마(高島)로 유배를 가게 되었다.

같은 날 46명에게도―47명 가운데 테라사카 키치우에몬(寺坂 吉右衛門)은 이때 무리들과 함께 있지 않았다. 키치우에몬은 다른 사람들보다 신분이 낮았기에 요시오가 키라를 살해하고 난 날 아침, 센가쿠지로 가는 길에 그를 요센인과 다이가쿠에게로 보냈고, 심부름을 마친 뒤 그곳에 그냥 머물게 했기 때문이었다. ― 할복하라는 명령이 내려졌다. 46명은 흔쾌히 할복을 했다. 이들의 시체는 주인의 무덤이 있는 센가쿠지에 묻혔다.

때는 마침 겐로쿠 시대, 무사에게서는 무예를 생각하는 마음이 쇠했으며 일반 백성들은 오로지 멋을 부리기에만 열중할 때였다. 그러한 때에 이처럼 충성스러운 사람들이 나타났기에 일본의 사람들 모두가 감탄하지 않을 수 없었다.

(1) 5대 쇼군인 쓰나요시는 학문을 좋아하고 조정을 존경했다.

(2) 쓰나요시는 정치를 게을리 하고 연극을 좋아했으며 불교를 믿어 살생을 금했다. 또한 백성들에게 피해를 줄 정도로 개를 좋아했다.

(3) 쓰나요시가 집권하던 때에 사치가 극에 달했는데 이를 겐로쿠 시대라고 부른다.

(4) 오오이시 요시오 등 47명이 주인의 원통한 죽음을 위해 원수를 갚았다.

(5) 이 이야기가 훗날까지 전해져 충신장[忠臣蔵추신구라]으로 각색되었다.

◎ 무로마치 막부의 역대 쇼군

1대 아시카가 타카우지(足利 尊氏, 1338.9.24.~1358.6.7.)

2대 아시카가 요시아키라(足利 義詮, 1359.1.7.~1367.12.28.)

3대 아시카가 요시미쓰(足利 義滿, 1369.2.7.~1395.1.8.)

4대 아시카가 요시모치(足利 義持, 1395.1.8.~1423.4.28.)

5대 아시카가 요시카즈(足利 義量, 1423.4.28.~1425.3.17.)

*공석 1425.3.17.~1429.4.17. (5년 1개월)

6대 아시카가 요시노리(足利 義教, 1429.4.18.~1441.7.12.)

*공석 1441.7.13.~1442.12.18. (1년 5개월)

7대 아시카가 요시카쓰(足利 義勝, 1442.12.19.~1443.8.16.)

*공석 1443.8.17.~1449.5.20. (4년 9개월)

8대 아시카가 요시마사(足利 義政, 1449.5.21.~1474.1.7.)

9대 아시카가 요시히사(足利 義尚, 1474.1.7.~1489.4.26.)

*공석 1489.4.26.~1490.7.21. (1년 3개월)

10대 아시카가 요시키(足利 義材, 1490.7.22.~1493.8.11.)

*공석 1493.8.12.~1495.1.22. (1년 5개월)

11대 아시카가 요시즈미(足利 義澄, 1495.1.23.~1508.5.15.)

10대(재임) 아시카가 요시타네(足利 義稙, 1508.7.28.~1522.1.22.)

12대 아시카가 요시하루(足利 義晴, 1522.1.22.~1547.1.11.)

13대 아시카가 요시테루(足利 義輝, 1547.1.11.~1565.6.17.)

*공석 1565.6.18.~1568.3.5. (2년 9개월)

14대 아시카가 요시히데(足利 義栄, 1568.3.6.~10월?)

15대 아시카가 요시아키(足利 義昭, 1568.11.7.~1588.2.9.)

◎ 에도 막부의 역대 쇼군

1대 토쿠가와 이에야스(德川 家康, 1603.2.12.~1605.4.16.)

2대 토쿠가와 히데타다(德川 秀忠, 1605.4.16.~1623.7.27.)

3대 토쿠가와 이에미쓰(德川 家光, 1623.7.27.~1651.4.20.)

4대 토쿠가와 이에쓰나(德川 家綱, 1651.8.18.~1680.5.8.)

5대 토쿠가와 쓰나요시(德川 綱吉, 1680.8.23.~1709.1.10.)

6대 토쿠가와 이에노부(德川 家宣, 1709.5.1.~1712.10.14.)

7대 토쿠가와 이에쓰구(德川 家継, 1713.4.2.~1716.4.30.)

8대 토쿠가와 요시무네(德川 吉宗, 1716.8.13.~1745.9.25.)

9대 토쿠가와 이에시게(德川 家重, 1745.11.2.~1760.5.13.)

10대 토쿠가와 이에하루(德川 家治, 1760.5.13.~1786.9.8.)

11대 토쿠가와 이에나리(德川 家斉, 1787.4.15.~1837.4.2.)

12대 토쿠가와 이에요시(德川 家慶, 1837.4.2.~1853.6.22.)

13대 토쿠가와 이에사다(德川 家定, 1853.11.23.~1858.7.6.)

14대 토쿠가와 이에모치(德川 家茂, 1858.10.25.~1866.7.20.)

15대 코쿠가와 요시노부(德川 慶喜, 1867.1.10.~1868.1.3.)

일본의 옛 행정구역명

토산도
40.오우미/고슈
45.미노/노슈
50.히다//히슈
57.시나노/신슈
63.시모쓰케/야슈
64.코즈케/조슈
67.데와/우슈
68.무쓰/오슈

호쿠리쿠도
39.와카사/자쿠슈
46.에치젠/엣슈
47.카가/카슈
48.노토/노슈
49.엣추/엣슈
65.에치고/엣슈
66.사도/사슈

산인도
19.이와미/세키슈
21.이즈모/운슈
25.호키/하쿠슈
28.타지마/탄슈
29.이나바/인슈
30.오키/온슈
31.탄고/탄슈
32.탄바/탄슈

산요도
16.스오/보슈
17.나가토/조슈
18.아키/게이슈
20.빈고/비슈
22.빗추/비슈
23.비젠/비슈
24.미마사카/사쿠슈
27.하리마/반슈

키나이
33.셋쓰/셋슈
34.이즈미/센슈
35.카와치/카슈
37.야마토/와슈
38.야마시로/조슈

난카이도
12.이요/요슈
13.토사/도슈
14.아와/아슈
15.사누키/산슈
26.아와지/탄슈
36.키이/키슈

사이카이도
1.오오스미/구슈
2.사쓰마/삿슈
3.휴가/닛슈
4.부젠/호슈
5.분고/호슈
6.치쿠젠/치쿠슈
7.치쿠고/치쿠슈
8.히젠/히슈
9.히고/히슈
10.이키/잇슈
11.쓰시마/타이슈

토카이도
41.이가/이슈
42.이세/세이슈
43.시마/시슈
44.오와리/비슈
51.미카와/산슈
52.토오토우미/엔슈
53.스루가/슨슈
54.이즈/즈슈
55.사가미/소슈
56.카이/코슈
58.무사시/부슈
59.아와/보슈
60.카즈사/소슈
61.시모우사/소슈
62.히타치/조슈

* 주요한 관직과 위계

각 관은 4등의 직계로 나뉘어 있어서,

장관을 카미(伯·大臣·卿·大夫·頭·正·別当尹·大将·督·帥·守)

차관을 스케(副·大中納言·参議·輔·亮·助·五位·弼·中少将·佐·大少弌·介)

삼등관을 조(佑·少納言·弁·丞·進·允·六位·忠·監·尉·掾)

사등관을 사칸(史·外記·録·属·令史·疎·曹·志·典·目)이라고 불렸다.

			진기칸 (神祇官)	다이조칸 (太政官)	나카쓰카사쇼 (中務省)	기타 7쇼
귀족(상급관인)	키(貴)		정1위 종1위		太政大臣 (다이조다이진)		
			정2위 종2위		左大臣(사다이진) 右大臣(우다이진)		
			정3위		大納言(다이나곤)		
			종3위		中納言(추나곤)		
	쓰우키(通貴)	정4위	상			卿(쿄)	
			하		参議(산기)		卿(쿄)
		종4위	상		左(사) 右(우) 大弁 (다이벤)		
			하	伯(하쿠)			
		정5위	상		左(사) 右(우) 中弁 (추벤)	大輔 (타이후)	
			하		左(사) 右(우) 小弁 (쇼벤)		大輔(타이후) 大判事 (다이한지)
		종5위	상			少輔 (쇼유)	
			하	大副(타이후)	少納言(쇼나곤)	侍徒 (지주)	少輔(쇼유)
하급관인		정6위	상	少副(쇼후쿠)	左(사) 右(우) 弁大史 (벤다이시)		
			하			大丞 (다이조)	大丞(다이조) 中判事 (추한지)
		종6위	상	大祐(타이조)		少丞(쇼조)	少丞(쇼조)
			하	少祐(쇼조)			少判事 (쇼한지)
		정7위	상		大外記(다이게키) 左(사) 右(우) 弁小史 (벤쇼시)	大録 (다이사칸)	大録 (다이사칸)
			하			大主鈴 (다이슈레이)	判事大属(한지다이사칸)
		종7위	상		少外記(쇼게키)		

		하				
정8위	상			少録(쇼사칸) 少主鈴 (쇼슈레이)	少録(쇼사칸)
	하	大史(다이시)			判事少属 (한지쇼사칸)
종8위	상	少史(쇼시)			
	하				
대초위 (大初位)	상				
	하				
소초위 (少初位)	상				
	하				

				에후 (衛府)	다자이후 (大宰府)	코쿠시 (国司)
귀족 (상급관인)	키 (貴)	정1위 종1위				
		정2위 종2위				
		정3위				
		종3위		大将(타이쇼)	帥(소쓰)	
	쓰우키 (通貴)	정4위	상			
			하			
		종4위	상			
			하	中将(추조)		
		정5위	상	衛門督 (에몬노카미)	大弐 (다이니)	
			하	少将 (쇼쇼)		
		종5위	상	兵衛督 (효에노카미)		大国守(카미)
			하	衛門佐 (에몬노스케)	少弐 (쇼니)	上国守(카미)
하급관인		정6위	상			
			하	兵衛佐 (효에노스케)	大監 (다이겐)	大国介(스케) 中国守(카미)
		종6위	상	将監(쇼겐)	少監(쇼겐)	上国介(스케)
			하	衛門大尉(에 몬노다이조)		下国守(카미)
		정7위	상	衛門少尉 (에몬노쇼조)	大典 (타이텐)	
			하	兵衛大尉(효 에노다이조)	主神 (슈신)	大国大掾 (다이조)
		종7위	상	兵衛少尉 (효에노쇼조)		大国少掾 (쇼조) 上国掾(조)
			하	将曹(쇼소)	博士(하카세)	
		정8위	상		小典·医師 (쇼텐·이시)	中国掾(조)
			하	衛門大志(에 몬노다이사칸)		
		종8위	상	衛門少志(에 몬노쇼사칸) 兵衛大志(효 에노다이사칸)		大国大目 (다이사칸)

		하	兵衛少志(효에노쇼사칸)		大国少目 (쇼사칸) 上国目(사칸)
	대초위 (大初位)	상		判事大令史 (한지다이레이시)	
		하		判事少令史(한지쇼레이지)	中国目(사칸)
	소초위 (少初位)	상			下国目(사칸)
		하			

가와나카지마＝카와나카지마, 가이즈＝카이즈, 자우스＝차우스 등

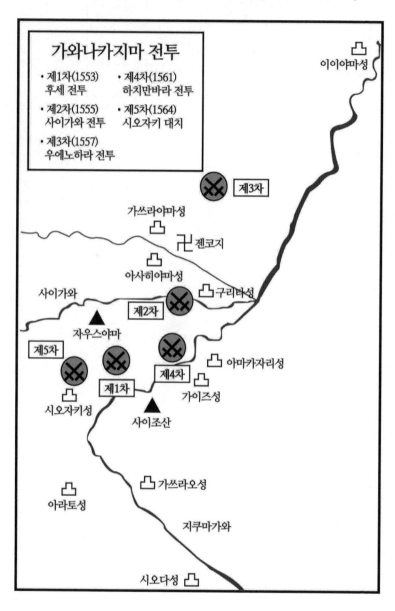

가와나카지마 전투

- 제1차(1553)
  후세 전투
- 제2차(1555)
  사이가와 전투
- 제3차(1557)
  우에노하라 전투
- 제4차(1561)
  하치만바라 전투
- 제5차(1564)
  시오자키 대치

이이야마성

제3차

가쓰라야마성

젠코지

아사히야마성

사이가와

제2차

구리타성

자우스야마

제5차

제4차

아마카자리성

제1차

시오자키성

가이즈성

사이조산

아라토성

가쓰라오성

지쿠마가와

시오다성

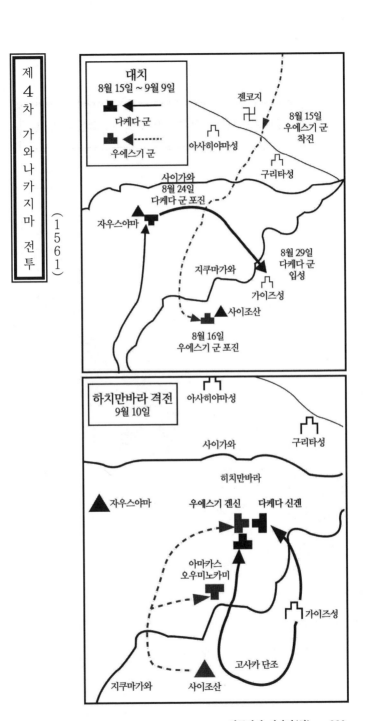

제4차 가와나카지마 전투 (1561)

대치
8월 15일 ~ 9월 9일

다케다 군

우에스기 군

젠코지

8월 15일
우에스기 군
착진

아사히야마성

구리타성

사이가와
8월 24일
다케다 군 포진

자우스야마

8월 29일
다케다 군
입성

지쿠마가와

가이즈성

사이조산

8월 16일
우에스기 군 포진

하치만바라 격전
9월 10일

아사히야마성

구리타성

사이가와

히치만바라

자우스야마

우에스기 겐신   다케다 신겐

아마카스
오우미노카미

가이즈성

지쿠마가와   사이조산

고사카 단조

가와나카지마 전투 이후의 세력도(1570)

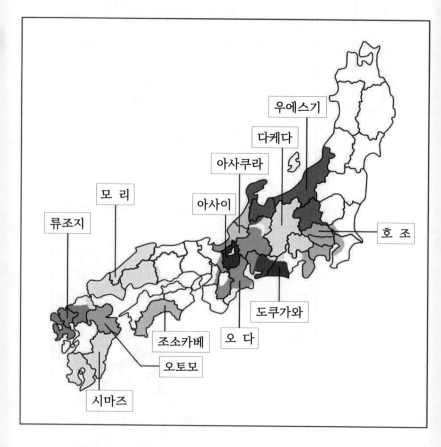

가와나카지마＝카와나카지마, 다케다＝타케다, 도쿠가와＝토쿠가와, 조소
카베＝초소카베, <u>오토모＝오오토모</u>

약 700년 동안 일본을 지배했던 칼의 역사

사무라이 이야기(상, 하)

—문고간행회 편집부 엮음 각권 15,000원

일본 최초의 무가정권을 수립한

(전기) 다이라노기요묘리

—가사마쓰 아키오 지음 16,800원

전국시대 최고의 무장으로 꼽히는 다케다 신겐의 일대기

(소설) 다케다 신겐

—와시오 우코 지음 13,400원

치열했던 가와나카지마 전투, 그 중심에 섰던 우에스기 겐신의 인간상

(소설) 우에스기 겐신

—요시카와 에이지 지음 13,400원

일본 역사상 최대의 미스터리인 혼노지의 변을 소재로 한 소설

(소설) 아케치 미쓰히데

—와시오 우코 지음 13,000원

오다 노부나가와 도쿠가와 이에야스의 어린 시절을 그린 소설

젊은 날의 도쿠가와 이에야스

—와시오 우코 지음 12,000원

혼돈의 전국시대를 평정한 진정한 영웅

(전기) 도쿠가와 이에야스

—나카무라 도키조 지음 14,000원

독재는 어떻게 태어나는가? 파시즘의 창시자

(개정증보판) 무솔리니 나의 자서전

—베니토 무솔리니 지음 17,000원

일본을 대표하는 두 거장(소설+만화)의 만남

(삽화와 함께 읽는) 도 련 님

—나쓰메 소세키 지음 / 곤도 고이치로 그림 11,200원

한 편의 시처럼 펼쳐놓은 '비인정'의 세계

풀 베 개

—나쓰메 소세키 지음 11,800원

인간의 심리를 날카롭게 파헤친 성장소설

갱 부

—나쓰메 소세키 지음 12,600원

일본의 국민작가 나쓰메 소세키의 주옥같은 단편

나쓰메 소세키 단편소설 전집

—나쓰메 소세키 지음 13,000원

인간 나쓰메 소세키의 정신세계를 엿볼 수 있는 한 권의 책

나쓰메 소세키 수상집

—나쓰메 소세키 지음 13,000원

대중소설의 선구자, 나오키 상으로 이름을 남긴

나오키 산주고 단편소설 선집

—나오키 산주고 지음 14,000원

암울한 현실에 맞서 치열한 삶을 살았던 작가들의 이야기

일본 무뢰파 단편소설선

—사카구치 안고 외 지음 13,000원

미에 대한 끝없는 탐구, 예술을 위한 예술

일본 탐미주의 단편소설 선집

—무로우 사이세이 외 지음 13,000원

구로사와 아키라 감독 영화의 원작소설

붉은 수염 진료담

—야마모토 슈고로 12,000원

일본 최고의 감독들이 앞 다투어 영상화를 시도한 명작소설

계절이 없는 거리

—야마모토 슈고로 지음 12,000원

서로 다른 재능을 가진 두 청년의 우정과 내면적 성장기

사부

—야마모토 슈고로 지음 13,000원

일본 대문호의 계보를 잇는 야마모토 슈고로의 드라마 원작소설 모음집

유령을 빌려드립니다

—야마모토 슈고로 지음 13,000원

인간미로 가득 넘쳐나는 새로운 형식의 추리소설

잠꾸러기 서장님

—야마모토 슈고로 지음 13,800원

절대자의 참모습, 그 이면을 파헤친 유니크한 소설

절대제조공장

—카렐 차페크 지음 / 요케프 차페크 그림 14,000원

에드거 앨런 포부터 아가사 크리스티까지

추리소설 속 트릭의 비밀

—에도가와 란포 지음 12,000원

현존 최고의 탐정, 셜록 홈즈를 낳은 작가

아서 코난도일 자서전

—아서 코난 도일 지음 14,000원

옮긴이 **박현석**

나쓰메 소세키, 다자이 오사무, 와시오 우코, 나카니시 이노스케, 후세 다쓰지, 야마모토 슈고로, 에도가와 란포, 쓰보이 사카에 등의 대표작과 문제작을 꾸준히 번역해 소개하고 있다. 국내 최초로 번역한 작품도 상당수 있으며 앞으로도 국내에 잘 알려지지 않은 작가 · 작품을 소개하여 획일화된 출판시장에 다양성을 부여할 계획이다. 옮긴 책으로는 『나쓰메 소세키 단편소설 전집』, 『그럼, 이만…… 다자이 오사무였습니다.』, 『젊은 날의 도쿠가와 이에야스』, 『붉은 흙에 싹트는 것』, 『운명의 승리자 박열』, 『붉은 수염 진료담』, 『추리소설 속 트릭의 비밀』, 『스물네 개의 눈동자』 외 다수가 있다.

사무라이 이야기(하)

1판 1쇄 인쇄 2024년 8월 5일
1판 1쇄 발행 2024년 8월 10일

엮은이 문고간행회 편집부
옮긴이 박현석
펴낸이 박현석
펴낸곳 효 人(현인)

등 록 제 2010-12호
주 소 서울시 도봉구 덕릉로 62길 13, 103-608호
전 화 010-2012-3751
팩 스 0505-977-3750
이메일 gensang@naver.com

ISBN 979-11-90156-52-3
ISBN 979-11-90156-50-9 (전2권)